新——悦

遇见智识与思想

Juan Carlos Losada Malvárez

DE LA HONDA A LOS
DRONES

从投石索到无人机
战争推动历史

La Guerra Como Motor de la Historia

〔西班牙〕
胡安·卡洛斯·洛萨达·马尔瓦莱斯 / 著

宓 田 / 译

中国社会科学出版社

图字：01-2019-2570号
图书在版编目（CIP）数据

从投石索到无人机：战争推动历史／（西）胡安·卡洛斯·洛萨达·马尔瓦莱斯著；宓田译．—北京：中国社会科学出版社，2019.10
书名原文：DE LA HONDA A LOS DRONES: La guerra como motor de la historia
ISBN 978-7-5203-4849-2

Ⅰ．①从… Ⅱ．①胡… ②宓… Ⅲ．①世界史—通俗读物 Ⅳ．①K109

中国版本图书馆CIP数据核字（2019）第173618号

出　版　人	赵剑英
项目统筹	侯苗苗
责任编辑	侯苗苗　沈　心
责任校对	李　莉
责任印制	王　超

出　　版	中国社会科学出版社
社　　址	北京鼓楼西大街甲 158 号
邮　　编	100720
网　　址	http://www.csspw.cn
发 行 部	010-84083685
门 市 部	010-84029450
经　　销	新华书店及其他书店

印刷装订	北京君升印刷有限公司
版　　次	2019 年 10 月第 1 版
印　　次	2019 年 10 月第 1 次印刷

开　　本	880×1230　1/32
印　　张	12.25
字　　数	235 千字
定　　价	59.00 元

凡购买中国社会科学出版社图书，如有质量问题请与本社营销中心联系调换
电话：010-84083683

纪念我的老师和朋友，历史学家、西班牙民主军事家、民主军事联盟的创始人，盖布里埃尔·卡尔博纳。

对特雷莎、拉斐尔、孔奇塔、胡安·卡洛斯、里塔、恩里克、霍尔迪、安娜、哈辛托、米雷娅、泽维尔、"罗马凉鞋"阿尔韦托报以最真挚的感谢，当然也要感谢玛丽亚姆。

尤其感谢我的女儿们，卡洛塔和阿尔瓦，她们成就了我的一切。

译者序

"War is all-father and all-king,
and he appoints some to be gods
and others to be men;
he made some to be slaves
and others to be free."

——Heraclitus（公元前 500 年）

最初接到书稿时，看到题目便觉得有些忐忑。在人类历史的长河中，历来战争不断；放眼当今世界，战争的阴云亦在一些地区经久不散。人们怀着沉痛与哀思记录下战争的残酷与血腥，将经历战争的切肤之痛印刻在民族最深沉的记忆中，世代传承。凡是对战争歌功颂德者，必然遭到和平主义者乃至大众的一致抨击。

战争虽然遭到人类的重重指责，但它却与人类的历史同样古老。自原始社会的早期，人们为了生存而狩猎，为了争夺有限的资源而进行部落间的征战；在人类文明的起始，不同的族群竞相逐鹿于两河流域，古希腊、罗马城邦间亦演绎了可歌可泣的战斗史诗；在中世纪，人们为不同的宗教信仰互相征伐，之后又驾驶航船，将欧亚大陆的战争扩张到美洲；火枪和大炮推倒了一座座中世纪城池，民族国家纷纷建立，战火愈来愈炽热，直到演化为全面战争；而在"总体和平"的当今世界，局部的冲突亦此起彼伏。既然武力现象客观存在于我们的历史中，也存在于我们生存的当下，那么如果抛开主观情感因素，它客观上又对人类造成了什么影响呢？

正如作者开篇所述，人们假如没有狩猎的需要，就不会发明投石索，而自从人们摆脱了臂力的束缚，掌握了这种利用离心力的投掷武器，并从就地取材进步到使用打磨石器后，人类的粮食便产生了富余，人口规模也不断增加。粮食的囤积和众多的人口需要有组织的管理，这不但促进了统治机构的组建和阶级的分层，同时也使人们认识到用文字记录仓储的需要，从而促进了数学和文字的发展。另一方面，粮食与文明成为令人艳羡的资源，持有者需要捍卫所得，而掠夺者需要在武力上取得优势，才能拥有更多财富。军事领导人应运而生，这不但进一步促进了社会阶级的形成，同时也要求人们不断地创新、不断地试验新的武器来进行防御与进攻。最终，战争的成败又决定了新格局的样貌。就这样，战争、武器和人类历史相互作用，这一辩证关系一直贯穿于人类文明的演变当中，到如今仍然保持着开放式的结局，并将伴随人类文明的发展，继续紧密地交织在一起。

与其说作者通过这本书介绍了人类武器的发展史，不如说他通过人类武器的发展这一主线，深入浅出地整理了人类历史的发展过程。作者没有对人类历史上所有出现过的战争史实进行堆砌，而是有主有次，从更宏观的角度对具体的战役进行归类与概述。历史、战役不过是画面宏大的背景，而画面的中央总是各个时代操持不同武器、面带不同表情、身着不同服饰的战争主体——人类。这本书的字里行间流露着一种人文情怀，一种对人类发展沉静而深邃的审视与反思。

作者在书中不时添上几笔诙谐的色彩，如谈及斯巴达人的长发，拿破仑军队中军官的胡子，欧洲现代军队早期花里胡哨的制服，还有战争中人们俨如鼹鼠般的地道战，凡此种种，不胜枚举。这让读者即使面对书中的刀锋火炮，也能够放松一下紧绷的神经，随着作者幽默的视角，为人类自身莞尔一笑。作者这一严谨而不失幽默的风格一直伴随着我完成整部作品的翻译。

有译者形容翻译的过程是"带着镣铐跳舞"，也有人斥译者为"背叛者"。在翻译的过程中，是顺着原文的篇章和句法结构，顾虑原文的风格，还是赋予自己更多文字上的自由、更大的施为空间？这一矛盾贯穿于整个翻译过程。忠实的文字转换员和具有独立创作意识的译者这两重身份一直进行着长期的博弈，而最终的产出也不过是两者的妥协，因此译稿成为了围绕着坐标轴中假想的"完美译稿"浮动的波形曲线。

这一曲线的极值可以体现在文法和词法上。在文法上，西语多是先总结后分析，而中文习惯先分析后总结；西语在段落起始和中间往往会添加许多连接词，而如果在中文中全部译出，则会显得累赘且不通顺；此外，西语惯用长句，而中文则多用短句。在这些方面，要感谢我的好友郑毓麟和宋磊凯，感谢他们不惜牺牲自己宝贵的休息时间，在百忙之中抽空阅读、修改译稿。他们良好的中文语感，总能帮助我及时调整曲线的波动。

在词法上的困难，主要是涉及专业术语的翻译。在查阅大量相关书籍来确定专业词汇的对应关系的同时，也不免会遇到许多问题，比如有些术语找不到已有的中文翻译，在这种情况下，和作者确认后，我多采用了意译的方式；还有一些西方武器传入中国后，经过改良，有了新的名字，这些地方需要仔细甄别。在这些方面，中国人民解放军陆军军事交通学院的教员王小姣和天津市教育委员会的刘雅楠老师对文中的专业术语进行了逐一校对，为我纠正了不少错误，还为我提出了许多翻译上的修改意见。

原文洋洋洒洒三百页左右的篇幅，其翻译不免日复一日地伏案良久，坐穿板凳，但实是心之所喜，令人甘之如饴。在翻译过程中，我不断与文字背后的作者展开对话，吸收新的知识，开拓新的认知。每日的工作如同品尝一杯浓郁的咖啡，留在口中醇厚的质感沁入心脾，使人精神焕发。

最后再次感谢我的家人、朋友和各位兢兢业业审稿的编辑。在大家的合力之下，这部译作才能以更好的面貌问世。

宓田

2019 年 6 月 1 日

南开大学·八里台

序

　　远古以来，战争便一直与人为伴。令人遗憾的是，它至今依然与人类如影随形。为此，古希腊、古罗马的历史学家纷纷为其著书立说，如今西方一些重要的历史学家也将战争作为研究重心。这本书是在西班牙出版的第一部战争史大全。在此之前仅有的先例，也许就是马德里自治大学的费尔南多·克萨达·赛斯老师撰写的《冷兵器战争》，以及鄙人的《火器战争》。这两篇文章是米格尔·阿托拉主编的《欧洲史》一书中的两个章节。米格尔·阿托拉培养了几代历史学家，在90多岁高龄仍然著书立说，笔耕不辍，与本书作者胡安·卡洛斯·洛萨达在之后的引言部分所提及的那些著名学者截然不同。万望读者们不要因为急于阅读书本内容而错过了引言部分。

　　相反，我并不推荐阅读到此处的读者继续阅读这部分内容，而建议读者省省工夫，直接阅读本书正文，因为这无疑更加趣味盎然，也更富有启发意义。早有人说过，除了少许特例外，序言不过是放在书本最前页的无人问津之物，我完全赞同这个观点。

正如这本书的状况，序言作者的文笔不及正文作者妙笔生花，序言的内容也不及长篇著述富有魅力与趣味。

然而因为种种缘由，我无法拒绝胡安·卡洛斯·洛萨达请我帮他撰写此序的邀请。首要原因是我对他的认同与喜爱，对他人生历程的熟悉与欣赏。第二个原因是为了纪念盖布里埃尔·卡尔博纳，他本应该挑起这份工作，那必然使我们都受益匪浅。第三个原因是我自身作为西班牙军事历史协会的推动者的责任意识，且本书作者从创会之初起一直与我携手并进，至今该协会已集结了上百位历史学家和未来的历史学家，他们都致力于开展军事史研究，使军事史研究能够获得与其在周边国家一样的欣欣向荣和卓著声名。

必须承认的是，我是在看到原稿以前就承诺作序的。正如上文提到的种种原因，我无法拒绝这份邀请。之后随着阅读的不断深入，我为自己有幸承担这份责任而欣喜，因为参与到如此独具匠心且内容丰富的工作中的机会实在不可多得。在历史编纂学中，这种规模的著作通常是经年积累、日久年深的成果，也是诸多研究项目整合的产物。此外，作者能够凭一己之力、一次性打磨和串联好所有必要的"瓷片"，以完成最终的马赛克作品，实在难能可贵。

假如您从未听闻过以下的内容，那么亲爱的读者，请您相信我的话语：洛萨达老师多年以来，孜孜不倦地为军事史的研究增光添彩，并为它在学术界应有的地位而正名。为此，他不断在文献中贴注标签，不断购置和吸纳最新的参考书目。他如同一名模范海军陆战队员，总是向着老师——前面提到的盖布里埃尔·卡尔博纳先生——所指点的道路前行。他用简洁易懂又妙趣横生的方式在纸上描绘他的研究成果，他的书不仅能摘得学术的桂冠，还可以供读者在客厅的座灯下，或在地铁中阅读。

人类历史上的战争事件是证据确凿的，它们也许是最显而易见的历史常数。不幸的是，这类事件在近代并未减少，在当今世界也屡见不鲜，它们仍然是对社会的未来和许多人的个体生存产生决定性影响的因素之一。鉴于战争对社会和个体延续的重要影响，对它的研究古已有之，而人们对它的认识总是随着时间不断变化。

从前，历史学家往往只聚焦于对具体战役和将领的主导作用的研究。如今，在约翰·基根和安东尼·比弗的倡议下，历史学家们开始关注战争真正的主角。他们收集战役中指挥官们和军队成员的个人轶事、经历和佐证，相比传统历史学家一贯的战争描述方式，他们用更饱含情感、更原生态和更写实的手法来记叙战争。这样的作品在全球范围内成为畅销书，但如若不具备观察战争现象的整体视角，想要从一部只描述一场战役、一场军事行动乃至一次作战的作品中受益良多，恐怕难以实现。而这样的整体视角只能见于英国迈克尔·霍华德老师在《欧洲历史中的战争》中的记叙，此书的西班牙语版由一家名为"经济文化基金会"的墨西哥出版社出版，几年以前便已绝版，至今未再有西班牙语版的再版。洛萨达的这部作品填补了这一空白。

在此，我想与读者分享美国历史学家维克托·戴维斯·汉森的观点。他提到，尽管令人唏嘘，但了解战争现象最好的方式，往往就是研究其历史；而这一研究正是基于我们对战争事实的评估及对战争危害所形成的抽象认识。不过，汉森认为人类将永远与战争为伍，并将默默忍受战争带来的暴虐（《战争：一切之缘起》，马德里，图尔纳出版社，2011），这一点我无法苟同。确如汉森所认为的那样，战争与我们的文化紧密相关，但在一个世纪以前，许许多多的仁人志士在极端崇尚武力的时期，宁愿不顾自身性命，也不盲从于那个时期的"爱国主义"激情。这点可从亚当·霍克希尔德关于第一次世界大战的重要论述中窥得一二（《结束战争：第一次世界大战如何分裂大不列颠》，伦敦麦克米伦出版社，2011）。

最后，唯愿所有读到此处的读者能够同我一般，通过手中之书受益匪浅；也希望诸位能与我一样，在品读这本书时获得无限乐趣。

费尔南多·普埃利·德·拉维拉

退役陆军上将

古铁雷斯·梅利亚多将军大学学院教师（UNED）西班牙军事史协会副主席

马德里，2014 年 3 月

| 目　录 |

引言　001

军事史的"苦涩"正名　　/// 001

战争推动进步吗？　　/// 009

第一章　史前暴力：美好的野蛮？　001

进攻性的游牧部落还是平和的定居部落？投石索与弓　　/// 006

最早的城市：国家、军队与宗教　　/// 013

第二章　美索不达米亚平原与近东的战争驱动　019

战争、青铜、文字与沙漏：夏日的战争　　/// 020

美索不达米亚地区的伟大发明：车轮与战车　　/// 024

以沙漠为屏障的古埃及：落后与危机　　/// 028

马跃入舞台：轮辐与复合弓　　/// 030

埃及的力量：大军团时期　　/// 036

赫梯人及其骇人听闻的新式武器：铁器　　/// 041

海上民族的扰乱和铁的传播　　/// 045

亚述人，古代的纳粹：铁器与马的辉煌　　/// 048

第三章　纪律、动机与工程：希腊和罗马　057

希腊：公民信仰与纪律　/// 059

斯巴达的军事主义　/// 061

波斯战车对抗马其顿方阵：西西里的奥本海默　/// 069

罗马用凉鞋建起了帝国　/// 075

海战：桨和撞角的工艺　/// 085

细菌战和阴谋诡计　/// 092

第四章　中世纪的暴力：铁、马、城堡与狂热　095

马蹄铁、马鞍、马镫与盔甲　/// 097

考究的拜占庭人：谍报活动、外交和希腊火　/// 107

围攻战：老式机器与新式城堡　/// 113

意识形态的力量：以上帝之名杀戮　/// 117

成吉思汗，文艺复兴的先行者？　/// 123

第五章　战争的科技突破　133

步兵战胜骑兵：弩、弓、长枪和战车　/// 136

火药带来的科技与文化变革　/// 143

科技与观念攻克了美洲　/// 157

欧洲统治海洋　/// 163

新式城墙、大型军队、卫生与巨额赋税　/// 166

启蒙时期的武器：火炮、纪律、地图和战舰　/// 178

拿破仑：革命爱国主义、浮空器、甜菜和救护车　/// 190

战争与工业革命的起源　/// 197

第六章　军队、工业与文化　203

交通、食物与军事医疗　/// 206

新式步枪与火炮革命　/// 212

大型军队的政治和社会影响　/// 220

武装的和平时期及当时的纷繁发明　/// 224

宣扬传统，排斥技术　/// 232

战争法的出现　/// 237

第七章　全面战争　243

第一次世界大战中的屠宰场及大规模杀伤性武器　/// 244

由天而降的死亡　/// 254

战争的心理影响：神秘学和国际联盟　/// 271

第二次世界大战中科技的胜利　/// 275

磺胺类药物、青霉素、输血以及抗晕眩药　/// 288

纽伦堡审判与联合国的成立　/// 298

第八章　冷战与军备竞赛　305

科学、电子进步、交通与化学毒剂　/// 309

被用作大规模杀伤性武器的化学毒剂　/// 315

核战威胁　/// 320

冷战时期的新式常规武器　/// 325

第九章　当今战争：谁是敌人？　331

恐怖主义、暴动和平民百姓：西方的应对　/// 337

大规模谍报活动与信息战　/// 346

远距离战争：无人机和电磁脉冲　/// 349

参考文献　355

▶▷　军事史的"苦涩"正名

当我们穿越比利牛斯山脉，不禁会感到诧异：在法国的任何一个小城中，都矗立着一座军事博物馆，尽管这座博物馆或许十分简陋。事实上，在西欧的绝大多数国家，军队都是一个值得尊重的组织，但在西班牙并非如此。原因显而易见：佛朗哥主义及其内涵（西班牙军队对民主意志的政治干涉，及其所扮演的专制制度支柱的作用）足以解释军队为何在西班牙声名狼藉。然而，佛朗哥去世已近40年，军人涉政的威胁也早已在30年前消失殆尽了。自那以后，个别军人对民主生活非法干涉的言论已被驳斥，他们也受到了严惩。毋庸置疑，如今军队作为一个组织，早已成为民主制度的一大基石。另一方面，义务兵役[1]早已消失了20年，民众都认为受到了它荒谬且无用的压迫，而当今的武装力量主要

---

[1]　卡洛斯三世于1770年创立了西班牙的义务兵役制，2001年宣布废除。如无特殊说明，本书脚注均为译者注。

被用于执行维护世界和平的任务，并成为在火灾、洪水和地震等自然灾害中保护民众的先遣队。其结果是，无论从本质上，还是职能上，军队都经历了深刻的变化，早已与二三十年前不可同日而语。那么，为何西班牙社会仍然对武装力量抱有一定的蔑视呢？为何仍然对其漠不关心，乃至将其视为仇敌呢？又为何这一负面的反军事主义观念仍未消除，尤其在某些自我定义为左翼的"知识分子圈"中呢？

答案是复杂而多元的，但是从一些扎根于文化圈和学术圈的宗派主义和偏见中，我们可以找到解答。这些观点的起源可以追溯到许多年以前，并且留下了难以根除的硬痂。在西班牙民主过渡时期，大学的历史系人满为患。人们对佛朗哥主义的终结都怀抱着幻想，天真地认为解决所有世界不公的方案——"人性化的社会主义"已在前方转角处。甚至对于绝大多数同学和我来说，正是舍己忘我和改革图新的理念，使我们选报了历史学，我们一厢情愿地认为历史学和经济学一样，是能够让我们更好地参与到政治活动中的学科。在那样激越的年代，这是最重要的，而其他学科都不过是微不足道的二流学科。我们的目标是取得革命性的变化，而不仅仅是把学习作为一种政治培养的方式。我们欢欣鼓舞地期盼着尽可能多地吸收马克思主义，期盼着它可以为我们打开智慧的大门，使我们脱胎换骨，转变为能与切·格瓦拉比肩的新人。一切非马克思主义的都是无用的，我们以少不更事的无畏，指责它们是法西斯主义、反对派、大资本家或是吃人恶魔"三边委员会"[1]的诡计。

　　绝大多数志趣相投且不甘于现状的老师们都没有让我们失望。我们激情昂扬地去听他们讲课，想着他们的理念有多激进，他们的教学质量就有多高。他们也满怀着政治憧憬，不停向我们阐述历史唯物主义。那时的学生与教师都有着相同的美好愿望：理解世界并改变世界。我们无须学习日期、人物、国王、战役、条款、传记、轶事！也无须学习数据，更无须像那些记忆达人一般麻木机械地死记硬背。那些全无用武之地，况且能在百科全书和手册中一览无余（另一方面，这种查询又是永无止境的）！在大学的第一个年头，我们如饥似渴地阅读那些艰涩的、极其厚重的史学方法论相关的书籍，且偏好那些所谓的南美作家的作品。自然，我们那时什么都不理解，但为了保留颜面，在咖啡吧里（那时学院真正的"智慧"聚集之地，如今已然转移到了图书馆）谈论着这些书是如何令人赞叹、如何具有真知灼见。结论总是显而易见，并且总是一样的：唯一有效的理解方法是从教义手册中提取出的伪共产主义，它被称为是"科学"的，因此也是不容辩驳的，值得我们悉心钻研。

　　那时的我们懵懂懒惰，没有意识到那些我们所敬仰的真正伟

---

[1]　"三边委员会"成立于1973年，由北美、西欧和日本三地区的政界、经济界的重要人物为主成立的国家组织。

大的历史学家，比如皮埃尔·比拉尔和埃里克·霍布斯鲍姆，他们完美的阐释和全面的总结都构架在对具体数据广博的认知基础上，而我们却自以为是地将这些数据束之高阁。我们以为，可以跳过这些可能"无用的"数据，来获得全面的理解。我们认为在史学中，唯一关键的是经济史，它能将人类领入共产主义天堂。学习马克思主义是最重要的，尽管在此过程中会碰到繁杂而热烈的争论，涉及生产方式的数量、各种生产方式之间持续而令人费解的过渡、下层基础和上层建筑之间辩证关系的结构等。

于是，我们每天仅上3个小时的课（！），在咖啡吧待着的时间比在教室中还多，发传单和参加会议的时间比看书的时间还长，我们学习了一年又一年，但仍对真实具体的历史一无所知。我们手头上只有（所谓的）马克思主义作家的作品和一些自我吹嘘可以清晰解读路易斯·阿尔蒂塞的结构主义的马克思主义作家的作品。而路易斯·阿尔蒂塞正是那位后来发了疯，掐死自己妻子的哲学家。我们的床头书都是阿尔蒂塞的学生玛尔塔·阿内克尔的厚重手册（《历史唯物主义基本原理》），如同施礼华的祈祷书《道路》，这本手册能解决优秀马克思主义者的所有疑问。我们全身心投入地阅读它，把它随身带着，在地铁和公车上骄傲地示众，不看时就放进制式背包里。这正是我们这一代的一些人所谱写的战争史，而我们也应为自己书写的这部战争史做宣传。

就这样，在喧嚣热闹的虚空中，我们怀揣着资本主义因其自身无法解决的矛盾而行将崩溃的盲目信念，分析着如"小资产阶级"般的、时至今日仍然模棱两可的概念，手握着官方意义上合格的成绩，合用着实际上只是一个人完成、却有十人签署的小组作业，去参加考试、记录笔记，并在一些志同道合的老师们的帮助下，在学习了五年后，终于获得了现代史的本科学位（自然是唯一的一个革命性专业）。我们几乎从未学习过法国革命（因为在课程初期总有不断的罢工），也不知道哪位国王主导了1875年的西班牙王国复辟等，但是我们会谈资本的积累，工人阶级、女性和农民阶级艰苦的生活条件，社会动乱，"不平等兑换"，封建主义向资本主义过渡等令人困惑的林林总总，也谈论一些新颖有趣的热点问题。但总而言之，也不过是利用进步主义者的名号来掩盖无知。那时时兴的专业是"口述史""工业考古学""区域史""微历史"等，听着让人趣味盎然，但是就它们本身而言，各个自成体系，实际百无一用，甚至在很多情况下都可以算得上是一种欺诈。在这些新颖的史学观点的武装下，我们中许多人都自视为革新历史学的伟大学者，经济史和社会史改革的推动者。然而另一方面，无论是学生还是许多教师，都不懂教会史、宗教史、国家史、司法史、军队史等（归根结底，也是权力史），政治史甚至遭到蔑视。但我们实际上对国王、首相、法律、条款、战争、日期等都一无所知，其后果不堪设想：我们似乎学会了许多解读历史和世界的视角，但是我们不曾了解、不曾拥有、也不曾掌握那些我们本当解读的数据！我们成了不具备知识储量的解读者！

那个时代早已逝去，这或好或坏。条件的变化发展早已让我们各司其职，而历史学如今则变成西班牙各所大学的"灰姑娘"专业之一。历史学正处于低谷期，对严谨及客观性的寻觅早已鲜见（即使客观性并不绝对存在，但人们仍应执着追寻），它们成为与之敌对的意识形态化的牺牲品。于是历史学家在媒体上大谈政治，而不谈历史。一部分曾经致力于马克思主义事业的教师改头换面，变成座谈会的席上客和报刊的人气撰稿人，以同等的热情捍卫那些本质上反动的理念（包括狭隘的民族主义），以此来博取支持和换取报酬。这是当下西班牙历史学研究的问题之一：过度的意识形态化和由此导致的宗派主义。因此，如今历史学成为投掷武器，人们用它互相指责、加深分歧，而非建设、理解或"搭桥"。更有甚者，认为这种不高尚的相互攻击自然而然且不可规避，毫无羞耻地声称在历史学家当中存在"左翼"和"右翼"，"民族主义"和"西班牙主义"之别。他们任意曲解历史，令其契合相应的政治信仰来避免丑闻。正如我们那个年代大学中的许多教师们所欠缺的一样，他们不再追寻严谨与客观性。这些理论家并不是历史学家，而是宣传家，从几年乃至几十年以前就不再有所作为，而是继续坐享年轻时期作品的声名（假如在那段时期他们写了一些体面的东西），端坐于大学教授的交椅上，而这主要归功于自古便有的任人唯亲和大学里的内部结盟。

在我们完成大学学业后，一些人想要留在大学继续进行研究或从事教学工作。然而，在没有私人关系也没有政治背景的情况下，如果想要专职研究历史，就意味着需要利用业余时间做一些以往一直忽略的事（读书、学习、掌握数据、研究、推断、证明等）。这样的益处是，由于我们并未对任何人有所亏欠，所以能够拥有更多的自由，也能够如实书写和谈论自己的研究成果，而无须担忧是否要迎合那些当权政客的利益。我们中的一些人还致力于研究一些当时被认为是禁忌的领域，比如人们总把军事史与法西斯主义和佛朗哥军官混为一谈，军事史自然与"左翼历史学家"无法兼容。然而事实总是不尽如人意的，如果不研究军队和战争，就无法书写历史。因为一些战役的结果显然对人类历史起到了深刻的决定性作用。假如汉尼拔攻占了罗马，假如希特勒赢得了战争，假如第二共和国赢得了埃布罗河谷战役的胜利，假如卡斯蒂亚赢得了阿勒祖巴洛特战役，或阿拉贡赢得了米雷战役，等等，难道会有人说历史不会发生根本性的变化吗？难道理解这些胜利和失败的原因与后果，没有其历史重要性吗？另一个问题是，难道只有军人才能学习军事史吗？

诚如我们开头提到的那样，令人唏嘘不已的是，时至今日，许多西班牙大学仍坚决将军事史排除在学科体系外，即使不认为它是法西斯主义，也认为它是蹊跷作怪、军事主义或是"西班牙主义"。这一不公正的判断，是宗派主义和无知的产物，甚至还影响了权力高层。我们应该如何评价那些强制关闭军事博物馆的城市和这种风气？然而在这样的城市中，却开设并不断推广着各式各样生动有趣的博物馆，比如巧克力博物馆、鞋具博物馆、邮票博物馆、蜡像博物馆、香水博物馆、漫画博物馆、摩托车博物馆、服装博物馆、体育运动博物馆、网球博物馆、色情博物馆等等！不错，这里要说的就是巴塞罗那和蒙特惠奇军事博物馆遗址令人惋惜的关闭。正如我们缅怀的盖布里埃尔·卡尔博纳在 2009 年所言："近年来，世界上只关闭了两座博物馆：一座在阿富汗，另一座就是巴塞罗那的蒙特惠奇军事博物馆。当一件事物不再为人所爱，便会被摧毁。在巴塞罗那发生的这一事件，与塔利班炸毁佛像如出一辙。"

我们殷切地期望能够证明军事史的重要性和有用性，它可以作为完美的跳板，帮助人们潜入历史的长河。军队史、暴力史、战争史是国家历史，也是阶级社会史、民族主义史、群体心理史、人类史、思想史、经济史、科技史、发明史、医学史、法律史和社会关系史等，是全面的历史，而非"单一的历史"。正如吕西安·费夫尔提出的那样，历史学研究应该打破相互隔离的研究方式。这就是我们戴上军事史的眼镜，希望通过这本书所达成的目标。

▶ ▷ 战争推动进步吗？

这本书并不试图铺叙整个战争史，不涉及军队史和战略史，也不介绍伟大将领或是军事思想家的生平，更不是一部科技史。自然，这部书的任务也不包括探讨自人类起源之初便已产生的暴力现象的原因，也不在于探索战争的起因。尽管究根诘底，战争的最根本原因不外乎是自身的生存需要，还有人类身上的诸如野心、权力意识、焦虑和想要霸占自然资源的邪恶基因。同样，这部书并不是对于具体历史时期、战争或战役的研究，或是对于上述的一系列问题专业而深刻的研究，这些早有优秀的学者专门著书立说。我们在此仅仅以鸟瞰的方式，并以严谨而惬意的态度，介绍战争现象在历史上对社会各个方面的发展所起到的推动作用。看到这一章标题的时候，读者难免会感到讶异，这可以理解。把战争和进步这两个天差地别的概念关联在一起，未免显得不可思议且难以理解。从古至今，战争造成严重的灾难、残酷的死亡和剧烈的痛苦，它也是历史中最糟糕的疮疤。如果没有战争，世界将变得更美好，然而许多为我们的生活提供便利、让人们更惬意的科学成果，也许就不会如此迅速地面世。这是历史上许多的悖论和未解之谜之一。

由于资源的稀缺，群体间为控制耕种用地、牲畜、水源、水流、矿产、森林、交通战略地带、商路等而展开竞争，战争便随之产生。喜欢也好，厌恶也罢，武力冲突产生于人类历史之初。即使近几年来，我们对此所做的也极为有限，仅仅是希望通过国际条约来降低战争的残酷性，而这些条款基本是一纸空文，仅此而已。因此，人类历史也是一部暴力史和战争史。最初，战争多是直觉性的、原始的，后来才变得更为复杂，并通过军队和政治机构，受到国家的调控。这一历史常数不可避免地划定和限制了人类的发展，其原因是多元的。首先，无论是为了扩张还是抵御其他列强，军队是国家主要的对外政治工具。举例来说，如果没有军队，罗马帝国就不可能存在，希特勒的扩张政策也不可能存在。也因为军队服务于统治阶级，当需要压制贫困时期频发的、由国家内部的受压迫阶层掀起的暴乱，以及任何可能发生的起义的时候，在其他如法律、理念、宗教和政治等因素失效的情况下，军队往往都是最后的压制手段。当然，军队与国家的诞生、发展和巩固是密切相关的。有时，军队在没有取缔国家的情况下，还通过名为军国主义的价值体系来塑造国家。在这个方面，我们只有理解了军队的作用和这些国家的执政人对武力的崇尚，才能理解如古代的亚述和斯巴达社会，或20世纪的许多独裁政权。

但是，军队不只是国家处理对外政治和内部镇压的工具。军人们早已发现，谁拥有更多高效致命的武器，胜利就站在谁那边。因此，必须要召集最好的手工匠，并将尽可能多的经济资源投入武器生产中。这样一来，胜利总是顺理成章地青睐技术最先进的一方，而这一方通常都拥有更强的经济实力，或者至少可以调用更多战争资源以在技术方面称霸。因此，军事领域往往更追求技术的优化与完善，且最先选用这些技术，这自然也不足为怪。我们不如试着去理解一下马克·布洛克的话："解析战争而不描述武器，就如同描述没有锄头的农民和没有工具的社会，无疑是在散播疑云。"

　　军队和军事实践同样也极大地推动了科技的进步，尽管它们本身设计用于破坏和屠戮，但是在很多时候，当它们被运用到文明世界后，也同样意味着人类生活质量的显著进步。当战争最直接的作用是造成死亡和毁灭，那么诚如汤因比所说的那样，"所有军事进步都不可避免地成为文明衰落的常见症状"。许多像刘易斯·芒福德一样，因为经历了第一次世界大战而饱受创伤的思想家，都抱有同样的想法，他们全盘否认一切进步，认为这些进步将人类拖入了那场前所未有的浩劫。然而毋庸置疑的是，人类的经验证明了这些进步可以造成相反的结果，正如我们即将通过这本书看到的一样。

　　无论我们喜好与否，战争是科学技术各个领域的主要推动力，同样也是心理学、艺术、时尚、思想、法律等领域的推动力之一，战争也许成为了科技发展最大的催化剂和社会进步最普遍的动力之一。此外，这一现象还呈现出一种上升的趋势。因为用于科研所需要的资金投入越来越大，只有国家才能够支持科研，而国家则要求这些巨大的投资得到快速的回报。也许很多人都会认为，这无可厚非。军备研究和运用到人们生活中的科技进步之间的关系并不是自动的，也不是直接的，在历史的不同时期、不同的国家各有不同。这些人还认为，我们今时今日所拥有的武器进步，也许无论经过多长时间都不会运用于社会生活中。但在这本书中，我们并不考量这些观点，而是试着探索那些将历史上的军事进步运用到文明生活中的真实可证的结果。显然，战争和军队在社会生活中至关重要。尽管有利有弊，它们充当了历史这座庞大机器的发动机、推动力，或者更确切地说，起到了齿轮的作用。它们与经济、阶级斗争、思想、情感、宗教以及许多其他机制相互关联，共同推动人类的发展，尽管我们无法确知是推动了人类的进步还是自我毁灭。这本书旨在帮助读者理解战争和军队在历史上的作用。此书的主线和主要目的，就是简明地探索与分析战争与科技发展之间的相互关系。

最后需要说明的是，人们对战争日渐仇视，也产生了一些积极的影响。战争的残酷及其造成的痛苦证明了人类作恶的能力，但同时也让我们更意识到需要反对战争，这让我们愈加排斥、仇视它。几个世纪以来，人类的破坏能力日益上升，但同时社会反对暴力的敏感性也不断增强，人们变得越来越厌恶暴力，在行使暴力时也越来越疑虑重重。两千年以前，绝大多数人对角斗士的争斗习以为常，而当今社会甚至难以接受虐待动物的行为。人们因此禁止或限制斗牛和斗鸡，关于禁止狩猎的社会舆论也与日俱增，狩猎遭到了越来越多的抵制，此种例子不胜枚举。

谨愿此书能够让所有人都成为真正意义上的反战人士与和平主义者，但无须与反军事主义者混为一谈，因为编纂军事史并不意味着热爱战争，而是恰恰相反。我们需要达成一个重要共识，即在历史的发展过程中，暴力和战争是客观存在的。这就是我们的目的。

于阿莱利亚

2014 年 2 月

第一章 史前暴力：美好的野蛮？

正是暴力的威胁使得那个时期的人类不得不学习如何雕刻石块，构思将石块逐个堆砌起来的方法和技巧，学习如何绘制草图等一系列建筑工程的基础知识。这些知识在整个欧亚大陆广为流传，并为巨石文化的繁盛铺平了道路。

百万年以前，我们的祖先是十分野蛮暴力的。他们首要的暴力施加对象便是那些被捕猎和食用的动物，当然也针对其他来争夺稀缺资源的人类族群。人类在后来的进化历程中，也不断出现与暴力为伴的例证。对此，人们提出了许多有待解决的问题，而这些问题也一直令考古学家、人类学家和心理学家苦苦思索。暴力是人类的基因设定，还是后天习得的行为呢？暴力存在于我们的大脑中，还是环境和经历所导致的？历史的进步和暴力之间的关系是什么？这些问题至今还是开放式问题，也许永远无法找到一个明确的解答。毫无疑问的是，时至今日，那些将旧石器时代描绘成好似原始共产主义般和平的、没有剑拔弩张、与自然和谐共存且衣食无忧的优美画卷，早已被大量的考古证据和研究所撕毁，并从研究这段时期的学者心中剥除。所谓"美好的野蛮"这一启蒙运动的产物，仅仅是对从未存在过的和平与和谐的向往。

在规避这些问题的同时，我们可以找到一个理由来解释人类祖先的暴力行为。他们的基本生存手段是打猎，这本身包含了进攻和暴力因素，因此可以想象一个群体，同其他动物一样，在面对偶然性资源的匮乏情况下，为了争夺所缺财产而进攻其他群体，向他们施行武力来获取财产与资源。同样，为了防御其他掠夺者和进攻性群体的侵犯，也需要使用武力。因此，保护群体成员和获取永远有限的资源，成为向其他同类施行暴力的最初原因。

考古记录见证了命丧他人之手的人类的惨烈死亡，自古以来数不胜数，这令我们蒙羞。在爪哇的特里尼尔，考古学家们找到了 7 具约在 45 万年前惨死的直立人的化石遗迹；在北京郊区的周口店，考古学家们在距今 40 万年前的地层，找到了近 40 具因暴力而死亡的尸体化石。事实上，也有一些遗迹能显现出人类富有同情心的行为，比如最近在阿塔普埃卡的考古发现。但是这些证据数量十分有限，或者说更难以发现。事实上，随着时间的推进，这些暴力印记与日俱增。群体屠杀、折磨、人祭和进食人肉这些野蛮行为，都留下了不可磨灭的考古证据。这些野蛮行径甚至不以儿童为异，甚至发生在没有什么人口压力的年代，这使得这些残忍的行为更加不可理喻。唯一的区别在于屠杀的方式。在早期，人们使用的是钝器，之后开始使用尖锐武器，最后使用投掷型武器。无论如何，一个群体对另一个群体的进攻性行为是有上限的，他们明白群体中适宜繁衍和擅长围猎的成员的损失，会导致群体脆弱的生态平衡失衡，进而可能导致群体的灭绝。

随着时间的流逝，人类进入了新石器时代晚期。那时人口水平逐步趋向稳定，人类可能开始有了一种领地意识，或者说将狩猎和获取食物的范围视作群体的所有物的意识。这意味着他们需要保护领地免受其他群体的侵犯。因此，为了保护财产而与邻居长期处于敌对状态可能是一种常态，有时甚至会爆发小规模的冲突。毫无疑问，保卫领土使群体成员间关系更为紧密，更团结在那些兼具战士身份的狩猎者身边。这加强了这些狩猎者的领导地位和特权，促进了社会阶级的产生。面对因猎物、粮食、水、女性而产生的争执，或是因简单的复仇而产生的更严重的冲突，尽可能降低伤亡的直觉性原则会起到指导作用。因此与围猎行动一样，人们会策划类似突袭、埋伏和使用诡计这样的作战行动，来保持在战役中的胜者地位，确保无风险的厮杀。在此类战役中，对敌方阵营的突击和劫掠变得稀松平常。当出其不意的效果丧失后，便只剩下肉搏中的身体力量和个人勇气了。在这些冲突中，没有任何男性狩猎者能独善其身。他们在身体和脸部绘上狩猎的图画，这些图画本用于迷惑猎物并汲取神秘的保护力量，而现在则演变成战争的图绘。最早的军装和军徽，很有可能是在冲突的对象从动物演化到其他人群的过程中产生的。

在旧石器晚期，人们发明了投射物和箭的助推器，作为诸如斧头和长矛这样的传统武器的补充。比起仅仅用手臂完成的投射，它们可以确保攻击范围更大，攻击的精准度更高，这使得新的狩猎策略以及新的作战策略应运而生。之后很短的时间内，在至今约2万到1万5千年前，也即新石器时代的初期，人类制造了最早的弓。这也许是人类最早制造的机械，并且也许是对人类发展起到决定性作用的武器之一，它带来了人类的狩猎和进攻行为的机械化。此外，弓弦振动产生的音响在后来还被运用于音乐领域。人类的这一发现无疑是偶然性与观察的结果，是在人们尝试将织线与细直且具有一定弯曲度的木材（弓）组合在一起，并将其他细木材（箭）推射到一定距离以外之后发现的。弓的发明带来了远距离外悄然的死亡，它使得猎物难以觉察到狩猎者的存在。于是，在面对部落间因狩猎领土而产生的纠纷时，拥有越多的弓箭手就意味着在攻敌或退敌上，越可能获得成功。在这段时期，人们还设计了用于投射的棍棒、投石索[1]和精巧的回力镖。比起人类从前投掷石块、棍棒和用锤子、斧头敲击的原始做法，这些武器的运用需要更高的技艺和更多的训练。同时，弓的发明促进了原始的皮质和木质盾牌的制作，用以防卫新式的尖锐或钝性投射物，由此促进了木材和皮革的加工工艺。不仅如此，这一新发明还被运用到最初的旋转工具、钻头和乐器的加工。此外，对于箭的运动轨迹的观察，引发了人们对于动力学最初的思考。这一系列工具的制作使人类的动手能力逐步提升，可以更高效地生产并改进各种工具，无论它们是被付诸武力，还是被用来维护和平。

尽管人类拥有了这些新发明，但如果定量分析会发现，暴力受限于当时社会人口数量的低下及分散，有限的食物生产水平也制约了持久的战争活动。那时的人们少量进食、生命短暂，小规模地互相残杀。然而，不知是福是祸，这样的历史面貌即将改变。

---

[1]　一种古老的远程武器，在绳子或皮带中间缝有包裹飞石的囊袋，通过甩动绳子旋转发射。

▶▷　进攻性的游牧部落还是平和的定居部落？
　　投石索与弓

　　关于新石器时代也有许多话题值得探讨。一直以来人们都认为，在新石器时代，人类以定居生活为主，以粮食耕种和畜牧为主要生产活动，所以那时的社会应当是和平稳固的，人类所遭受的暴力应主要来源于流动放牧的游牧部落的进攻。从这一被美化的观点来看，新石器时代居住在欧洲及近东地区的群体几乎是与世无争的，只是偶尔遭受一些源于外部的侵略。确切地说，侵略来自那些居住在危险的东方的印欧民族，他们往往会毫不留情地烧杀抢掠。然而，正如在德国塔尔海姆所发现的被屠杀于约公元前5000年的18具成人和16具儿童的残骸那样，大量已发现的考古遗迹都可以证明，无论是被害人还是刽子手都来源于农耕文明，这足以揭穿新石器时代部落间和谐共存的假象。虽然我们也不确知这一暴力产生的原因，但是可以断定的是，在新石器时代，人们也互相残杀，也存在人吃人、以残疾儿童献祭，以及拷打折磨等现象。

　　诚然，农业出产了更多的食物，也因此刺激了人们囤积粮食的野心，这也许是生存的需要，也可能仅仅是受到野心的驱使。这一拥有无论是自己的还是他人的财富的愿望，成为尚武精神和行使暴力的最基本的动力，而有组织的暴力则演变为战争。人们贪图邻里富足的食物，觊觎他们储存的食物。如果邻里有畜牧的话，人们也会觊觎这些牲畜，还有用以繁衍的女性，乃至在极度缺乏食物的情况下，可以充饥的尸体。不要忘了在驯化动物和改进作物的同时，人们生产食物的能力提高，人口也随之增多；但这也意味着需要满足更大的食物需求。但凡遭遇任何自然灾害，这种食物需求都可能变得十分紧迫，影响由成千上万的个体组成的群体，造成比以往严重数倍的饥荒。人们也为了水资源而互相争斗。后来，随着冶金术的发展，人们也争夺对矿层和商业用地的控制权。

逐步发展的定居文明还促进了边境概念的巩固，促进了部落身份的认定，强化了领地意识。因此，在人口压力大或食物短缺的时期，相邻族群间的冲突会愈演愈烈，这些冲突往往爆发在作为早期疆界的河道和山口地带。西班牙的莱万特艺术表现了弓箭手真实的作战场面，他们有的负伤累累，有的身首异处，证明了当时斗争的频繁。随着新石器时代的发展，可以证明暴力现象的考古记录数量越来越多，这也表明冲突的增加。这也许是由于人口的增加，也许是为了争夺更平整、浇灌更频繁、更肥沃的土地。在欧洲，被箭刺穿的人类骸骨数以百计，同样还有被刀刺亡、被砸身亡，或被斧头、棍棒敲击致死的尸体遗迹。对于那些投降的敌人，人们通常都不会将他们拘为囚徒，因为保留他们的生命并不会带来收益（除了极少情况）。因此，人们通常会将他们处决。

显然，在这段时期并不存在我们今日所理解的军队。战士们组成松散的团体，为了一些具体的目标偶尔战斗。但是假如遇到入侵行动，那么作战人员就不仅仅限于这些战士，而是整个族群。为了寻找更肥沃的土地，或者只是为了寻觅食物，族群会掀起大规模的迁徙浪潮。当整个族群一同前进，假如人数众多的话，那么便大有势如破竹的威力。

除了（一如在捕猎动物中所运用的）埋伏和突袭，那时没有其他的谋略，战争一旦开始，就只剩下直接的交锋，唯一起作用的是数量上的优势，以及个人的勇气与技艺的高下。在劫掠或惩罚战争中，假如突袭条件允许，一般采取火攻，大火在当时毫无疑问是最令人恐慌的武器。人们在几千年以前便已经熟悉火的运用，火在日常生活中是不可或缺的。人们不仅用它来加工食物、自卫、打磨皮料和木材、使线头变硬，还用火来焚烧树林以便之后用于耕种（焚烧森林在我们这个年代被视为对生态系统造成破坏性后果的罪行，而在那时却给我们的祖先带来了必要的种植用地）。因此，将火运用于烧毁潜在敌人的村落和庄稼也就驾轻就熟了。这一惯常做法无疑可以在遭到包围和攻击的村落遗迹中得到印证。

随着暴力现象的扩张，暴力逐渐演变成战争。从偶尔的劫掠、突击进攻，演变到中世纪时期的维京人那样更有组织的远行。鉴于更大规模的暴力会引起更多死亡，这也意味着在武力冲突前，人们应计算风险和收益，应该研究如何、为何、从何处怎样进攻，计算敌我力量、敌方的反击能力，研究相关武器，等等。最终，为了保证斗争的胜利，出现了军事策略和计谋，也就是军事操作的全盘计划。

新石器时代人类的作战方式与旧石器时代相比，区别只在于新石器时代弓箭和投石索的大量运用，保证了短时间内的远距离作战。投石索正是这段时期出现的最具革命性的武器。比起原始的弓箭，它具有更强的杀伤力、更大的攻击范围和更高的准确性。通过投石索抛掷出的石块可以轻易地打伤敌人的头骨和肢体，因此它一经发明就被迅速运用到狩猎和战争中。至于投石索的起源，我们依然只能像猜测弓箭的起源一样，大胆设想人类是通过游戏和生活经验，发现了利用离心力致命的可能性。它简易的操作和经行家之手所能发挥的威力令人吃惊，仅仅使用小块的石头、绳索，以及用来盛放投石的小块皮料这样简单的元素就可以组合而成，而且这些材料往往都就地可取。投石索立即成为牧人钟爱的武器，牧人们有大量的时间训练，而且使用投石索可以轻易赶走猛兽。它的成本微乎其微，并且很快被运用到与敌人的对抗中。《圣经》中关于大卫和歌利亚的事迹的著名描述，证实了这一武器的重要性，也证明了它在古代社会乃至中世纪时期运用广泛。然而，投石索的黄金时期要数古代时期，正如许多著述所述的那样，来自巴利阿里岛、波斯和罗德岛等地的人们所组成的专业的军事组织大量使用投石索，他们生产铅块用来投射，还在上面刻上字母、签名和送给敌人的"致辞"，与第二次世界大战时期的飞行员在炸弹上刻字如出一辙。正如我们前文所述，投石索的重要性在于它的射程比弓箭远，有效攻击范围在200—300米内，如果击中敌人的头颅，可以使其瞬间毙命；即使只打到敌人的肢体，也可以使其骨折。此外，石块的速度比箭快，体积也比箭小，人们无法看清投掷物，因此也更难躲避和防护。

但是，当投掷所用的物件告罄后，或者无法阻止大规模进攻时，近身肉搏便无可避免，这时候战斗就会与过往时代相同。在这种情形下，会彰显出两个难以估量的因素：作战人员的身体素质（力量、灵活性、体质、所受训练等），还有面对激烈冲突时的态度，也即面对战斗及其带来的死亡风险所产生的勇敢和怯懦的概念。事实上，人们很快发现战争最后的结果在很大程度上取决于战士的力量、技艺和态度。前两者主要取决于战士天生的能力，而不是他的意志；而后者则主要取决于他的意志。如果战士通过吼叫、身体语言和服装等，展现出奋不顾身，以及面对危险义无反顾的态度（所谓勇敢），也许可以震慑并且喝退战斗中的敌人，反之亦然。因此，人们发现作战的动机成为战争成败的决定性因素。自然，如何鼓舞战士，如何使他们更勇敢，如何使他们更奋不顾身，抑或如何使他们将死亡视若等闲等一系列的问题随即产生。

这样一来，物质和精神的补偿机制几乎自动生成了（包括战利品、官职、军功等），它们与宗教信仰相融合；当然也有相反的、对于怯懦的惩罚机制，包括驱逐、当众羞辱或者处死。军队自身的价值体系随即产生，即所谓的士气，它作为强有力的联系将士兵团结在一起。因此，在奔赴战斗前，这些早期的士兵需要通过直接脱胎于狩猎活动而形成的舞蹈、颂歌或法术仪式来激发自身勇气。在这些准备活动中，敲击树干、石块或原始的鼓，使其产生节奏性地、带有切分音的鼓点，起到了决定性的作用。因为它使得所有的狩猎者或士兵整齐划一地行动，加强了融合感和集体感，将个体身份融入集体这一更强大、更无人性和更无理性的身份中。这些反复的行动强调了大众心理的重要性，密集方阵指令的重要性，突出了在面对十分惊险的暴力冲突时，它们所起到的鼓舞士气的重要作用。为此，战鼓的节奏、音乐、呐喊和颂歌可以帮助狩猎者或战士在行动发起前，做好执行任务的心理准备。谁曾想见，音乐这样庄严而崇高的艺术，竟与暴力的起源如此紧密相连！

很快，不同的服装、战争的图绘（所有这些都是未来军装的雏形）、军旗、猛兽的骸骨和其他有宗教意义的或特殊的物件成为标志物，使战士们无时无刻不牢记自己的与众不同，牢记自身与神明和祖先的特殊关联，甚至让他们认为自己高人一等，因为正是他们承担起了为保护宗族或部落财产而战斗与牺牲的职责。事实上，正是在这段时期，士兵阶级开始产生。这个阶级独树一帜，比起其他普通民众，他们卓尔不群，因为他们需要手持刀刃以护卫民众，这是未来军队的前身。

随着新石器时代的发展，战争也在发展。这毋庸置疑，因为随着狩猎作为获取食物的方式变得越来越次要，我们在同时期的考古证据中却发现了越来越多的箭镞，这更加证明了箭镞在战争活动中的运用。在这一暴力值与日俱增的环境下，人们在所谓的青铜时代中，将刚发明的冶铜技术不仅仅运用到了生产装饰物上，还即刻运用到了武器制造领域中（箭镞、刀刃和匕首），而这些青铜武器部件很快取代了燧石部件。

正如前文所述，新石器时代食物的生产富余使得这段时期的暴力现象螺旋上升，这使得人们需要储存和保护粮食，以提防袭击者和周围其他饥肠辘辘的族群。但是，它还有其他重要的影响，即促进了定居点的产生，这些定居点毫无疑问是人类历史上首次出现的封闭的、带有城墙的地域，用来保护居民，也承担着保护财产的职责。正是暴力的威胁使得那个时期的人类不得不学习如何雕刻石块，构思将石块逐个堆砌起来的方法和技巧，学习如何绘制草图等一系列建筑工程的基础知识。这些知识在整个欧亚大陆广为流传，并为巨石文化的繁盛铺平了道路。假如没有危险，也许高楼、宫殿和要塞这样的建筑不会这么早就出现。但是，城墙的建设需要集中统一的管理权力，并在建成后通过在民众中间设立借调制度，来保证城墙的防护、维持和守卫。随着粮食的富余，国家开始产生，随之产生了更广泛的社会分工，促进了军队的诞生，并保障国家政权地位的巩固。军队也有助于塑造社会、国家及其价值体系和内在凝聚力体系，以及宗教、等级制度，等等。在这些方面，军队起到了关键作用。

▶▷ 最早的城市：国家、军队与宗教

被围墙保护起来的小村镇很快发展起来，形成了最初的城市。这些城墙将城市与险恶的环境和野生动物分隔开，也与那些在开阔地带所向披靡的入侵者、夜间劫掠以及各种恼人的侵袭隔离开来。这些防御随着城市的发展而扩张，且日益坚固。因为城市的发展意味着累积的繁荣，这也让其他族群垂涎三尺。几乎在城墙出现的同时，城市的内部出现了一块面积更小的、同样用城墙包围起来并且位于城市制高点的区域——城塞。城塞中居住着政治和宗教领袖，是权力中心、寺庙、官僚机构、财宝和重要的粮食储备所在地，也是那些最早的武装成员的住所，他们是首领信任的武装力量。这些最早的城市包括我们耳熟能详的耶莫和杰里科，在公元前7000年前后就已经有近2500名居民，城墙十分坚固，高达6.5米，围有近5米宽、2.5米深的城壕。在之后的几百年、几千年，城市革命扩展到整个近东地区和地中海盆地，大多复制

了相同的模式。

在最初几乎还没有社会等级的时候，城市中的所有男性都是士兵，他们没有经济报酬，拿着自己制作的武器加入战斗；甚至在一些极度缺人的情况下，女性也可以保卫城市。他们轮流看护城墙，但是不会将农耕和畜牧的主业弃于不顾；他们只在危急十分的关头才会凝聚起来，一旦度过危机就会回归本职工作。后来，当城市的规模更大，并产生了粮食的富余，足以将一部分居民从直接的劳作中解放出来时，一些人脱颖而出，成为领导阶层，负责囤积和管理这些生产富余。此外也出现了手工艺人和职业军人，这反映出社会已经建立分工。在士兵之上有管理精英，鉴于他们在训练上投入了许多时间，早已成为作战能力最强、最令人胆战心惊，且最有威望的士兵。然而他们假如被击败，就会有名誉扫地的风险。因此，除一些特殊的情况，这些精英并不会参加大大小小的战争。他们很快开始雇佣士兵，而这些士兵义无反顾地执行精英的命令以换取佣金、名誉和补偿。与其说他们是服务于城市的士兵，更不如说他们是政治精英的私人保镖。这些士兵起初人数有限，他们从这个时期开始可以腾出时间投入训练和完善自身中，最终成为合格的战士，雇主则为他们提供武器。在万分紧急的情况下，或需要防患于未然时，城市的管理者会强制征兵，一部分或者全部居民都需要参加。经过专业战士的简单训练后，一支人数众多的队伍便形成了。暴力现象接连不断，而军队随之诞生，成为人类历史和早期社会中有着决定性作用的创新之举。

当然，统治阶级很快发现拥有职业军人的益处，他们不仅能保护城市免受外部袭击，在城市居民不愿臣服、不愿支付赋税或者试图谋反时，这些职业军人作为强制力量，也能起到十分重大的作用。有了职业军人，统治者夺走且垄断了本该属于大众的暴力使用权，更将其归为己有并赋予士兵们，以此迅速控制武器的生产、使用和储存。拥有这样一支能够得到合理偿付的武装部队，是强化等级和社会分层的第一基本条件，这样的社会分层前所未有。所以，假如没有军队的出现，就无法解释社会阶级的出现。这两个概念在历史长河中一直紧密相连。

在军队诞生的同时，法术—宗教信仰也随之产生并不断发展完善，被同属于统治精英的祭司阶层操控着，并随着农业经济的发展而日趋复杂。祭司阶层主持的礼拜仪式设计纯熟，带有大量令人震撼的神秘主义元素，向大众灌输一种价值和思想体系，使他们臣服于领导阶层，从而催生了统治阶级的意识形态霸权。通过巧妙使用与结合两种元素（武力与意识形态，暴力和达成共识的能力），那些助长权力的元素日益巩固。在大城市的社会中开始出现两个明显对立的集团：一个集团由领导人、祭司和政治—军队领袖组成，他们之间形成了稳固的同盟关系；另一个集团由被领导的劳动人民组成。结论显而易见：军人和祭司作为强制力量和说服力量，从这一刻开始地位得到巩固，成为古往今来解读社会必不可少的关键因素。

但是，城市中的武装人员很快便不再单纯地履行防卫职责了。军权腐化了统治阶级，也腐化了整个市民阶层。拥有军权的意识点燃了他们攻占和征服毗邻地区，以及分散在城市周边的居住点的野心。起初，粮食的歉收和饥饿驱使他们为抢夺周边的粮食而进行征伐。后来，征伐仅仅因为人们对财富或权力的渴求，抑或兼而有之。就这样，征战出现了，随即产生了荣誉、权力和伟大等概念，这些概念往往为宗教所强化。城市中迅速发展的经济生产了更多的资源，并催生了更多的士兵和武器。因此，尽管令人唏嘘不已，但是社会和经济发展无疑在许多情况下推动了武装冲突和战争的发展，而这两者则演变为体现群体间主要关系的要素之一。与此同时，若要获得军事胜利，获得丰厚的战利品，就难免需要许多武器和工具，这至少能够在短期内推动手工业的发展。

从那时开始，为了开疆拓土，不同城市的小型军队之间的冲突日渐频繁，而疆界主要按照一些偶然形成的地理形态划分。考古学家们在河床和河口处发现了大量武器遗迹，这证明了在那些地区发生过战争。当一座城市战胜了另一座城市时，可能导致几种结果：对战败的城市摧毁和洗劫，屠杀它的居民；如果有利可图，则将居民变为奴隶；抑或让居民支付很高的赋税，来换取自由之身。这完全取决于战胜者想要以什么方式彰显他们对战败者的权力和如何估算收益。总而言之，所有这些军事实践都加速了国家的形成。首先，由于这些军事实践有助于权力的集中，依赖权力而生的专业人士随即产生。这些专业人士不仅包括士兵，也包括官员，他们负责管理和控制武器的手工生产、存储和士兵的伙食供应等。其次，因为这些被抢来的财产，无论是土地还是奴隶，都需要官员中的精英来分配与管理，他们同样依托于权力。自然，这些精英始终都会制定有利于管理阶层的分配方案。此外，那些生产武器的手工匠、致力于盘点和储存旧有及新赢得的物品的官员（未来的书吏），都逐渐成为原始军队不可分割的组成部分。

同样地，军事主义思想形态也很快成为这些早期军队不可或缺的一部分。战士中产生了强烈的友情和好胜心，使他们团结在长官的身边，这在那些面对战争和死亡的个体身上十分常见。他们自认为强壮有力，足以降服友方和敌方阵营中的大部分普通民众。他们开始推崇强硬和牺牲这样的价值取向，宣扬自己属于这个或那个群体，还有属于自己城市的骄傲感。战士们将逝去的同伴或长官神化，使其变为所有人的模范英雄。统治者很快发现，将思想信念、严厉的惩罚、丰厚的物质和精神奖励与艰苦的训练结合在一起的纪律，是能够提高作战效力的完美的黏合剂。这些早期的战士在长官的指挥下，开始有纪律地团队行动，慢慢学会排成队列来进行进攻和防御，学会战胜恐慌，学会攻击不成队列的异乡人，也学会了以冲破敌方队列为目标，攻击那些来自其他城市的排兵布阵的士兵们。他们从乌合之众变为军队。纪律使领袖们可以尝试新的战略调动，指挥日益庞大的军队。显然，只要胜利即可获得战利品这一承诺对于激发战士的作战能力起到了极强的鼓舞作用；假如死亡则承诺照料他们的家庭，并对他们许诺来生，做以宗教性质的补偿。此外，领袖们还拥有祭司阶层的祝福，能够向战士们传递神明对其战争行为的许可，无论这种行为有多么野蛮。

在日常的军事行动中，为了确认身份，也作为增强凝聚力的一种方式，战士们开始带上神民的标识，或在服装和盾牌上涂色，使军服从原始的战争图绘发展为更显眼的装饰。这些元素用于保持战士的作战动力，使他们无时无刻不谨记自己的身份，以及战斗的原因。祭司在战场上出现也开始变得司空见惯，他们能够在精神上鼓舞战士。为了解决作战中人员分散的问题，并确定小组领队的位置，人们开始将彩布挂到长矛的顶端，这在中世纪时逐渐演变为军旗与旗帜。

第二章　美索不达米亚平原与近东的战争驱动

　　战车的制造不仅使木匠从手工业者中脱颖而出，对车轮、车辐、车身、弓和梁的研究还促进了几何学的诞生。后来，人们将其运用于建造技术、天文学、地理学和交通中。我们不难将滑轮和水车等发明与车辆和各式的轮子联系起来，这些发明推动了几何学的发展。后来，几何学又被运用到步兵军团和战车车队的排兵布阵上。

人类历史起始于美索不达米亚平原。在那里，文明裹挟着科技与文化，产生了第一道曙光。由于少有无法逾越的地理障碍，这一文明向东部和西部肆意扩张。在公元前 4000 年前后，美索不达米亚平原地区的一些城市每座城拥有近 1 万名居民。这些城市是诸如埃利都、尼普尔或乌鲁克这样的苏美尔城邦国，他们耕种着底格里斯和幼发拉底河灌溉的土地，并且受到一位国王－祭司的统辖。他们经济的繁荣促成了公元前 4000 年前后文字的诞生，因为文字在登记过剩的农牧业产品和贸易往来的过程中都必不可少。他们还发明了轮子、马车、驯马术，从著名的金字型神塔[1] 上习得了天文、数学、制砖技术，还有一年 12 个月、一天 24 小时、一小时 60 分钟和一分钟 60 秒的计时方法。这些城市的强盛还有其他例证，在约公元前 3000 年，乌鲁克城便已由 10 千米长的城墙围裹起来，城墙上矗立了 900 座哨塔，围墙内面积达 400 公顷。

▶▷ 战争、青铜、文字与沙漏: 夏日的战争

美索不达米亚平原地区的青铜（90% 的铜和 10% 的锡的合金）大约出现在公元前 4000 —前 3000 年，随即很快扩展到了整个东方和地中海地区。青铜的发明使人们可以用这一新的坚硬而

---

[1] 金字型神塔（ziggurat）属金字塔结构的建筑物，是古代苏美尔人用来祭奠的建筑物。

锋利的金属大量制造箭镞和矛头。一开始，人们还同时使用燧石和铜制成的武器头，但是慢慢地全部用青铜代替。青铜剑和匕首较为少见，更少见的是青铜盔甲。鉴于这些武器的制作成本高昂，唯有长官才能拥有。正如人们对铜的需求一样，正是武器的锻造，而不是饰品的加工，促进了青铜的冶炼。人们为了得到这一合金所需要的稀有的锡矿资源，先是翻越山岭，而后远渡重洋，展开了漫长的旅行。因此，早期的航船、航海技术和原始地图的出现，离不开人们对令人垂涎三尺的锡的寻觅。从这时开始，城市必须担负起保护商业路线的职责，保障城市存在必不可少的新产品的补给和交换。拥有更多的青铜，意味着拥有更多强大的武器，面对普通市民时更大的优越感，同时也意味着更多的财富和商业能力，更多的船只和更多的旅行家，而这些旅行家也是最早的探险家和地理学家。锡也许称得上是历史上最早的战略金属，它对于经济和社会的进步起到了决定性的作用。

随着时间的流逝，人们在青铜制造方面累积了越来越多的经验，从而降低了成本，开始为精英士兵提供青铜头盔，取代从前简陋的皮质头盔。这意味着锤矛的作战效率变得越来越低下，被足以劈穿青铜头盔的青铜斧所取代。青铜开始和军队、冶金工艺及战争紧密融合，并互相依存。然而，尽管青铜的使用不断扩大，但是在公元前4000—前2000年，军队仍然主要使用石木制作的武器。因为石木是成本最低廉、数量最多的材料，假如需要动用数以千计的士兵，那么石木是唯一可以为绝大多数士兵迅速提供装备的材料。

美索不达米亚平原地区丰饶的土地和富裕的城邦是游牧民族的目标，这些分散于毗邻的扎格罗斯山脉地区和荒漠地区的游牧民族不断试图侵略平原。实际上，美索不达米亚平原地区的居民本身也来自早先的入侵者和大规模的人口迁移，但是一旦他们定居下来，就不得不防备新的试图攻占这片富饶土地的入侵浪潮。不像拥有广袤沙漠的埃及，苏美尔人并无抵御入侵的天然屏障。很快，他们不得不组建军队。这些军队由手持长矛、弓箭和盾牌的步兵组成，他们以队列的形式前进，并用皮质盾牌进行防御。在战场中，供给人员会将盾牌放在用亚洲野驴拉动的马车上。亚洲野驴是与驴生活在相似地域的小型马科动物，非常难以驯化。人们最初将这些马匹驯化成拖拉重物的牲畜，许久后才将它们驯化为坐骑，这要求人们一并生产用来控制这些动物力量的工具。因此，最早的轭、缰绳、马鞭和一些原始的角制或骨制的马衔应运而生。它们也许起源于高加索地区和中亚草原。后来，在公元前2000年代初期，人们开始用青铜生产马衔。

显然，军队并不只在抵御游牧民族的侵略时才使用这些新发明，他们在与其他相邻城邦的内部纷争中也会动用它们：为了纪念拉格什的安纳吐姆国王在公元前2500年前后战胜吾珥和乌鲁克军队，人们建起了秃鹫碑，再现士兵们列队形成封闭阵型，手举长矛，头戴头盔，整齐有序地前进的场景。随着经济条件的改善，青铜材料逐渐取代了石质的矛头和箭镞。它们的刀面更加耐用，比燧石材料更加坚硬，并且可以重新熔铸成新的形状来重复利用。苏美尔人垄断了熔炼的冶金技术（拥有可达约1000摄氏度的火炉），使他们较游牧民族有相对优势，但是较其他类似条件的城邦并无优势。这些城邦之间长期对战以争夺霸权，这使他们逐渐普遍陷入衰败当中。

与此同时，公元前3000年—前2500年，在基什旁，一个新的民族在美索不达米亚平原北部冉冉升起——阿卡德人。他们是闪米特人，可能起源于阿拉伯半岛。阿卡德人兴起后，出现了一个名号为萨尔贡的神秘人物，他统一了阿卡德人后，进攻了苏美尔人，并于约公元前2370年统一了这两个地区。美索不达米亚平原的军队展现出可以集聚2万名兵士的实力，在当时可谓数量庞大，这也说明了他们具有复杂的分级和众多可以为战士提供必要材料的工匠。后来，在汉谟拉比的时代出现了不同类型的属民，他们需要服兵役来换取住宅和耕地。

假如没有文字的出现和逐步完善，那么完全无法想象调动和控制那时开始产生的、由成千上万人组成的军队。人们需要交接命令，清点食物、武器和其他储备，提交报告，进行一系列物流工作，这些活动都远远超出了用简单的口令、彩旗、烟雾信号、吹奏乐器或击鼓等方式交流的能力。由于缺乏地形测绘技术，那时候不存在任何地图和平面图，这使得人们记录下来的描述内容成为权威。假如没有日渐完善的书写系统，那么破坏力越来越强的战争就不可能发生。战争和文字的作用是双向的，战争极大地促进了书写的发展和普及。那些可以撰写和阅读命令的书记员成为整个军队架构中的核心成员，尤其是在领导层，因为那时的将领们虽然发布命令，但是大多不会书写。此外，各种战役也需要比测量倒影（当然必须时值晴日）更精确的时间测量方法。当人们需要精确协同其他作战单元来发起进攻时，便需要发明更精确的机器，使一个军队的所有作战单元都能保持时间一致。这一需求促进了沙漏的诞生。

从那时开始直到几个世纪前，具有一定规模的战争总是在夏季展开。这是由于以下几点因素：（一）义务兵役总是落在农民的肩上，他们占据了绝大多数人口，夏季的工作不如秋季收割庄稼和葡萄那般繁重，解放了田间的劳动力，并使他们可以投身战争；（二）干燥的气候更有利于军队的调动和控制；（三）庄稼在被收割前有被烧毁的风险，这使许多城邦进行战争来规避风险，即使这些城邦并不希望战争爆发，或者并没有为作战做好完全的准备。

▶▷　美索不达米亚地区的伟大发明：车轮与战车

为了生存和生存所需而战，使人类开始轻视同类的生命。为了存储、获取食物而战是生死之事，哪个群落对此了解得更深入，就有更高的概率存活。人们需要更频繁、更高效地互相残杀。在这一观念的驱动下，人们将交通领域中最早的伟大发明运用到战争中，并几乎同步将其运用到了商贸活动中。就这样，马车上安装了车轮，人们驯化了最早的马匹。

在公元前3200年前后，苏美尔人发明了用于交通运输的车轮。最初，它只是一整块实心的木板，但是很快演化成为由三块横板拼接起来的木板，并由青铜制作的钉子铆实。这一早期设计似乎直接脱胎于人们对于利用在滚木上放置木板来运载重物的观察。利用这一方法，人们需要不断将树干从木板的一头移到另一头。早期的车轮保证了木车的建造。这些木车带有两根车轴，连接四个轮子，很快开始行驶在苏美尔人的交通运输干道上，为此人们还在这些干道上挖了路槽，以便车轮的接合和滚动。人们在轮子卜安装了车箍或金属防护，来使车轮更耐用并方便其转动，体现出人们对车轮的改进。最初，这些木车是人力拉动的，或者由套着轭（苏美尔人的又一发明）的牛来拉动。后来，在公元前3000年代初期，人们开始使用早期的马，即前文提到过的、已被完全驯服的亚洲野驴来拉动木车。车轮和动物的结合，标志着最早的马车的诞生。

1000年后，我们今天所熟悉的体型更大、套着金属马衔的马才出现在历史舞台上。这些早期的马科动物的驯服出自于公元前

4000 年代中期居于东欧和中亚平原的早期印欧人之手。这些民族的持续迁徙，将人们对马的利用推广到整个近东地区。我们已找到苏美尔人在公元前 3000 年代前半期开始将马用于拉车的证据，它直接反映在陈列在大英博物馆中的乌珥军旗上。

考古学家们发现，最早用于军事作业的马车出现在公元前 2800 年前后。这时，粗糙简陋的木轮车演变为战车，它们同样也有四个车轮，用于战场和为统治者举行的礼赞仪式中。最初，战车只用于在战场上运输军队。这些战车允许战士们快速移动而无须身疲力竭，这使他们在没有这些交通方式的对手面前保持了优势，这在人类历史上是史无前例的。这种战车的车身是矩形的，两边较窄（0.5 米宽），两侧和前端高出，由 4 匹车骑牵拉，前进速度不超过每小时 20 千米，运载人数各有不一。

但是人们很快发现马车除了用于运输外，还可以直接用于作战。这一新的应用需要减轻载重来获取速度，因此，战车的载客减少到两名：驭手和一名装备长矛或弓箭的战士。当马车的驾驶者操纵马车驶向敌人，另一名战士便会将他的投掷型武器向敌人抛出。在战争中，战车始终保持移动，并不会深入敌方队列，尤其是当敌人的队列十分密集的时候，保持持续的移动正是战车威力的秘密所在。

然而，由于这种战车工艺简陋，可操作性较弱，以及在直接作战中需要近距离投掷标枪产生的风险，尤其是面对经验丰富的敌人时，进攻的有效性在直接对抗中仍有所欠缺。因此，这些战车对于装备落后的敌人来说，更多的是起到心理上的震慑作用，以提升执政者的形象或执行追击任务。虽然这类战车的军事重要性下降了，但是它的象征意义仍然很重要。正如在乌珥军旗上展现的景象，一辆战车碾压过敌人的尸体，这成为战胜敌人和彰显苏美尔强盛君权的典型画面。不久，公元前3000年代后半期，基什等位于美索不达米亚地区的城邦国锐意革新，使战车的结构更轻盈，行驶更迅速，且拥有更好的抓地力。战车在战场上起到了越来越大的作用。很大程度上，正是这些升级版的战车，使得萨尔贡战胜敌人，取得了许多军事战役的胜利，成就了人类历史上第一个强大的帝国。这些美索不达米亚人逐渐优化对最早的马骑的各个驯化环节，积累了相关的兽医学知识，并将之全部服务于军事应用。战车很快在中亚普及开来。在现今的乌克兰、俄罗斯和哈萨克斯坦地区，考古学家们已经发现了公元前2000年代的相关考古遗迹。之后又在印度和中国的墓葬中，发现了具有相同用途和同样象征意义的考古遗迹。

不难推断，那时的木匠是最重要的手工艺人。他们首先要仔细挑选适宜被加工成不同零件的各种木材，然后加工这些材料。因为气候原因，这些材料十分稀少且昂贵，几乎全部用来满足军事需要，或者为统治阶级建造广厦。不要忘记，那时的农民自己就是简易农具的制造者，他们简陋的居所也不需要木质门窗，简单的土坯、织布和毛皮，就是家的最基本构成元素。那些巨大的木质横梁、圆柱和门扇只用于宫殿和要塞的建造。剩下的木材也可以用于加工围攻城市的装置，比如攻城塔、冲车和弓箭等。那些手艺最精细、最专业的工匠，自然要投身到马车的制造中。假如没有军事需要的全方位推动，没有新崛起的国家权力阶层对宫殿和要塞的需要，那么工匠对大块木料的加工技艺，也就不可能随着实践不断发展。

▶▷　以沙漠为屏障的古埃及：落后与危机

公元前 3000 年前后，美索不达米亚平原地区战事频繁，而当时的埃及则近乎歌舞升平。古埃及社会自发而独立地形成了。没有任何考古证据可以证明古埃及和美索不达米亚平原在公元前 4000 年以前有商贸往来，之后的一千年里，商贸往来仍然屈指可数。这为人们提供了一个有趣的例证，即两个平行发展而又互不影响的社会。至少，在它们发展的初期，这种相互影响微乎其微。

我们唯一确定的是，这一区域的人类沿尼罗河而居，汇聚形成小型城市，城市又逐渐扩大规模，进而相互斗争，就像在底格里斯和幼发拉底河流域所发生的一样。在公元前 3100 年前后，传奇的纳尔迈[1]武力统一了上下埃及，与向敌人敞开大门的美索不达

---

[1]　纳尔迈为约公元前 3000 年古埃及第一王朝的开国法老。

米亚平原地区不同,整个尼罗河流域周边都有沙漠能够防御其他民族的入侵。古埃及的军队只用于维护内部秩序,来确保这个寿命如此悠长的王国的统一。那时埃及唯一的敌人便是利比亚沙漠上的游牧民族,南面的努比亚人也偶尔搅扰,还有在中央政权的虚弱时,帝国一些边缘地区的行政长官可能突然叛变。因此,由于缺乏较大的威胁,古埃及的军队在这一时期总是维持在较小规模。此外,这一尼罗河国家由于地理隔离,与科技进步几乎绝缘,无论是广义的科技创新,还是专用于战争用途的科技创新。古埃及人用河运来解决重物运输问题,而在从港口到目的地的短途运输中,则用驴扛运包裹,或者使用人力拉动放在滚木上的滑板系统来进行运输。因此,古埃及人无视乃至轻视车轮和运输马车的使用,他们自然也不认为这些发明对于战争有何助益。他们集中发展那些对他们来说更实用、更不可或缺的技术,比如为了满足记录大量的农牧业生产所需的文字、与运河建设相关的技术、运用到大型寺庙和墓葬的建造技术,以及采石和石刻技术等。

古埃及的主要武装力量只有法老的护卫队。这支护卫队虽然训练有素,但是规模有限,此外还辅以由利比亚和努比亚弓箭手构成的小型的、临时的雇佣兵团。古埃及在境外主要的军事活动,也仅仅是一些以惩罚和洗劫为目标的近攻,或为保护通向努比亚、利比亚和西奈半岛的商路,而几乎没有吞并其他地区的野心。在紧急情况下,法老会把所有能使用武器的男性召集起来,一旦危机解除，每个人都回归各自的老本行。

　　古埃及帝国在公元前 2050 年前后解体，随即迎来了第一个中间期，在公元前 1900 年前后又被重建了起来，形成了中王国。它配备了更强大的常规武装力量，实行每 100 个男性征 1 人的强制兵役，此外还要加上法老的近卫队和外国雇佣军。在这段时期，埃及人在帝国南部的努比亚建造起要塞，并在三角洲东边建造了"王子墙"以防止来自亚洲的入侵者从东边进攻，还进一步加强了巡逻。但是，帝国并没有因为这些变动而开始使用新的青铜武器，也没有配备战车，因此相较于美索不达米亚平原地区的民族，古埃及的技术落后显而易见。对于他们来说，沙漠仍然是主要的屏障，截至当时，埃及人还没有遭遇过猛烈的进攻，对他们来说，沙漠一直十分有用。当然，也有旅行者、商旅和一些来自东方的移民到达埃及，但是埃及还未直面过真正的侵略。他们自觉安若泰山，无须探索制造新式武器装备的技术。但是，这一自信很快给他们带来了致命的危机。

▶▷　**马跃入舞台：轮辐与复合弓**

　　公元前 2000 年代初期，整个东方都出现了政治和军事中空。我们如今在小亚细亚和美索不达米亚地区发现的马的驯养，可能是在公元前 1900 年代，由游牧民族胡里特人和其他来自北边欧亚草原的印欧民族带去的。也许无论是这一动物（我们现代的马）的起源还是驯养，都同样来自中亚地区。相比亚洲野驴，马的体型更大，体格更健壮，而且跑得更快。将它们套到比古苏美尔人所用的更轻巧的战车上时，它们的军事价值迅速得以展现。就这样，人们逐渐制造出结构更轻的、几乎不到 35 千克重的马车，在危急时刻，甚至可以用于运载人员。这些马车由架设在 2 个轮辐上的轮子以及一副小平板构成。轮辐的运用减少了轮子和轴之间的摩擦，以此加强了对车轮的保护。一开始，车轮只有 4 条轮辐，但是很快演变成 6 条甚至 8 条。那时的迦南人是这个领域最优秀的手工匠。这些新型的马车能够以 40 千米每小时的速度安全行驶，而且可以削弱行驶震动及摩擦，从而防止其过度影响马车的稳定性，损耗车轴和车轮。

这种新式马车由 2 匹马拉动，人们给马匹配备了金属马衔和马具（约公元前 1600 年代开始采用）来牵制马匹，使它们不会因马衔而窒息，也让它们能够牵拉更多的重物，同时具有更大的灵活性。车身可以运载 1—3 人，尽管通常都是 2 位——驾驶经验丰富的驭手和使用复合弓的弓箭手。很快，人们发现需要同时大量使用这种马车，才能发挥出它的效用。乘坐在马车上的士兵可以迅速靠近敌人，用弓箭和标枪攻击，也可以追击敌人。并且，由于战车移动速度快，可以保证士兵相对安全。这一战略目标在于以大量的马车冲向敌军的步兵阵列，接近到一定的距离时发射箭雨以袭扰和打乱敌军的阵形。假如这个方法一举成功，车队便会随即展开追击；假如无法成功，也能很好地配合步兵阵列。通常步兵以战斗队形跟随在战车后前进，假如战车无法冲散敌军，那么就由步兵代劳。显然，假如敌军阵形没有被冲散，那么战车无法，也不该过度接近敌军；如果过度靠近，那么驭手可能会遭到敌方攻击，马车（尤为重要的物资）也可能会落入敌手。

新型战车的制造需要手艺越来越精细的匠人，因为马车制造离不开制造曲木的技术，即将不同的木材用不同树木的树皮连接起来——这些树木主要从高加索地区进口，例如桦树——也可以用皮来连接，以避免使用金属铆钉。因为马车运行时容易产生冲撞，而金属铆钉会使木头开裂。人们通常选用更为健壮的种马拉车，但是有时也会适得其反，因为敌人会使用发情期的母马，这自然会使种马失去控制。因此，世界上的许多骑兵团都不选用精力更充沛、体格更强壮但难以驾驭的种马，而偏向在任务中使用更温良可驯的母马（战马群）。

随着这些带有轮辐的新式马车的使用，游牧民族获得了速度和军事实力。部分胡里特人变为定居者，在两河流域的北边安身立命，建立了米坦尼王国，而其他部落仍然继续驾驶着车辆，在近东的其他地区左驰右骋。公元前1645年，史称希克索人的部落进攻了埃及，造成中古国的陷落，埃及进入了第二中间期。这一游牧民族不仅操纵更新颖、更迅捷的马车，还使用小巧但强大的弓，即复合弓，来发射带有青铜箭镞的箭矢。此外，许多三角洲的居民都是早先的亚洲移民，早在 200 年以前就已经在此安居，因此他们安然地接受了新的主人，并为埃及的衰落推波助澜。

正如诸君先前所阅，侵略者取得碾压式的胜利，很可能是由于尼罗河流域的居民根本不知马之何谓，因为无论在生活还是军事层面，马车对他们来说都全无用武之地。希克索人还拥有更多的青铜武器，这也使埃及人处于更大的劣势中。诚然，努比亚人和利比亚游牧民族，作为古埃及人的老对手，几乎从未构成真正的威胁，埃及人使用传统武器便可以轻易将他们击退。因此，埃及人从未有过更新武器的需要。希克索人凭借军事优势，轻易占领了埃及的北半边疆域，建都阿瓦里斯，创立了自己的王朝（公元前 17—前 15 世纪），统治埃及近 120 年。大约同时，雅各带领希伯来人到达埃及，他们是乌珥的亚伯拉罕的后裔，定居到了尼罗河下游地区的三角洲地区，受到新的亚裔君主的庇护。

如前所述，这些入侵者不仅带来了车马，还带来了令埃及人惨败的可怕武器：复合弓。与那些更长的、木质的传统弓相比，这种新式弓使用了多种材料：木材、骨头、犄角、筋腱、皮毛，甚至植物皮，它们被巧妙地相互粘连在一起。这种弓的形状也不同，就像是树立的轭，使得弓被拉紧时，蓄力更大，因此箭以更强的力量被发射出。这种新式弓比传统弓（80 厘米长）小很多，这种大小上的优势，使得士兵们在战车上更易操作新式弓，也便利了后来的骑兵使用，这点在弓的体积较大时根本不可能实现。简易弓的射程无法超过150米，而复合弓的射程轻易可达250米，这也赋予了新式弓更强的冲击力。随着新式弓的运用，人们不得不使用更大的盾牌，并用金属片来保护身体，最早的盔甲诞生了。这一新式弓的不便之处，在于生产的困难性，它十分脆弱，极易受到潮湿的侵蚀，弓箭手必须精心呵护它。除了经验以外，弓箭手还需要用强大的身体力量来拉紧弓弦。因此，弓箭的使用总是与古代时期的英雄战绩联系在一起，就像奥德修斯到达伊萨卡时，拉开了唯有自己才能拉开的旧弓箭来验明正身。复合弓的复杂性，再加上高昂的价格，解释了为什么在欧洲中部和北部（更湿润且木料更充沛的地区），复合弓从未取代射程更短，但是更便宜、更易维护的简易弓。

战车和复合弓促进了手工业的专业化，同时，更专业化的手工业又是制造战车和复合弓必不可缺的。这些工具都十分昂贵，尤其是战车。制造战车需要投入大量的人力，还需要频繁的维护，这更解释了为何战车如此昂贵。况且，战马需要每天喂食约6千克的谷物（很多时候抢夺了人类所需），而由于气候原因，用作饲料的植物并非常年皆有。这意味着只有高度阶级化的社会才可能运用战车。在这样的阶级社会中，无论是由入侵者还是非入侵者演化而成的统治阶级，都可以对农民施行高压来支配囤积的剩余生产物。显然，这些武器的支配权使社会分层扩大，更加剧了这一高压。此外，并非所有士兵都可以用战车作战，只有那些最忠诚、特权最高的士兵才能驾驶战车。他们不仅有足够的时间训练自身使用战车作战的复杂技巧，还有足够的收入来维持相当数量的马匹、车辆和驭手，并在冲突时期将其献给国王。而且，将这些数量庞大的战车和驭手置于社会精英手中，可以确保对内部民众的绝对控制。在可能出现叛乱的时候，由于民众没有战车，甚至没有用于斗争的武器，因而也无法与精英抗衡。

那些专于生产战车和精于驯养马匹的游牧民族，很快利用了草原和平原有助于战车使用的优势，迅速占领了整个东方，一路洗劫和抢掠所有农耕集体。诚然，战车只能在平坦的地面行驶，但是东方所有的城市和财富都汇集于平坦的土地上。这些游牧民族也到达了欧洲，然而，欧洲蜿蜒的地形使战车无法像在近东和亚洲那里一样发挥作用，因此战车在欧洲没有大范围的扩张。这些游牧民族在印度取得了最大的成功，在那里可以找到公元前1500年前后印欧大陆的雅利安人所使用的新式武器作为证明，这些游牧民族终结了最初的印度文明。在公元前1200年前后，马、战车、鞍具和复合弓来到中国并大显神威，使商朝得以巩固。中国人还发明了一种新的战车，用来运送驭手、长矛手和弓箭手。

►▷　埃及的力量：大军团时期

希索克人在埃及的统治并非是永恒的。公元前 1537 年前后，在底比斯（卢克索）南部抵抗的埃及人成功赶走了入侵者，并开启了新王国时期。他们史无前例地将统治范围扩展到了叙利亚－巴勒斯坦地区，其后与赫梯人展开了长期的交锋。埃及人在与入侵者的艰苦斗争中吸取了教训，他们仿制入侵者的武器，开始使用战车、马匹与复合弓。假如埃及人没有遭受侵略，会在这些领域开展技术革新吗？不仅如此，这一法老国度的人民开始认清，假如想要生存，就必须将疆域扩展到沙漠地区以外，他们必须拓宽领土，为可能受到侵略的地区建立缓冲地带。因此，埃及需要占领叙利亚－巴勒斯坦地区，希索克人和对埃及产生过重大威胁的侵略者正是从这一地区侵入埃及的。

人口资源和经济实力，再加上新式武器的使用，为埃及新的对外政策提供保障，并使其足以与近东的其他强国平起平坐。埃及的政策已然改变。在大量的新移民到来和马匹跃入历史舞台后，闭关自守、寄望于沙漠的战略早已被证明是失败的。古埃及人在外交和军事领域采取更积极的对外政策，来保障对新领土的控制。从此时开始，埃及的外交官们开始马不停蹄地游走于各国，去签订新的协议或进行示威。同时，为了保疆卫国，埃及开始大规模制造新式武器，尤其是那些在新征服的土地能有用武之地的武器。

法老们开始囤积数以百计的战车，有时甚至是数以千计的战车和马匹，这成为他们在东方实行军事扩张政策的基石。一开始，他们通过缴获敌方车辆，或者通过购买来获取战车；几年以后，约公元前 1400 年，埃及的手工匠——最初法老们雇佣的是前文提到的迦南人——开始具备生产战车的技术，尽管为了制造战车，需要进口那些在他们的土地不出产的木材。埃及还采用了赫梯战车的型号，来取代迦南人的设计。

这时的埃及，拥有了新式的战争武器，再加上庞大的精锐舰队，在地中海东部称雄，成为一个强大的帝国。希克索人入侵的经历使埃及转变了思维方式。对于埃及人来说，在边境地区建造防御堡垒已经不足以满足他们的需求，他们需要拥有强大的机动部队，在强敌靠近前拆解其军阵，并通过征服一系列通向美索不达米亚地区边界的小型部落，逐渐打造自身的安全地带。除了配备新式武器外，埃及军队通过由来已久的强制兵役，征召了 1 万名左右的义务兵，还拥有 5 万名装备精良的职业军人，他们被分为纪律严明、训练有素的 5 个部队，此外还须算上临时性的雇佣军。战车能够以 50 辆为一队，向敌人的步兵急驰而去以冲破队列。国家已经培养出足以制造千辆战车的工匠，还使用轭把 2 匹马套在一起。之后，埃及人模仿这片地区的其他强国，将马匹增加到了 4 匹。

最好的例证是图特摩斯三世取得的 15 次重大军事胜利，它们使诸多位于埃及和巴比伦、赫梯诸国之间的王国臣服。其中最著名的是发生在公元前 1479 年的米吉多战役。在这场战役中，图特摩斯三世征服了许多起义的迦南城市组成的联盟，根据史书记载，获得了 924 辆战车、2238 匹战马、200 件青铜盔甲和大量的金银。图特摩斯三世战胜了赫梯人，葬送了赫梯人建立起的古王国以及米坦尼王国。在图特摩斯三世的最后一次征战中，他消灭了卡迭石王国，这是希索克人最后的堡垒之一。就在同一地点，拉美西斯二世在公元前 1288 年与强大的赫梯军队争锋，赫梯人召集了一支随赫梯新国诞生的，由 4 万人和 3800 辆战车组成的军队，两国展开了一场以卡迭石这座城市命名的战役。然而，尽管古埃及的史书将这场交锋吹捧成史上最伟大的军事成就，但事实上埃及军队并没有成功将赫梯人逐出城市，双方打成了平手。在这段时期，埃及的车队已经有了将领，埃及的步兵团也学会了如何排成有序的阵队来作战。

军队越来越强大，逐渐取得自治权并从市民权力中脱离出去，我们在后来的历史上可以找到数百例相同的过程。军人的职业化、以实物来支付军饷，以及确保大量军需供应，创造了一个基于扩张主义政策的、越来越趋于保护军人阶级利益的强大的管理结构。这一扩张主义政策，自然与阿米诺菲斯四世和第 18 王朝的一些法老试图推行的任何和平主义政策背道而驰。如此一来，哈伦海布将军通过军事政变登上权力的宝座也就不足为奇了。他废除了和平主义政策，并为下一个王朝拉美西斯二世的帝国主义政策铺平道路，使拉美西斯成为最显赫的法老。然而，尽管在之后的几个世纪，古埃及人仍然可以凭借强大的军队来保卫帝国的独立，但在拉美西斯二世逝世后，新王国开始了缓慢地衰落。

新王国的埃及军队，与其他东方文明的军队一样，不仅建立在我们前文所述的武器的基础上，还建立在尚不完善的军纪上。军官们需要经受极为艰苦的训练，在这个过程中丧命的候选人不计其数。一旦完成训练，这些军官就需要训练士兵。他们经常会采用肉搏战或者深入沙漠行军的方式来训练。同时，最出色的匠人投身于武器制造。这些武器被仔细清点后，存放至法老的武器库中。

军人们的荣誉感、自豪感和忠诚勇敢，以及高人一等的精英群体意识，再加上铁纪、奖励与惩罚，共同保证了军队的团结。对于懦弱、背叛和无法完成任务的惩罚是死亡；反之，奖赏总是价值连城，而且会落实到具体的土地和奴隶。毫无疑问，军队的强化也有助于内政的巩固，即使面对可能兴起的分裂运动和内部反叛，统治者也可以在宝座上高枕无忧。在这片广袤的地域上，军队和统治精英成为不可分割的整体。二者相互依存、相互制约。

在公元前2000年代后半期，我们大致可以推断出，那些庞大的、训练有素的军队成为各个国家的强大支撑，而统治阶级不断哺育着军队。另外，益处也是显而易见的：这样的军队效率高，且更加专业。此外，战争也不仅仅局限于夏季，这个季节农民往往更自由，可以拿起兵器加入战争。但是，当职业军和常备军的数目日益庞大，在职业士兵身上出现了一种阶级意识，这些职业士兵有自身的利益诉求，他们的诉求可能与国家利益相冲突。鉴于士兵酬劳丰厚、职业稳定，并且有机会斩获战利品和获得补偿，因此，职业军人成为一种令人向往的职业。自此，战争变成士兵的一种生活方式，那些职业军队期待暴力和军事冲突成为常态。

自第一批职业军队出现以来，细致的军事分工也开始诞生。公元前 2000 年前后，近东的军队主要分为两个队伍：由弓箭手、投石手和长枪步兵组成的步兵军团，以及用战车作战的军队。此之还有国王的近卫队，他们酬劳丰厚、训练有方且对国王绝对忠诚。在内部产生纷争时，国王总会雇佣一些与当地居民没有利益纠葛的外国雇佣军来镇压内乱。这些雇佣军在对外作战时，偶尔也会加入常规作战力量中。雇佣军不仅一直价格高昂，而且一旦觉得拿不到合理的报酬时，就会变得不值得信任。军队人数上升，复杂程度不断提高，促进了制造专家的迅速增多，他们撰写关于金属锻造、车辆制造和驯马术的说明书。其中最引人注目的是古埃及最早的医书，讲解了刺伤、砍伤及骨折的治疗方法，这毫无疑问推动了古埃及医学的发展，而古埃及医学则是全世界古代时期发展最完善的。

▶▷　赫梯人及其骇人听闻的新式武器：铁器

随着胡里特人的到来，另一支印欧民族也跃上了历史舞台。他们自北方而来，很可能是在公元前 3000 年前后穿越了高加索地区。他们已掌握了驯马术、马车制造和复合弓的使用。他们名为哈梯人，《圣经》将他们称为赫梯人，并使其名扬天下。赫梯人很快将统治范围扩展到安纳托利亚的整个东半部、美索不达米亚北部和叙利亚－巴基斯坦地区，阻止了埃及向北边的扩张。在公元前 1650—前 1200 年，赫梯人建立了近东地区最强大的帝国，部分原因是他们掌握了使用铁制造武器的秘密，铁这种材料在当时还不为人所识。在苏庇路里乌玛国王统治下，赫梯帝国达到鼎盛，于公元前 1350 年攻占了米坦尼。

毫无疑问，赫梯国的统治者们清晰地认识到将工匠纳入军事机器中的重要性。工匠们被称为"工具官"，决定着战车和武器的生产，还掌握了最为关键的制铁技术。这一新发现的神秘材料造价昂贵。为了制造这种材料，需要配备能达到 1500 摄氏度高温的熔炉，且需要长时间的锻造来清除金属杂质。不过，如果将铁与碳成比例地熔合在一起，就可以获得钢（98% 的铁和近 2% 的碳的混合物），这种比当时任何材料都要坚硬的金属，切铜犹如切黄油。

这一发明源于赫梯一个叫作卡吕贝斯的附属部落，他们在植物碳上直接锻造和锤打铁器，使碳分布于铁的表面。他们还发现了将锻造后的铁器浸入凉水，金属会变得更坚固，可以优化成品的质量。人们最早是从陨石残留物中的镍铁合金中认识到铁的。由于它是天外来物，人们总是对其赋予一些神秘的特性，供奉在神庙中守护。不过，上天对赫梯人颇为眷顾，这一新发现的金属在安纳托利亚储量丰富，并且以褐铁矿的形式存于地表，因此免去了采矿的工程。要使火炉达到1500度的高温，植物碳必不可少，而在这块地区，植物碳的存量也十分丰富。铁很快被用来生产箭镞和矛头，还有一些专为军队高级别人士锻造的剑。赫梯人担心他们的敌人从战死的赫梯人或被俘虏的战士身上缴获到铁质武器和零件。因此，总是小心谨慎地给自己的军队装配这种新金属制成的武器，因此我们需要揣摩这一金属在他们的辉煌战果中起到的作用。赫梯人取得的军事霸权，主要归功于他们的组织纪律性和对战车的熟练掌握。无论如何，赫梯的统治阶层清楚铁的生产的重要性，将其作为国家机密，不管在矿物提炼层面，还是手工制造层面，都对铁的加工严格控制。因为他们知道，假如敌人不会熔炼技术这一制铁的关键，那么那些落入敌手的破箭和残剑对对方来说就毫无用处。

赫梯人对于铁及其手工加工工艺的讳莫如深，给它罩上了一层神秘的光环。此外，每个作坊加工的铁器质量各有不一，也扩大了这层光环。铁器质量的不同，主要是因为工匠们采用了不同的锻造技术。因为在锻造过程中起作用的各种因素多有不同，也因为铁和碳组成的合金比例不一，不同金属所含杂质的比例也不同，所以每一次锻造过程都是独一无二的，每一批铁和不同炭火的组合也形成了绝无仅有的孤品。铁器在很长时期内，都是博取他国高层人士友谊的绝佳礼物。

然而，诚如前文所述，使赫梯人与新王国时期的埃及斗争数个世纪的扩张主义并不主要依赖于铁器，而是凭借行之有效的军事组织和对战车的高超运用。赫梯人发明了有史以来体积最大、速度最快的战车。赫梯军队由贵族派遣的职业军人和候补军人组成。此外，还有由1200名战士组成的、从雇佣兵中挑选出的皇家护卫队。当然，还有数以百计的木匠和工匠，夜以继日地维修和保养这些战车。士兵们除了可以收获一定比例的战利品，还可以得到奴隶和土地作为奖励。他们像大多数常备军一样，从春天交战到秋天。但在宣布开战前，赫梯人总会先尝试向敌军索要经济补偿来避免交锋，这主要因为尽管他们的军队十分高效，但是人数并不多，所以需要尽量减少伤亡。他们会斩杀成群的战俘使其身首分离，分别堆起，然后让军队在两座尸堆之间举行阅兵仪式。步兵形成密集方阵，配备三角青铜短剑、长枪和用皮革包裹的矩形木质盾牌；另外还有弓箭手来掩护步兵的前进。至于服装，值得一提的是他们将头发扎成马尾，盘在后颈作为头盔，用以在战斗中保护头部。

但是，赫梯军队的主力毫无疑问是他们的战车队。赫梯战车声名显赫，包括埃及的许多相邻民族，都在和平时期将国内的许多贵族派往赫梯，去学习战车的驾驶，研习战车的制造工艺，期望他们学成后能在本国仿制赫梯战车。与胡里特人和埃及人的战车相比，赫梯战车质量更重，体积更大。此外，赫梯战车还具有更好的平衡性。与轻型战车相比，它们可以在更崎岖的地面行驶，可操作性更强，但同时也更颠簸。战车由 2 匹训练 8 个月的战马拉动，配有 8 条车辐的车轮，这在之后逐渐演变成更轻的带 6 条车辐的车轮。车板上载有三名士兵：驭手、盾牌手和武士。盾牌手需要保护驭手免受伤害，以免马车失控，造成惨烈的后果。武士负责射箭和投掷标枪，他们穿着用柳条制作，或皮质、铜质的防具。就像前文指出的那样，战车的作用是冲向敌军步兵军团或者敌方车队，使敌军阵脚大乱，以便己方步兵军团的进攻。在冲击作战中，重型战车相比对手的战车有明显优势。近百辆战车排列成战斗队形向前冲击，战车占据战场的中心位置，步兵则位列侧翼。当战车在战场中再无用武之地时，盾牌手和武士会从战车上跃下，与步兵一同作战。赫梯人对于战车了如指掌，他们撰写了第一部关于驯马术和战车的使用手册。这部手册是由一个名为奇库利的驭手，在公元前 1350 年前后编撰的。鉴于战车是军队的脊柱，因此在穆瓦塔里二世执政期，战车达到 3500 辆之多也就不足为奇了。

战车的制造不仅使木匠从手工业者中脱颖而出，对车轮、车辐、车身、弓和梁的研究还促进了几何学的诞生。后来，人们将其运用于建造技术、天文学、地理学和交通中。我们不难将滑轮和水车等发明与车辆和各式的轮子联系起来，这些发明推动了几何学的发展。后来，几何学又被运用到步兵军团和战车车队的排兵布阵上。

▶▷　海上民族的扰乱和铁的传播

大约在公元前 1200 年，地中海地区的海上民族开始了大规模的移民，他们与中东西部的强国赫梯产生了冲突。此时的赫梯内部叛乱频发，正处于内忧外患的困境中。赫梯国与这些新移民冲突频繁，同时又因内部矛盾焦头烂额。由于内外交困，在苏庇路里乌玛二世统治下的赫梯帝国四分五裂，被建立在安纳托利亚地区的新的小王国所取代。铁逐渐传播开来，制铁工艺不再是秘密。由于这种金属和碳的大量存在，其制造成本不再高不可攀。此外，由于这些原材料相对易取，故而逐渐被用来制造农业用具，用于耕种更坚硬的黏土地，因此逐渐提高了农业产量。同时，铁很快被用来生产钳子、砧板、钉子、榔头等采矿用具，大大增加了矿物的开采量。铁也被用到了木工中，铁的运用保证了航海制造业和广义上的建筑工程的发展。从此刻开始，人们开始拥有用铁做的轮子、滑轮、杠杆、水车和各种攻城机器（冲车、攻城塔、弹力投石机和扭力投石机[1]等），这些用具的工作效率和耐用性显著提高。木工变得越来越容易且快捷。人们不再需要生硬地拼接零件或者精心挑选木料的质量，因为人们可以用铁钉（历史上最具决定性作用的铁器发明）来补缺，改进接合和镶嵌工艺。诚然，在使用铁钉后，人们可以更随意地切分木头，木料变得质量差且粗糙，但是这种可轻易重装的特性相比其使用时间短的缺憾而言，还是具有明显优势的。

铁除了可以用来制造钉子以外，还可用于制造斧头和锯子。假如没有斧头和锯子，就不可能有大规模的伐木活动。这虽改变了自然生态系统，但却保证了农业用地比例的上升，使人口缓慢而持续地增长。自此，人们不再需要借助不可控的火来焚烧森林，以除去用来耕种的土地上的植被。这样，一个本来被定义为只有军事价值的发明，变成在人类科技进步史上起到决定作用的发明之一，广泛应用于其他领域，使人类的生活变得舒适安逸。

铁的运用在军事领域也产生了重要影响。除了用于我们前文提到的机器的升级，所有士兵都能逐渐装配起铁质盾牌、头盔、长枪、箭和刀剑。铁虽非十分便宜，但仍比铜便宜了许多。尽管在数个世纪中，绝大多数的士兵仍然使用木质、柳质或皮质盾牌和头盔，但铁逐渐得到大规模的应用是不可否认的。因此，一支

[1]　一种攻城武器，用来远距离投射巨型石块或箭羽。一般由带轮的木质架构和发射机制组成。根据发射机制的不同，可分为弹力、扭力和配重式投石机。

纪律有素、完善装配这种新金属的步兵军团可以抵挡战车，面对敌方的箭矢和标枪无所畏惧。从公元前 1000 年起，战无不胜的战车失去了价值，战争变得"民主化"了。在那时的一些地区，马匹也变得没那么至关重要了。

在这个千年的最后两个世纪中，民族的大迁徙并没有停止，其中最著名的是希伯来人，他们在公元前 1200 年前后到达巴勒斯坦。希伯来人的一支在埃及被奴役了数百年后，最终逃离了拉姆西斯二世治下的埃及。他们在巴勒斯坦遇见了非利士人，这些非利士人是一个刚到此地不久的海上民族，可能来自伊利里亚地区或克里特岛，已掌握了制铁技术。他们拥有铁器和精湛的作战技术，实力强于希伯来人，因此希伯来人一直臣服于非利士人，直到在扫罗王的庇护下才有起色。后来，大卫出现了，他是一位经验丰富的将领，曾服务于非利士人的雇佣军，最终他成功将这些曾经是主人的非利士人驱逐到了南岸。希伯来人需要巩固政治权力，扫罗首先建立起了一个亚洲君主国，大卫成为这个国家的第二位君王。此外，希伯来人还沿用了非利士人的铁器。

欧洲也在铁器传播的浪潮中有所获益。凯尔特人将铁器和马匹一起带到欧洲。因此，当罗马在约公元前 3 世纪开始扩张时，在欧洲大陆遇到了犹如铜墙铁壁（此处用词毫无夸张）般的抵抗。铁器还迅速传播到了亚洲，我们在印度和中国已找到了公元前 1000 年前后的早期制铁作坊。之后，铁器又从中国迅速传播到日本。先进技术以迅雷不及掩耳的速度传播开来。

▶ ▷ 亚述人，古代的纳粹：铁器与马的辉煌

大约在公元前 2000 年代后半期，亚述人登上了历史舞台。海上民族的入侵虽然没有摧毁其帝国，但是也对他们产生了深刻的影响。同埃及一样，亚述进入了衰退期。但当赫梯帝国瓦解时，亚述人利用自己的地缘优势，最早享受到了制铁技术的好处。约公元前 1100 年，提格拉特帕拉沙尔一世为其绝大部分军队都装配了新金属制成的武器，开始了重夺巴比伦的征程。

几百年后，大约在公元前 900 年，亚述人东山再起。他们的铁产量一直保持增长，几乎所有的亚述士兵都可以装备许多铁质武器和防护，这使得他们的军队战无不胜。绝大多数骑兵已经穿上了胸背甲，战车也得到持续的改进，车厢体积和车轮直径扩大，车载士兵变成 4 人，用柳条制成的盾牌作为防护。数年后，约公元前 700 年，人们掌握了淬火技术，也就是将锻铁迅速放入凉水中冷却来提高硬度。借此，亚述人的武器变得更加无坚不摧。

亚述人最先让士兵骑上马匹，在人类历史上开创了与战车分离的骑兵军团。最早的骑马图出现在公元前 14 世纪的埃及雕塑和浮雕上。起初，鉴于士兵们一边要端坐于马背，一边还要进行战斗，十分困难，所以那时的人们仅仅骑马来递送信件。生活在亚

述北部的辛梅里安人和斯基泰人大量使用马匹，在公元前 1500 年前后，他们已经极大地改善了马衔，可以保证对马进行有效控制以便骑驾。公元前 10 世纪，亚述人从这些屡次进攻他们的北方游牧民族那里精习了马术。最开始，亚述骑兵总是两人成对进行作战，一名骑兵持握两匹座驾的缰绳，另一名骑兵则一面利用膝盖控制马匹，一面发射箭矢。如此一来，骑兵成为在马匹上以长枪和弓箭作战的士兵，而不像当时的惯例那样，将马匹仅用作拉车的工具。不久，亚述人设计了一种原始的马鞍，可以使骑兵在马背上更稳当，提高了作战效率，这也是从辛梅里安人和斯基泰人那里获得的经验。最初，亚述人不过是在布料中填塞一些棉花来更好地分配重量，同时又能保护马匹的背部，很快他们就将马鞍用皮绳套在马肚子上，使马鞍具有更高的稳定性。几个世纪后，亚述人在马鞍上添加了鞍架，这显然是现行马鞍的前身，为骑手提供了更高的安全性和稳定性。几个世纪后，罗马人对这种创新表现出了更大的热情。

骑马通常比驾驶马车更迅速、更安全，碰到任何特殊的路况时，乘坐马车的人都有可能遭遇翻车。在学会骑马后，亚述人的骑兵在盔甲的防护下，可以空出双手来进攻，于是历史上首次出现了装甲骑兵。他们的马车经过了改进，车身体积变大，需要 4 匹马牵拉，车载 4 人，包括 1 名驭手、1 名弓箭手和 2 个保护他们的盾牌手。除了将马车用于战斗，他们也使用马车将军需和必要的供给运送到前线。叙利亚人开启了马的新纪元，也拥有了快速通讯的能力，加强了对攻占地的有效控制。

假如没有比当时所用的马匹更强壮的新品种出现，那么上述所有进步都只是纸上谈兵。这些新品种的马匹是另一支来自亚洲平原的印欧民族在公元前 1000 年前后带来的，自此被亚述人用来披挂上阵。亚述人通过购买、收取贡品和征用获取这种马匹，他们精心喂养这些马匹，以致人类粮食短缺。于是，他们在休耕期种植了一种植物：紫花苜蓿。人们拥有了更强壮的、更精心喂养的新品种的马，由装甲骑兵骑驾，随即开启了骑兵时代，一直持续到 15 世纪。

然而，真正对亚述人的扩张起到决定性作用的，却是另外两样武器：他们的围城工具，及亚述军队制造的恐慌。此前，被厚厚的城墙和宽阔的河流围护起来的城市，座座都是铜墙铁壁，只有饥饿才可能使城市沦陷。亚述人很快在他们的军帐中设计出一种用以渡河的可移动式桥梁，还研制了许多加快城市陷落的攻城机器。这种移动式桥梁被搭建在皮囊或船只上，这已令人称奇，然而更突出的是他们的攻城战术。亚述人用工程师般的技艺，设计了带有 6 个巨大实心车轮的、由铁皮防护的攻城塔；设计了带有防护的冲车，保护操纵冲车的兵士免受敌方伤害；他们还设计了一支数目庞大的职业工兵队，在进攻时利用手中的工具攻陷敌墙。在此以前，从未有过像亚述人这样能建造斜坡和渡桥的军队，他们成为了古代杰出的军事工程师。通过他们的实践，木工技术和冶金术得以融合于围城机器的设计与生产中。也许可以说，从古代到中世纪，人们所使用的所有攻城机器全部是由亚述人创造出来的，大概只有弹力投石机和配重式投石机除外。

面对围城机器的改进，人们在无可奈何之下只能凿深地基，用石头堆砌更高更厚的城墙，甚至混合使用毛石和烧砖（人们已了解生砖无法抵御铁器的攻击），这也是为了提高城墙的韧性，使其更好地抵御这一地区频繁的地震。人们还改变了防御设计，出现了深度这一概念。若干层中间隔有一段距离或沟壑的城墙、蛇字形的防御设施、重达好几吨的石块、哨塔组成了一个作为最后防御的小型要塞。人们又一次面对防御性和进攻性科技相互拉锯和相互促进的景象，例如冲车和城墙，利器与盾牌。这种现象在历史上反复出现，不断推动着科技的发展。许多围城战能持续数月乃至数年，胜负取决于参战方的实力、谋略和意志，结果无法预测。

亚述人深谙恐吓是另一种暴力的组织方式：军队不仅可以赢得战役、实现征服，还可以用来恐吓人民，从而使征服变得更容易且迅速。因此，亚述人采用了新的比以往任何国家都要残忍的作战方式，乃至可以将他们称为是"全面战争"这一概念的发明者。经亚述人之手，战争变得无矩可循，不再像从前谨守的那样，需要尽量减少人口损失，来维持这片区域各个国家之间的平衡。

亚述人不再宣告开战，也不再协商战争条款，而是采取突然袭击来出奇制胜。他们对平民和军队不会加以区分，因为对他们而言，所有人都是敌人。这样的军事实践成为他们的政治核心：他们并不为民族生存而战，而是将生存建立在对临近民族的清缴、洗劫和征服的基础上。《圣经》完美阐释了亚述统治者的残忍，彰显了其军事机器可怕的威力。亚述人为了战争本身而战，战争不再是一种方式而已，军职成为至关重要的职业，国家和军队合而为一。

亚述人的残忍是有因可循的，也是需要付出代价的。尽管制作围城机器的能力使他们成为了城市可怕的敌人，但并不能确保他们必定能够攻陷城池。另外，他们总会碰到各种情况，例如被围困者幸运地逃脱、在围攻阵营中爆发了流行病等，使得围攻功亏一篑。此外，围城还需要昂贵的人力、金钱和资源成本。这使亚述人利用恐吓作为武器，使许多城市不攻自陷。在巴尼拔统治下的亚述，如果碰到胆敢反抗的城市，在将其攻陷后，会以最残忍的方式屠杀所有居民：他们将被枭首，首级被摆放成金字塔形，或被剥皮，或被活埋，或将所有战俘穿刺在一起，等等，此类"妙法"为亚述人所喜。在此之前的人类历史上从未有过如此充满血腥、战火和毁灭的统治。亚述人在其史书中洋洋自得的暴虐，几乎使所有城市都因惧怕惨烈的后果而不敢抵抗，更不用提起义了。由于害怕遭到屠杀，几乎所有城市都不战而降，尽可能地向亚述人争取更好的投降条件。这样一来，被征服者尽管不得不接受向征服者献上价格高昂的贡品为代价，但可以保全性命和部分财产。对于亚述人而言，这一政策使他们降低了人力、时间、金钱和材料成本。尽管这一政策在所有民族的心中播下了仇恨的种子，但历史上从未有过如此轻易而又快速的征服，之前的强国也从未引起这般强烈的恨意。

亚述人还首次采取了一种更为巧妙、不那么血腥的恐怖政策：大规模的流放。这意味着将表现出独立意志的整个国家或城市的居民，迁往帝国最遥远的疆界，将他们从自己的土地、经济、神明、文化和语言中抽离出来。这样做的目的是稀释他们的民族，磨灭他们的集体意识，使他们成为亚述帝国的顺民；同时，他们的原住地则成为其他同样被流放的民族或亚述殖民者的居住地。许多在公元前722年被萨尔贡二世流放的以色列人就遭受了这样的际遇，仅仅几年时间，这些以色列人便被同化，默默无名地世居于美索不达米亚平原上，成就了"以色列消失的十支派"的传说。

亚述人逐渐建立起一个军事化国家，所有成年男性都必须服兵役，唯有富人可以通过支付足够的钱财，或者找奴隶顶替才能幸免。所有归降的民族都需要派出许多援助部队，并且贡献大量的物资来维持帝国庞大的军事开支。亚述军队成为近东一台最精准而致命的战争机器，所有战士操持着不同的武装，具有不同的作战专长。正如我们通过他们著名的浮雕作品看到的那样，在这一军事氛围的推动下，包括他们的神明、传统乃至艺术，一切都为战争而服务。这毫无疑问极大地促进了军乐团的发展，他们大量使用弦乐器和打击乐器，不断配合军队行进，激励士兵们作战。

尽管亚述人在巅峰时期偶尔会有严重内战的困扰，但在公元前671年，亚述人凭借实力攻占了埃及，吞并了这个在当时众所周知的最大的帝国。然而，长期笼罩在这片土地上的战争阴云破坏了商业。亚述将恐怖高压作为其政策基础，农民们不是被饿死，就是被刀剑刺死，绝望之下纷纷起义。此外，复杂的宫廷斗争也使亚述在镇压频频出现的全国性的起义中逐渐衰弱。资源减少，内战不断，战争机器不断被消耗。况且亚述人对周边民族的扫荡政策使得他们在面对新的侵略时，周围没有任何国家可以作为防护或中间屏障，后来发生的事也证实了这一点。最后，在公元前605年，那些曾经处于亚述血腥统治下的斯基泰人、玛代人、波斯人、迦勒底人和其他民族对其统治深恶痛绝，他们组成了联盟，成功使亚述的首都尼尼微灰飞烟灭，从此消失于世。亚述人最终被以其人之道，还治其人之身：他们的敌人将亚述永远从土地上抹除。亚述灭亡后，他们的发明被保留下来，其战争机器、马术和军事工程技术上的进步，都为后继国家所传承。

亚述的军事主义政策无异于民族的自杀。亚述军队大量使用铁，利用残酷血腥的军事主义扩张政策，创造了历史上最辽阔的帝国之一。但是，这样的方式也正是他们自我毁灭的原因：他们没有创造服从与融合，却创造了反抗；没有赢得敬服，却获得了仇恨；没有得到赞同与协商，却点燃了复仇之焰。最后，在消灭了本能有所助益的盟友后，变得孤立无援，被众多民族的联盟所灭，而后者则从之前的抵抗者变为新的侵略者。另一方面，亚述人不断寻求战利品，搜寻能够劫掠的财富，挑起了皇室成员内部的敌意。他们往往拥兵自重，寻求相对于其他部队的绝对霸权。因此，与其说亚述有着统一的对外政策，不如说各个军事首领各自为政，他们各自持有武装力量，对外搜刮财富。在历史上，从未有过在这样的军事政策领导下的军队，将一个民族捧上胜利的巅峰，又将其领向自我灭亡。亚述人的历史只能用古老的警句来概括："以刀杀人者，必死于刀下。"

第三章　纪律、动机与工程：希腊和罗马

亚历山大，以及后来的汉尼拔、恺撒和科尔特斯等，他们贡献了一项新的作战要素：战略部署能力。亚历山大证明了，若要赢得战争，需要观察和分析敌方的政治弱点，并且思考如何重建战后的和平，以期维持绝对的胜利。

希腊的城邦从公元前 1000 年代初期开始接触到小亚细亚的文化。古希腊人学习了他们的技术、武器和作战模式。荷马作品中关于特洛伊的描述为我们展现了一些战役，证实了希腊人对武器、士兵和机器的运用，已经与东方民族如出一辙了。然而，古希腊人只在小范围内经商和农耕。他们人数不多，从不希冀组建庞大的帝国，或攻占广阔的土地。因此，古希腊人从未拥有大型的围城机器、座驾或战车。此外，这些战争机器与希腊干旱的气候（缺少饲料）和多石的地表状况也不匹配。因此，马车仅仅用于庆典和检阅，至多用于快速运输装备（剑和矛等）和战士。正如《奥德赛》中描述的那样，战士们被运送到战场后，下车进行作战。因此，古希腊人自然而然地认为战争应以步兵防御为基础，而这些步兵也仅在希腊本土排兵布阵。事实确实如此，他们所面对的绝大多数的战争，主要是希腊各个城邦间的互斗；当他们不得不面对士兵数量更庞大的异国军队时，就只能将士兵的纪律性作为制胜武器。士兵们组成方阵，形成犹如盒子般密封的步兵阵列，纪律出奇严明。这些队列随着长矛的长度和排列的数目而变化，其实质在几个世纪以来从未有变。

与小亚细亚的王国相比，希腊和罗马在科技创新方面没有太多贡献。他们继承了前者的战争机器、炼铁术、马术知识，以及城墙与防御工事的建造技术。他们创造了公民精神这一概念，对提高战争机器的威力做出了真正重要的贡献，极大地强化了军队的纪律性，提高了军队的战斗力。

▶▷ 希腊：公民信仰与纪律

希腊方阵成功的秘诀，并不在于他们采用了新式武器或更尖端的技术，而是凭借历史上从未出现过的作战动机。他们使用公民士兵（希腊重装步兵），这些步兵自行购置军事装备，因为他们知道其城邦的存亡与荣辱，以及自身的生命与财富，都取决于战争的胜负。这一强烈的动机是最关键的要素，使得城市中所有的自由民共同组成一支永远处于戒备和待命状态的城邦军队。为了强化他们与城邦间的契约意识，加强与团体的心理关联，希腊人开创了一种神圣的宗教仪式，所有战士都要向宗教和政治符号宣誓忠诚。这些重装步兵在城邦的中心阿哥拉庄严起誓，俨然是现代军队中的士兵面对旗帜立下誓言的前身。违背誓言会被施以重罚，包括即刻实施的物质处罚和深层精神上的惩罚。除了培养公民们的作战动机以外，城邦还需要通过军事训练来提高公民的身体素质。从青年时期开始，公民们就通过各种健身运动和体育竞技活动，成为田径运动员、斗士、标枪手、弓箭手等，这使他们成为 15 世纪瑞士长矛兵的先驱，所有人都将武器存放在自己家中。

希腊方阵的第二个成功秘诀，是他们完善的纪律性。通过大量的训练，他们战胜了恐惧，敢于抵挡敌方步兵和骑兵的进攻，形成一道可以击溃敌军的坚固而不可逾越的铁壁。希腊方阵的威力还基于他们懂得如何挑选布阵的战场，他们对此十分擅长，因为在与侵略者作战时，希腊人一般会选择在熟知的地域进行作战。当大流士带领波斯军队侵略希腊时，希腊人取得胜利的原因恰恰在于选择了狭窄的通道作为交锋地点，他们的敌人无法在如此狭窄的空间展开骑兵战队，也无法利用其人数优势。

闭合而稳固的盾牌和长枪是方阵的基石。作战必须以砖块状的结构开场。士兵们肩并着肩，团结一致，无所畏惧，步伐一致。他们右手持矛，直指仇敌。他们的盾牌不仅保护自己的左肩，同时也保护相邻战友的右侧，他们深知自己的生命悬于身侧战友的纪律性，这便加深了战友情谊、责任意识，以及对纪律的服从。为了引导步伐同时保持亢奋，他们会随着笛音和鼓声高歌，在进攻时大吼："啊啦啦啦啦！"假如第一排的步兵倒下了，那么后排的士兵就会顶替上来，而这些后排的士兵在此前仅进行呐喊、激励，并且利用前排士兵间紧凑的缝隙，偶尔用长枪进攻。假如失去长枪，他们就会使用刀剑作战，唯一不变的就是始终维持方阵闭合。因此不难推测，假如没有铁一般的军纪，这面由长枪穿插其间的盾墙不可能大获成功。

在希腊军队以前，从未有一支军队具备如此强大的心理力量。不久，伊巴密浓达更进一步。他将最优秀而美丽的士兵安排在底比斯方阵的首排，并且这些士兵之间还以爱情作为情感联系。这就是著名的底比斯圣队，由 150 对爱侣组成，他们可以舍身奋战而不后退分毫。希腊人至强的作战动机加上纪律性，正是希腊方阵成功的基础。这也是古希腊人在军事史上做出的两大贡献。

古希腊人同样也聘用专业士兵——雇佣兵，作为特种部队来弥补他们的短处。公元前 1000 年前后，由于近东地区的战争氛围日益浓厚，雇佣兵在这片区域大量涌现。这些雇佣兵多半由土匪、因战争而倾家荡产的农民、退役士兵和逃兵等组合而成，在战争年代出售他们的服务。如此一来，弓箭手、投石兵和骑士可以作为补充力量加入方阵中。但是，希腊人对这些雇佣兵从来半信半疑。既然雇佣兵只为钱财作战，那么就很可能为了钱财而轻易地改旗易帜。因此，希腊人十分注意使用这些雇佣兵的时机与方式。此外，希腊士兵是怀有公民信仰与社会理想的公民士兵，而雇佣兵与他们的理念不相符。因此，使用雇佣兵被认为是不得已而为之，古希腊人只有在极端情况下才会派上他们。

▶▷ 斯巴达的军事主义

居于斯巴达城的古希腊人在执行军令与遵守纪律方面更是走向了极致。由于他们生活在持久的战争状态中，这些军事品质变得不可或缺。为此，城邦成为一个封闭的军事主义社会，这样的社会模式将城邦推向了巅峰，直到斯巴达人的胜利使其向外部世界开放而崩塌。斯巴达城也许是世界上第一个军事主义城邦，但它不像亚述那样采取扩张主义政策，因为斯巴达的压制与暴力一般只针对本邦居民。斯巴达城有着与其他希腊城邦不同的处世方式、文化和经济活动，他们与邻里使用着同样的军事武器和技术，因此他们必须为其增添附加值，将它们的威力发挥到极致。这一附加值不外乎是激发任何其他希腊城邦的市民都不具备的战斗精神，并将作战心理动机提升到史无前例的极致，使每个斯巴达战士都变成超级士兵，足以与现代军队中的特种兵相提并论。

斯巴达城位于伯罗奔尼撒半岛南部，约公元前 900 年为抵御多利安人而建。不久，他们就开始控制广阔的周边地区，包括拉科尼亚和墨西拿，强硬地迫使亚该亚人和爱奥尼亚人臣服。这也是斯巴达城与其他希腊城邦的巨大区别：他们仅有 3 万名市民和最多 9 千名士兵（通常人数更少），但要控制广阔的疆土和众多的人口，他们必须集中治理广阔的疆域。这也体现出了斯巴达城的特殊性：他们不需要新的土地、商业往来和航海，也不需要像其他希腊城市那样在海岸建立殖民地；他们只在公元前 704 年，还没有完全巩固霸主地位时，在意大利南部的塔兰托建立了唯一一个殖民地。这一切都使斯巴达城与其他的希腊世界隔离开来。相较于其他希腊城邦，斯巴达人有着独一无二的双王统治系统——两个国王来联结多利安人和亚该亚民族，这反映出斯巴达城的与众不同。

斯巴达人自最初就必须为确保对领土的控制而战，为镇压为数众多的原住民此起彼伏的起义而战。这些原住民是先前亚该亚人的后裔，斯巴达人将他们贬为奴隶，称他们为希洛人（一无所有的黑劳士）。这些抗争，就是从公元前 740 年一直持续到公元前 640 年的麦西尼亚战争。长久的穷兵黩武的氛围，使斯巴达人为了维持凌驾于黑劳士之上的绝对军事霸权，逐渐养成了独特的民族性格、价值观和政治运营体系。鉴于他们的人口劣势，斯巴达人将每个成年男子都训练为极具杀伤力的战士，足以在任何艰苦的逆境中取胜。这脱胎于阿高盖体制，绝无仅有的斯巴达教育体制，它是斯巴达法律体系和根本法的一部分，由传奇人物吕库古制定，用以管理斯巴达人的生活。

阿高盖体制规定，每当男孩出生时，都要送给五督政官（长官）过目，他们判断这一男婴是否强壮到足以生存，是否值得接受国家教育。假如五督政官认为不合格，这些男婴将被丢弃，或者被扔到斯巴达附近的泰格特斯山脉中的悬崖峭壁下。男孩 7 岁时，就会永久地与家庭分离，开始接受国家教育，以使他成为一名完美的重装步兵。之后的几年，身体训练、耐力测试、鞭刑、缺水耐饥等训练就成为他们日常生活的一部分。他们还被教育要在穿着方面极为简朴，说话简短而明确（拉科尼式简略语），认为艺术或感官体验轻浮并避而远之（这与其他希腊城邦有着天壤之别）。在斯巴达，艺术基本不存在，只有一些战争图画、爱国诗歌和模仿战斗的舞蹈，它们包含在被允许的美学范畴内。女孩也同样需要进行身体训练，使其能够承受生产的剧痛，养育许多后代。为了保证对希洛人的奴役，五督政官每年要象征性地向他们宣战，斯巴达青年的成年礼就是晚上轻装出行，然后挟裹着一颗希洛人的头颅回来（被称为"克里普提"暗杀）：谋杀一名希洛人是成为斯巴达正式公民的条件。鉴于他们对希洛人实行全面的控制，所以尽管希洛人不断试图反抗，斯巴达从不需要建设城墙，这也是这座城邦的另一特殊之处。

自 20 岁起，斯巴达人就必须结婚并且尽可能多地生育孩子（无法生育的组合会被拆散），但是作为社会核心的家庭几乎无足轻重，因为他们并没有家庭生活。男性成员在 20—30 岁都与战友一同睡在 15 人的帐篷内，同席吃简单的大锅饭（名为"西西提亚"），一起接受训练；为了尽到婚姻伴侣的责任，他们只能晚上短时间离开军营，并在天亮前返回。30 岁以上的男性成为拥有政治权利的正式公民，尽管白天仍要继续训练并和他们的同伴相处，但是夜间可以在自己家中与妻子共眠。他们不能居于乡村，只能居于战争时期能够听到集结军号的地方。40 岁以上的男性成为后备力量，在 60 岁以前，他们都可能被征召，并且每天晚上必须在军营中与在役军友同桌共食。

这一性别分离的社会体系，除了淡化了家庭的概念，使女性不用再看顾孩子和丈夫，从而获得了史无前例的自由，还导致了大量的同性恋人群。但鉴于这样的体系无损于战士的勇猛，所以被广泛接受，甚至变为社会习俗的一部分：女性在新婚之夜会把头发剪短，着男装，以尽可能地使自己男性化；结婚仪式一旦结束，丈夫就会回到军帐，与战友同眠。

吕库古条款中还规定斯巴达人（斯巴达公民只能投身于军训和政事）不能成为艺术家，不能拥有贵金属（他们使用铁棒作为钱币），也不能对外通商。他们不能居于国外，也不能与其他城邦有任何往来，甚至包括非官方的军事交往，以保证他们不沾染外邦人的陋习。尽管斯巴达人的整体生活都围绕着战争，但是正如我们所提到过的那样，斯巴达从不对外宣战，他们的作战目标主要是对内镇压希洛人，这些希洛人构建了斯巴达的经济基础。由于这一自我设立的、用以维系其社会孤立性的状态，斯巴达的将领认为对外战争没有任何必要。

同样不被允许的还有私产，以此来维护斯巴达人之间的平等，保证他们不因嫉妒而分崩离析；土地和希洛人都是国家平均分配给各个公民的财产。农业生产自然都落在了希洛人身上，他们需要交一部分收成给主人，除了他们以外还有庇里阿西人（居住在周边的族群）。庇里阿西人同样是多利安人的后代，他们是自由民，致力于手工业、商业和农业，但是没有政治权利，有义务在战时向斯巴达城提供军队。

斯巴达人清楚自己在人口上的弱势，通过各种方式最大限度地减少伤亡。军队分成 5 个相互组合、整齐划一的方阵，再细分为 50 人组成的小组，几乎所有人都是重装士兵。此外，他们还精选 300 名战士，组成了皇家卫队来保护斯巴达国王。由于饲养优良的战马十分费事，骑兵在军队中几乎形同虚设，而当他们需要骑兵时，情愿雇佣几百名维奥蒂亚雇佣军。

正如其余的希腊城邦一样，斯巴达步兵军团的强大战斗力来源于坚不可摧的装甲方阵。方阵由盾牌环绕，用长枪构架，尽管行动缓慢，但是进退有序，能够在任何武装冲突中击垮敌方的步兵和骑兵方阵。斯巴达的重装步兵最初使用全封闭式的防护头盔——科林斯式头盔、胸甲和胫甲。大约公元前 5 世纪，他们除去了胸甲和胫甲来减轻重量，使用了开放式的防护头盔，以更大的盾牌来弥补防护中的缺陷。盾牌可以作为斯巴达的绝佳象征，也是由重装士兵组成的作战系统中的核心部件。斯巴达的母亲们在送孩子上战场时，总是嘱咐他们生与盾牌同归，死则横卧于盾牌同返，但绝不能独归，因为这意味着败退，必然会受到母亲的奚落。斯巴达士兵在作战时会使用铜片将盾牌固定在左前臂上，退离战场后，他们会将铜片拆下藏好。因此，假如希洛人起义，即使他们拿到了盾牌也无法使用。盾牌与短剑相得益彰，短剑刀刃较宽，长 30 厘米左右。当长枪无法使用时，可以用短剑来近身击刺。他们的武器还包括一根权杖，它演变为斯巴达在古代世界中身份的符号和权力的象征。他们的军事技术在于忍受疲劳与痛苦，战胜心理恐惧，始终保持阵形。他们少有围城战，没有骑兵的决胜冲击，也没有弓箭手。他们在盾牌和长枪的掩护下保持队形，在平坦而开阔的有利地形中，稳步向前推进，恰如其他希腊城邦一样（他们实际上抄袭了斯巴达模式），但是斯巴达人的方阵更坚定无疑，作战威力更加强劲。

斯巴达人的制服是一件薄薄的深红色长衫，无论寒暑皆是如此，而且从不浣洗。根据吕库古制定的传统，士兵身着一席红衣，是因为那时的女性从来不穿这种颜色的衣物，而且可以佯装受伤。此外，斯巴达还为士兵配备青铜盾牌，因为它可以迅速被擦拭锃亮，而且不会很快变得暗沉。在伯罗奔尼撒战争中，斯巴达的盾牌上标记着巨大的字母"L"（λ），这是斯巴达人定居区域的泛称——拉科尼亚的首字母。行军时，他们只穿一层鞋底的凉鞋，而在作战时一般赤脚。据说，吕库古还制定了男性留长发的风俗，因为这能使相貌出众的人显得更俊美，容貌丑陋的人更凶猛。因此，绝大多数的重装步兵都留长发。当波斯人进军到温泉关的隘道时，看到斯巴达人在大战前竟镇定地梳理着长发，着实目瞪口呆。

斯巴达的正规军通常都会得到庇里阿西人组成的同盟军的协助，以及数量不等的希洛人——1个斯巴达人可能配备1—7个希洛人——作为支援和配合。如果表现突出，希洛人可以得到补偿，获得自由之身。这些由斯巴达长官挂帅的军队形成了轻型装甲步军团，他们的武器装备是弓箭和标枪。

伯罗奔尼撒战争爆发后，斯巴达取得了陆战胜利，但在海战中失利于雅典。战争损耗很快就使双方疲惫不堪，战争持续了30年，最后以雅典投降而告终。但是胜利并没有带来和平，而是带来了无政府的混乱状态和无穷无尽的新的战争。并且，波斯的金银财宝腐化了斯巴达的战士们，他们远涉边疆，不再遵守吕库古的严格戒律，品尝了其他更开放、更奢侈，也更人性化的社会的蜜糖。许多在异国流连过的斯巴达人都不愿意回归故土，而那些回归的斯巴达人又带入了异邦的风尚和传统，惊动了与世隔绝的斯巴达社会。这一切加剧了斯巴达的人口危机，并使他们的城邦产生了令人担忧的社会分化，使他们相较于异邦和希洛人，日渐衰微。如要取得战争的胜利，就需要打破隔绝状态，但是这又意味着社会结构的土崩瓦解。

因此，公元前371年，伊巴密浓达领导底比斯成为新兴的霸主，在与斯巴达人的重装步兵（这次是与雅典联合）展开的留克特拉战役中，斯巴达人首次在开阔地带作战失利。原因显而易见：尽管斯巴达规定所有20—60岁（40年的军旅生活）的成年男性都需备战，但是至多只能拿出2768名男性士兵，其中只有700名是斯巴达公民。他们为了维持种族纯净，以内部通婚的方式避免与希洛人以及奴隶的融合，造成了人口的枯竭。这一战争造成一系列后果，斯巴达在这场战役中失去了麦西尼亚和阿卡迪亚。斯巴达最后一次收复失地的尝试也以在曼丁尼亚战争中战败于底比斯而告终，在此次战役中，斯巴达只有 2560 名士兵作战。底比斯的将领伊巴密浓达在这场战役中战死，而这两个城邦间的相互损耗，却被另一日益兴起的强国利用，它就是后来迅速终结希腊各个城邦的独立，统一了希腊的马其顿。

▶▷ 波斯战车对抗马其顿方阵：西西里的奥本海默

希腊的步兵方阵纪律严明，展现出了雄厚的实力，而与此同时，波斯已在整个近东地区建立起了强大的帝国。与前文中亚述人建立起的帝国相同，波斯帝国幅员辽阔，需要一台足以联结和控制其领土的庞大的战争机器。帝国巨大的财富足以雇用数以万计的士兵，然而由于军队成分过于复杂，使得他们难以做到万众一心。因此，波斯人试图通过创立精英军队——"不死军"——来弥补这一不足。这支军队由 1 万名步兵和骑兵组成，他们配备弓箭、长枪和刀剑，而且训练精良。另一方面，他们基于地域传统，精心看护强壮的马匹，建立了人数充足的骑士军团，成为波斯人能够保持军事霸权的因素之一。他们继承了亚述人的智慧，持有数以百计的强大围城机器，使他们能够镇压任何发生在城市中的叛乱。公元前 6 世纪的塞鲁士大帝改变了幼发拉底河的流向，使用干涸的河道来作为进军的通道。几个世纪后，薛西斯一世在达达尼尔海峡上部署了300艘战船，并通过架立其上的浮桥入侵了希腊，这也许是人类古代架桥史上最伟大的壮举。

战车又重新成为主角，色诺芬于公元前4世纪，在其著作《居鲁士的教育》中记叙了波斯人为战车制造带来的最大贡献。在公元前500年前后，波斯人在车轮上装上了锋利的长刀，可以使那些不能快速散开的步兵军团士兵身首分离："刀轮战车"诞生了。波斯人主要用这种战车对敌方造成心理压力，在对抗亚历山大的军队时，波斯人使用这种战车取得了最初的几场大捷。波斯人也是最早从印度引进大象并将其利用到战场上的民族，尽管大象并没有什么实质性的作用，仅能通过引起敌方阵营的恐慌，起到一些心理作用。正如后来马其顿方阵所用的战术，一支训练有素、镇定自若的步兵军团，在面对敌方战车和大象的冲击时，可以自动打开，躲避尖刀的锋芒。随后，一旦战车进入方阵，就会被步兵用枪矛围剿，或者被一些扑上马笼头以牵制马匹的奴隶们搅扰。

亚历山大在面对波斯人数众多的庞大军队时，只调用了一支训练有素的小型部队，他们仍然采用方阵阵形，但在战术上更为精进。然而，对于古希腊人来说，他们第一次背井离乡，外出征战对抗一个帝国，他们需要新的发明。第一样就是从波斯人那里仿制的围城机器。亚历山大成为第一个将所有用得上的围城工具都运用到实践中的将领。他改进了冲车、攻城塔、弹力投石机、扭力投石机（因状似驴踢腿，又被称为"野驴投石机"），不过有学者认为扭力投石机于公元前400年前后出现在叙拉古。扭力投石机也许是唯一一样东方所不识的围城工具，它在西西里城池中展现出的实力表明，它可以将重达20—30千克的发射物投至400米开外。随着投石机的出现，从严格意义上来说，最初的制炮业诞生了。第二样新的发明，要数将成千上万的奴隶（或者那些随着亚历山大的军队深入亚洲，逐渐与其结盟的民族，他们不堪忍受波斯人的奴役而选择亚历山大）充当人力的战略。人们重新开始认为骑兵相比战车更为轻便快捷，这等于颁布了战车在军事史上最终消亡的证书。马匹在马其顿和希腊大陆上百无一用，但在土地更平坦肥沃的小亚细亚平原上却有了施展拳脚的机会。第三样新的发明，也许也是最重要的，就是给予所有雅典和马其顿士兵战利品的承诺，这为希腊步兵团传统的纪律和战友情谊外，又增添了为获取价值连城的宝物而战这一物质动机。

　　所有这些因素共同解释了亚历山大是如何围攻并最终占领当时坚不可摧的泰尔城的。亚历山大花费了7个月才攻克这座城市，他在这场战役中使用了一些闻所未闻的机器和战斗方法。泰尔城位于一座离岸700米的岛屿上，城墙周长5千米，高45米。此外，还有80只补给船，因此几乎是牢不可破的。为了能够到达这座城市，亚历山大建起了宽100米的长堤，好让己方军队进攻，他还在进攻队伍前设置了两架庞大的攻城塔。同时，他还命人把船只连接在一起，在甲板上修建了更多的攻城塔，向城墙的其他部位展开进攻。这一长堤建设完毕后，泰尔城便与大陆连接了起来，这样一来攻城机器就具有了决胜意义。

亚历山大，以及后来的汉尼拔、恺撒和科尔特斯等，他们贡献了一项新的作战要素：战略部署能力。亚历山大证明了，若要赢得战争，需要观察和分析敌方的政治弱点，并且思考如何重建战后的和平，以期维持绝对的胜利，在这方面他是有史以来第一位将领。亚历山大完美运用了波斯帝国内部的复杂，通过协议和承诺，向臣服于大流士的民族展现出自己作为解放者和盟友的姿态，因此很快获得了这些民族的支持。战胜了波斯人后，亚历山大即刻对精英分子和他们的文化表现出接纳、包容与妥协的态度，来对这些民族实施有效控制。一位政治将领诞生了，他同时也是战略家，不仅懂得领导和指挥战役，也懂得如何合理运用武器和其他战争机器。

不久，汉尼拔也展现出不凡的战绩，在西班牙、高卢和意大利，汉尼拔将自己塑造成反抗罗马暴政的民族解放者。此外，还要加上他对于训练有素的军队的高超指挥，使他摘得了战胜罗马的桂冠。与大众所知的不同，大象与汉尼拔的军功并无任何干系。事实上，没有一只大象曾活着到达意大利，因此完全不可能参加特雷比亚河战役、特拉西美诺湖战役和坎尼会战。此外，在对抗一支训练有素的步兵军团时，大象的无用早已被证明，军团像从前对付刀轮战车时一样，只要打开方阵就可以轻松解决它们。

亚历山大帝国的继承者们进一步完善了各种围城机器的设计和制造。其中比较著名的有马其顿的德米特里一世（"围城者"），在对罗德岛的围城战中，他命人制造了高 23 米的攻城塔，尽管最后仍以失败告终。他还改进了冲车，制造了长 50 米，带有防护结构的冲车，可以允许百名士兵操控，前端镶有金属，用来反复撞击墙面的同一点。

战争机器及其设计的重要性，还在阿基米德的身上体现出来。他在西西里的城市锡拉库扎对抗罗马的长达 3 年的保卫战中起到了决定性作用。他在战争机器的设计和制造方面硕果累累，堪称是"曼哈顿计划"的主要负责人、发明了第一颗原子弹的科学家——罗伯特·奥本海默的始祖。阿基米德除了是一位著名的数学家，还是以他命名的定律的发现人，那些拉丁语作家们不断称颂由他设计的作品的实用性。他的声名早已跨越国境，所有国家都渴求获得他的知识。然而天不助罗马，阿基米德对于自己的城邦十分忠诚，而他的城邦在第二次布匿战争中，与迦太基结盟。锡拉库扎的统治者们为这位发明家提供一切资源以满足其所需，这表明了经济支持对于武器设计和生产的重要性。此外，锡拉库扎的统治者还利用阿基米德在罗马的声名震慑罗马，打出了心理战。这一战略卓有成效，但凡城墙上冒出奇怪的物件，罗马人都会惊慌失措，立马溃不成军。

　　这位智者设计了琳琅满目的机器，有效延缓了罗马人的进攻，其中包含了不同射程的各种投石机，可以阻止进攻者冒险靠近城墙。这些机器中最特别的要数被称为"阿基米德爪"或"铁手"的铁钩，士兵们先将铁钩抛到冒险靠近城门的战船上，然后勾住甲板，将其用滑轮吊起，然后猝然摔得粉碎。但要说其中最能荣获军事发明原创之冠的，莫过于抛光的金属镜面，它能集中太阳光，将其反射到敌舰上，并使其烧毁。人们据此发明了日光炉，如今的许多发电站仍以此制造能量。需要说明的是，假如将阳光反射到木头上，则难以将其点燃（需要达到300度），但是如果将光束投射到帆布或索具上，就不会那么困难了，这与金属镜原本的设计意图明显相悖。在近几十年，人们尝试着还原出了这一历史事件，证明那些通过史料流传下来的记录是可信的。

　　希腊人发明的这些武器行之有效，锡拉库扎面对进攻显得坚不可摧。然而最后，城邦终究还是沦陷了，一方面，希腊人精疲力竭、饥饿难忍；另一方面，罗马人的贿赂发挥了决定作用，使其成功发动了突袭。这位不幸的智者被一位没有认出他的无名小卒杀死，这件事使下令活捉阿基米德的罗马将军十分震怒。

　　与此同时，几千千米以外的中国从公元前5世纪开始建起了近9000千米长的长城，这足以证明东方人也掌握了防御工事的建造技术，并且形成了具有一定复杂体系的国家。这个国家支付常规军的军饷，并征收赋税来支付长达几个世纪数以百万计的工人的薪饷。众多因素最后促成了一种较为稳定的军事模式，在之后 2000 年内，这些防御工事、机器和攻城过程都没有本质上的改变，直到 14 世纪火药的诞生，才打破了这一平衡。

▶ ▷ 罗马用凉鞋建起了帝国

虽然在罗马人的时代，军事组织被推向了巅峰，但是从军事心理和军事思想的角度来说，罗马人并没有任何创新，只是继承了希腊人的纪律性。罗马人只是复制和优化了一些武器，而这些武器都是从希腊人以及他们开始接触或逐渐征服的民族那里学到的，例如波斯人、伊比利亚人和凯尔特人。这使得他们能够完善围城机器，并改良士兵的个人装备。这种并不难以达到的模仿能力将罗马人推向成功之路，他们敏锐地觉察到，必须不断审视与完善军事模式，才能够应对不断变化的威胁。适应性无疑是他们的美德，只有认识了这一点，我们才能够理解为什么在罗马历史上会出现 6 种军队模式：罗慕路斯、塞尔维乌斯·图利乌斯、卡米卢斯、马略、奥古斯都和哈德良，他们每个人都创造了不同的军队模式，此外还有许多君主们突发奇想的小调整。

罗马人的实际精神和折中主义之上，是他们精益求精的精神。罗马人使用伊比利亚人名叫"发尔卡他"的双刃弯刀（形似镰刀的剑）就是一例。这种兵器的制作十分有特色，需要将刀片埋在地下数月乃至数年，使其氧化。在去除钢中脆弱的成分后，他们利用钢料最耐用的核心部分来重塑刀片。这样做的结果是能够获得非常坚硬且锋利的刀刃。在与伊比利亚—凯尔特民族初期的交锋中，罗马人发现自己的木质盾牌很容易被这种弯刀摧毁，于是他们意识到应该在木质盾牌的周边加固金属。此外，这种双刃弯刀还十分轻便，人们通常会在刀片中间或非刀刃的部分加工一些凹槽，以此减少刀片的金属用量并减轻重量。这种加工方式可能起源于巴尔干半岛。大约公元前8世纪，凯尔特人将这种工艺带到了伊比利亚半岛。罗马军团最终采用了这种锻造技术，对于铁的质量更是精益求精。罗马人对弯刀进行了优化（将其弯曲拉直并且采用双面刃），使其从最初的"发尔卡他"变为可以穿刺的罗马短刀。这种刀的样式被沿用了几个世纪，直到另一种名为"美茵茨"（用以纪念人们第一次发现它的地方）式样的刀取而代之。与前者相比，"美茵茨"更短、更宽。

罗马人的创新体现在军队组织的形成上。他们的军团相比希腊方阵具有更高的灵活性，可以更好地适应战场、应对战斗中发生的意外状况，并轻松地战胜希腊军队。罗马士兵并不完全束缚于方阵，因此可以在更崎岖的地面进行战斗，而方阵则无法驾驭这样的地形。罗马人还根据士兵的经验或能力对他们进行分级，并且建立预备队，用以与敌人展开轮番作战。和希腊人一样，一开始，罗马军团只由有产业的罗马公民组成，并且从原则上来说，他们在每次战役过后都会退伍。另外，直到公元前4世纪，罗马士兵都没有任何经济报酬。把军队成员限制在公民范围内，可以在被掠夺的民族即将起义的时候，对其实施有效镇压。一些与罗马结盟的民族也组建了军队，与罗马军团并肩作战，他们的等级低于辅助兵。在公元前200年前后，布匿战争刚结束时，罗马拥有一支由32万5千名公民和42万3千名结盟者组成的大军，共计75万人，计划攻占地中海地区。

然而，这些军事和政治成功却严重威胁到罗马人的生活。每年俘获并输入罗马的奴隶数以千计，他们为大农庄提供了大量的劳动力，造成劳动力成本的下降。再加上从各个行省不停涌入的粮食，使数以千计的罗马小私有者因无法承受低价而破产。许多人只能放弃自己的土地，将它们贱卖给大农庄主，迁入罗马城，形成了数量庞大的城市无产阶级，造成日益严重的社会问题。

这对军事方面也造成了一定影响。首先，从这时开始，奴隶阶级愈加庞大，起义日渐频繁。譬如公元前136—前132年在西西里发生的奴隶起义。攸努斯和克里昂组织了一支7万人的军队，与罗马长期对峙，直到最后罗马大军重新收复努曼西亚时，血洗城池，才将起义扑灭（罗马人将2万多名奴隶钉上了十字架）。其次，罗马军队人员的缺失也使其迅速衰弱。罗马在公元前113年的诺利亚战役中，失利于辛布里人；在公元前105年的阿劳西奥战役中，失利于条顿人。这在罗马引发了恐慌情绪，他们害怕凯尔特人发动第二次侵略。因此，军事改革势在必行，且尤为迫切。

　　盖乌斯·马略作为罗马最声名显赫的将领，在公元前104—前101年主导了军事改革。除了采用重组军队的重要举措外，他还取消了无产阶级入伍的限令，并且承诺他们在服满军役（20年）后，除了军饷以外，还可以获得一块土地。由公民组成的军队变成职业化军队。这样虽然解决了军队的兵员短缺问题，但使得罗马军团染上顽疾，变成一支唯利是图的散漫军队。护卫罗马城变为首要任务，而罗马上议院的权威则是次要的。从那时开始，军团士兵为了战利品而追随他们的长官，实质上已经变成雇佣军，可以将剑锋指向任何人，甚至，如果能够得偿所失，他们可以对抗罗马城本身。这为内战埋下了火种。

　　马略还规定了更高强度的身体素质、更严格的军事训练，来改善士兵的作战能力，提高军队的纪律性。为此，马略让那些经验丰富的角斗士来指导和训练军团士兵。另一项同样重要的创新举措，是授予每个军团不同的军徽，并将银鹰作为至高无上的象征。借此，马略成功将集体主义精神灌输给每个成员，并掀起了军团之间为奉献与牺牲多少而展开的竞赛。后来，随着帝国的建立，罗马成为第一个在军队中建立公开授勋（金属圆形徽章）制度的强国，所有授勋的战士都将徽章佩戴在显眼处来彰显尊荣，这强化了军士之间相互竞争的意识，使受勋士兵在普通民众面前倍感荣耀。

　　马略规定军团士兵必须训练长跑、障碍跳、每日至少20—30

千米全副武装（约30千克）的负重行军、举重、投掷长矛或标枪、用剑作战等。用剑和盾牌作战的训练与角斗类似，但训练时士兵们使用比金属武器重两倍的木质武器，以此来锻炼肌肉和耐力。这一高强度的训练意义重大。因为，在许多情况下，罗马军团的胜利都基于他们的作战能力和机动性。快速机动的能力，可以保证他们在艰苦条件下，每天全副武装地行军40—50千米，并在休息前建立起防御营地。这些士兵需要付出超乎常人的努力，以致他们被称作"马略的骡子"。马略将军的另一项创新，是设计了精巧的重型标枪（pilum），一般在用剑作战前向敌方抛射（此前还会抛掷质量较轻的短标枪，射程30米）。这一行动的作战目标是，即使不能重创敌方，至少也要将标枪刺入敌方的盾牌，使敌方因为镶铁的标枪过于沉重，而无法使用盾牌。为了使投掷更有力，罗马士兵利用标枪枪柄上的皮带将其旋转抛出，从而使其射程更远、命中率更高。但是，马略发现许多重型标枪都会被敌军拿来重复利用，反而造成罗马士兵的伤亡。为了阻止这种情况发生，马略重新进行设计，使重型标枪一旦刺入盾牌，金属枪尖和木棍就会断开。这样一来，金属枪尖的重量可以使敌军的盾牌失效，而且标枪损毁后，又能避免对方在战场上再次利用标枪。另一项革命性的军事创新，在于已提及过的伊比利亚双刃弯刀，还有分块的铠甲（板条甲[1]），它提供了铁质的防护，同时又不会降低士兵的机动性。此外，铠甲在损坏后只需要替换或者修复损毁的铁片，降低了维修成本。这使人们开始参照以前从未考量过的简单、快速与降低成本等标准。马略还重新启用了实用性的头盔，去除所有装饰，还能够防护后颈、耳朵和脸颊。这毫无疑问是现代头盔的前身。另外，他还规定军队使用长方形的微凸盾牌。在惩罚方面，马略也有创新：面对敌军，假如集体出现退缩，就是犯了重罪，会十中罚一，即从10个人中随机抽取1个人处决。不过，这一惩罚几乎从未执行过，在图拉真统治时期，因为过于严苛而被废除。

军团一般会使用2种作战装备，投石机和弩。前者能将石块投掷出400米远，后者能向城墙和城门发射出巨型箭矢或盛有燃烧着的树腊的投掷物。此外，还有可以同时将10来支粗箭发射到250米开外的弩车。这些作战装备都安装在骡子拉动的战车上，射程可达400米远。每一个军团（近6000名士兵）通常都会配发这些装备，每种约50个。此外，军团还配有几百个军事工程师和工匠随军，他们可以在战场上随时设计、修复和制造围城所必需的新的装备器材。这既包括攻城塔、冲车、栈桥、云梯、链条、陷阱、城墙和投石机，也包括沟渠，用以改变为防御者提供水源的水道的流向。在攻占努曼西亚、阿莱西亚和马萨达的战役中，

---

[1]　一种在衣服衬里织入金属板条的中世纪铠甲。

如果没有这些在围城期间紧锣密鼓的工程施工，那么罗马人根本不可能取得胜利。这些工程建设比攻城机器本身有着更重要的决胜意义。

每个罗马军团都配备一支小型骑兵部队作为前哨和辅助力量。虽然，在以步兵称霸的实际作战中，骑兵并无决定作用。但是数以百计的马车和骡子，在装载补给用品、工具、备用武器，以及书记员、仆人、医生和财务人员时，起到了重要作用。他们通常都跟在军队主力的后方行进。具体来说，每 8 名士兵会配备 1 头骡子，用来拉帐篷和谷物石磨。军团所携带的形形色色的装备使我们认识到，那些占据了军团士兵绝大多数时间的饮食起居，与他们在战场上打胜仗同等重要。有一句格言众所周知：罗马用剑和铲建起了帝国。其中铲子体现出了罗马的创造性，保证了其政策与军事的延续，使罗马文化薪火相传。

除了军事活动外，罗马人最主要的活动是建筑工事。凡军队所经之地，罗马人都会筑路扩道，保证军团点对点的快速机动。此外，他们还会建造输水道，且尤其重视军营的建设，以及随即产生的地图和平面图的绘制。桥梁的建造也十分重要，桥梁帮助罗马人越过障碍（无论是固定的石桥还是临时搭建的木桥），这是史无前例的，他们也因此成为世界上最好的桥梁建筑师。无论是在浩浩荡荡的莱茵河、多瑙河、罗那河、塔霍河、埃布罗河、瓜达尔基维尔河、约旦河、尼罗河、泰晤士河、摩泽尔河、卢瓦尔河、塞纳河，还是在水流较小的其他上千条河流上，罗马人都以惊人的速度架起了桥梁。恺撒的军队仅用 10 天时间，就在莱茵河一处 500 米宽的河面上架起了大桥。

罗马利用逐渐延伸的交通线，将领地联系在一起；通过建设数以千计的军营，将领地归并在一处。许多军营最后都变为城市。军团向前进军时，每晚都要建造一座军营。军团的一部分士兵在工程师和地形测绘人员的指导下，每天都要提前几个小时出发，选择安置下一个营地的位置。他们通常会选择一些可以利用自然防御减少工程量的地方，但是，像挖战壕、捡柴火、建造护栏和哨塔这样的工作，几乎是无法规避的，因此每名士兵总要携带两根木桩。他们不但是士兵，还是工兵和木匠，总是挂着头盔，随身携带镐和铲、锯、镰刀、锄头、链条等建造营地需要用到的所有工具。而那些随后与车和骡子同行的部队，将在日落前入驻营地。建设营地时会综合考虑部队潜在的危险，以及他们在营地中度过的天数。

建造堡垒所耗费的工程量更大，能够使用的时间也更长。堡垒规模各异，一般建在具有战略意义的边界地带，或是需要军队来压制原住民起义的地区。在图拉真统治的时期，一些堡垒甚至可以安置两个军团。以这些堡垒为中心，人们在周边建起住宅，慢慢形成了城市。堡垒通常是矩形的，每面墙开有城门，内部以街道划区，帐篷、医院、军营、粮仓、作坊、马厩和指挥室等坐落有序。堡垒周边挖有城壕，城壕外是城墙，城墙上建有哨塔。罗马人总是寻找有泉水或有河流流经的地域。这不仅是为了保障饮用水，也是为了方便厕所排水。堡垒通常建造在开阔地带，这样可以远眺得知是哪方正在靠近。最初，由于时间紧迫，罗马人一般会夯土或用泥炭块建造堡垒，后来才改用石块。由石头和木料搭建成的坚实堡垒就这样应运而生了。这些建筑技术使得罗马可以在莱茵河、多瑙河以及英格兰北部（哈德良长城）树立起防御墙，它们为罗马尽忠职守了数个世纪之久。

无论是在军营里、堡垒中，还是在驻地上，士兵们即使不需要巡逻或赶去平息叛乱，也绝不会无聊。除了固定的训练外，他们还需要负责打扫卫生、清理甲胄和武器、照看坐骑和装备、维修和加固工事、挖掘战壕、协助议会、执行护卫和巡逻任务、帮厨或配合制造兵器等。甚至在粮食丰收时节，军团兵如果收到命令，还要负责收割小麦，军团的武器装备中可从不缺镰刀这类工具。假如国家没有遭遇险情，那么这些军团兵就会离开驻地。这些代表着罗马文明的上千名男性，进入田间务农、开采石块、修建楼房或公共设施、排干湿地、开采矿物、修建寺庙，负担起诸多任务，成为国家建设和公共设施建设必不可少的劳动力。

不过，罗马人取得的所有成就都离不开一样微不足道，看似无足轻重，但无疑最为关键的发明：罗马铆钉凉鞋（caligulae）。正如前文提到的那样，斯巴达人设计了系带凉鞋，方便他们的重装步兵长途跋涉。但是，当士兵到达战场后，则需要脱去凉鞋作战，防止打滑。而罗马人在鞋底钉上了铆钉，便解决了这一问题。穿着这样的凉鞋，罗马军团的士兵可以在各种路面行走几十千米（尽管铺设过的路面有些滑），还能平稳地在不同的地表进行作战，一面保持住队形，一面抛去滑倒的后顾之忧，奋勇作战。除了鞋底的铆钉外，罗马人的鞋还有另一种妙处：若干的皮带包住整个脚背，一直系附到脚腕以上，这样能够提供良好的支撑力，并且防止轻易摔跤，这使罗马凉鞋看起来就像靴子。天寒地冻时，军团士兵会在凉鞋里加穿袜子（udones）。这样舒适、通风且合脚的鞋，至少可以追溯到公元前 3 世纪。鞋的损耗十分严重，每个军团士兵平均每年损耗 3 双鞋，每双凉鞋底都要镶 50 颗铆钉，而铆钉十分容易脱落。因此，一支军团通常需要携带 50 万个铆钉作为必要储备。事实上，由于古罗马人使用了数以千万计的铆钉，它们已然成为如今最容易发现的古罗马考古遗迹。

几乎所有罗马的敌人都是光脚作战，他们的脚经常受伤，更加彰显了凉鞋的作用。在高卢战场上，恺撒取得胜利正是利用所有高卢人赤脚作战的习惯。他在地面上洒了上千颗铁蒺藜（小型金属块，带有至少 4 个夹刺），使得高卢士兵的脚遭受重伤，马蹄同样受创，借此迅速瓦解了敌军。虽然有文献提到，是亚历山大首先在高加米拉战役中使用了这种方法，但必定是罗马人利用自身全副武装地穿着凉鞋，而他们的敌人却赤脚作战这一优势，大规模运用了这种战法，将它发扬光大。正如恺撒在阿莱西亚战役中所采用的战略那样，罗马士兵们在地上铺设各种暗桩、隐蔽的尖锐物和陷阱，即使不能阻止敌人的进军，至少也能延缓他们的速度。从此，恺撒用这些布防和铁蒺藜，开启了人们向"防步兵地雷"发展的道路。

凉鞋、铁蒺藜和削尖的暗桩等，虽然严格意义上不算是阿基米德式的复杂发明，但很可能对罗马帝国的建立起到了决定性的作用。

▶▷ 海战：桨和撞角的工艺

在约5000年前，人类就发明了战船。更确切地说，应该是具备自卫能力或攻击他船能力的运输船。这些早期的船只船体浑圆，稳定性不高，行驶缓慢且船身沉重，利用船帆和船桨的合力作为推力。由于水路运输比陆地运输更容易、快捷且廉价，船只除了用于贸易，同样也被用来将部队运送到敌岸阵地进行劫掠，或是将粮食和必需品运送给正在作战的己方士兵。战船的出现具有级联效应。因为，当一个强国开始使用战船，其他的强国就被迫使用战船来进行防御。于是，最早的海战出现了。这些海战的主要作战目标在于提高船载战士的数量，依靠船只接舷的能力，捕捉敌船或使敌船沉没。地中海地区的经济交往繁盛起来，用舰队来保护（或劫掠）商贸船只成为一些新兴国家经济活动的重中之重。然而，由于科技的落后，航海活动仍然十分受限：人们只能在每年的5—9月出海，总是沿着海岸线航行，或者在岛屿间穿梭，且一般只在白天利用和煦的微风和温和的洋流行驶。

后来，人们很快发现战船应当具备速度、机动性，以及攻击和破坏能力。在公元前2000年前后，克里特和腓尼基这2个海上强国制作了一种长形的船只，船首高耸而尖锐，主要依靠桨的推动力来航行。这种船只被用于战争，包括名为"pentecontera monocrota"的单桨座战船，以及名为"dicrota"的双桨座战船。两种类型的船只都配有50名桨手，后来逐渐演化为著名的"trirreme"——三桨座战船。这些战舰周围仍然缓慢航行着圆形的商船，它们是一些传统的50桨帆船，由50名桨手划行。三桨座战船之所以得名，是因为这种战船是由三列位于不同层的桨手划动的。他们用不同长度的桨划行，桨面以不同的倾斜角度入水。所有的桨手都需要保持行动一致，因此协同划桨的节奏必不可少。

公元前1000年前后，人们在船首装上了金属利器，制造了撞角（50—430千克不等，根据战船的大小而异）。假如冲撞上敌方船体，那么可以从吃水线以下撞击，来击沉敌方战船；假如撞上敌方船桨，就可以使其战船无法航行。但是，由于当时海战的主要的目标是夺取战船、截获装载的人员和货物，而不是击沉它，所以人们通常用撞角斜向冲撞，使得敌船被毁但不至于沉没，同时又可以接舷。于是，人们重新设计了撞角，用它来撞碎木板而不是钻孔。假如撞角过度插入敌船，就有可能使敌方的船只连带着己方的战舰一起沉没。

为了能够发挥撞角的威力，人们需要使用较大的动力来推动战船，这意味着桨手需要使出极大的力气来推动船只，使其达到7—9节的速度极限，而普通航行的平均速度不会超过3—4节。人们还加固了侧舷来减少撞角造成的损坏。尽管战船被装上了又硬又厚的护板，这些战船的重量仍然很轻，因为傍晚时分船员要将船抬运到陆地上，并用滚木在陆地上拖动战船。有意思的是，直到19世纪，人们仍然在海战中利用撞角作战。例如在1866年亚得里亚海上爆发的利萨海战中，意大利战舰"意大利国王号"被奥匈帝国的"费迪南德·马克思大公号"撞沉。

当两艘敌对战船远远望见对方并准备作战时，就会逐渐互相靠近，从甲板上向彼此投掷标枪、弓箭和各种燃烧着的锐器。人们通常会在甲板上装设较高的平台或城堡，不但能扩大视野，还能更好地抛射投掷物。但假如建造得过于巨大，有可能影响船速，并且使船身不稳定。那时的船帆通常都是一块方形布匹，很少使用，只有在适宜的顺风时才会用到。在作战前，人们一般会把帆布和桅杆一道放在陆地上或甲板上，借此来减轻重量，避免火灾，还能防止在作战过程中，桅杆掉落到甲板上，造成破坏。

公元前700年前后，希腊城邦已经配备了三桨座战船，由

170 名分坐于上下三层的桨手划动。加上舵手和其他人员，船员共达 200 人。船身约长 35 米，宽 3.7 米，可载约 45 吨。桨手也具备作战能力，可以在接舷作战的时候为船上士兵提供增援，尽可能地取得较大的人数优势。

海上军备竞赛主要在希腊人和迦太基的腓尼基人之间如火如荼地展开。公元前 401 年，叙拉古的僭主大狄奥尼西奥斯对迦太基的扩张忧心忡忡，他聘请了许多精于武器制造的技术人员和手工匠，不久便制造出了我们前文描述过的投石机，还有"五桨座战船"（quinquerreme），顾名思义，就是三层每排共 5 名桨手的战船（上两层的桨各有两名桨手操控），船上共 300 名桨手，每侧边和每侧船首弯处共 150 名，由此船只获得了更大的推力。迦太基人偏爱四桨座战船，一共两层桨手，但是每只桨都由两名桨手划动，这种战船更低矮，更易操作。值得一提的是，虽然桨手的佣金微乎其微，但是只有一小部分桨手是奴隶或罪犯，绝大多数桨手都是自由民。他们要在接舷时奋勇作战，这是那些渴求自由的奴隶不具备的品质，奴隶随时都可能叛逃或者投敌。此外，由于每位桨手的推动力都十分关键，因此他们的伙食还是不错的（每天吃 1 千克食物，喝 5 升水）。尽管律法苛刻，他们的工作条件还算得上不错。长官几乎从来不会鞭打桨手来使他们服从纪律，使用鞭刑与其说符合史实，不如说是好莱坞的杜撰。

这些新式战船共有船员 400 名，荷载 100 吨，船身长 40 米，宽 5 米。希腊和迦太基纷纷效仿这一设计，建造了许多类似的船只，各国纷纷开始进入了制造功能更强大、更耐用且更易操纵的战船的竞赛时期。然而，这些设计目标本身有不可兼容性，要使船只更坚固，就可能失去它的轻便和易操纵性。在这一时期的海面上，三桨座、四桨座、五桨座乃至六桨座战船同台竞技。正如公元前 3 世纪托勒密四世的王朝，这一狂热的军备竞赛使得许多位于小亚细亚的古希腊后期的王朝建造起庞大的战船（多桨座战船），需 4000 名桨手（这一数据虽然记录在案，仍然令人无法置信），船身长达 130 米，宽 18 米，荷载 2000 吨。战船十分沉重，只能用作移动堡垒，或是可以放置投石机的前哨。显然，这种战船的成本十分昂贵，只有这一地区强大的亚洲王国才能够承受得起，所以不久战船又变回了正常大小的三桨座战船。海盗们依然偏爱更快速而敏捷的小型船只。大约是埃及人、希腊人或迦太基人驾着这样的小船，在公元前 7　前 5 世纪到达了爱尔兰和非洲，完成了科技壮举。

雅典在战船的数量和质量上都足以称雄，成为第一个海上强国，它将财政收入的大半部分用来维持这支有竞争力的海军。雅典完全依赖于商业，假如没有开放的交通运输网络，雅典的经济便会瘫痪，因此它在海事方面向来不遗余力。放在现代来说，一艘三桨座战船需要花费 300 万欧元（约 50 立方米的厚木板），这还只是假设船只没有碰上大风大浪，它的平均寿命为 15 年。为了维持舰队的作战能力，每年需要淘汰约 10 艘战船。此外，还需要为战船配备人员，维持一支数量庞大的船员队伍（约 500 万欧元），因此每艘战船的成本能达到 800 万欧元左右。这对于一个人口不到 30 万的城邦来说，是巨大的经济负担。此外，雅典还需要建造和养护大型的港口和船厂，保证建造船只、使船下水和养护上百艘船只的能力。因此，他们向来热衷于俘获敌方船只，尽可能地回收旧战船，尤其重视回收像撞角这样的贵重部件。

罗马在建设海军舰队方面起步较晚。如果不想输给希腊人和迦太基人，他们就需要争分夺秒地学习。因此，罗马雇用了许多外国工匠和海员进行咨询。不久，在第一次布匿战争中，罗马人成功收缴了一艘迦太基五桨座战船，他们迅速仿制了这艘战船。尽管如此，罗马海军仍居于弱势，无法在短时间内组建起一支能够在海上与迦太基抗衡的海军。意识到自身的短处，罗马人试图利用接舷战术将海战转变为陆地战，从而进行近身作战，在这方面他们的军团士兵更为出色。因此，罗马人设计出一种钩桥（乌鸦吊桥[1]），可以从己方战船钩住敌船，登上敌方甲板来作战。唯一一点不便之处在于：假如敌船沉没，罗马战船会被钉在吊桥上的敌舰拽沉。因此，吊桥的使用是有条件限制的。

中世纪的到来并未给地中海地区的航海技术带来任何进步。直到指南针被发明的 300 年后，人们在 15 世纪时才绘制出最早的

---

[1] 一种用于接弦的吊桥。

航海地图：波特兰地图。因此，中世纪时期的战船（三桨座战船的直系后代）与罗马战船如出一辙，利用桨和帆的混合动力，人们只能在晴朗无云的天气靠观察星空来导航。在航海技术方面，唯一取得科技突破的地方就是大西洋和北海海域，那里的海水波涛汹涌，但凡想要进行一些贸易往来，都需要科技创新来达成。在8世纪前后，撒克逊船只采用了一种原始的龙骨，使船只在面对海浪的冲击时能保持更好的稳定性。维京人设计了龙头战船，船舷低矮（1.8米），吃水浅，但却使这种战船的可操纵性更强，能够靠近海滩进攻，或驶入内河和河滩进攻，十分适合他们的劫掠活动。读者不妨记住：维京人的龙头战船，将他们带到了冰岛、格陵兰和纽芬兰岛。

在后来约12世纪前后的北方海域，出现了主要由帆推动的乌尔卡船和柯克船。这些是航行速度缓慢的商船，船舷高耸（4米），因此不易被接舷，且适宜航行于风急浪高的海域。2个世纪后，人们为航船装设了船舵和更大的船帆，桨手逐渐从船员的队伍中淡出，他们的职能变为看护船帆，以及在船首的艏楼或船尾的艉楼中防御敌人。自15世纪开始，火炮在海战中的作用越来越凸显，质量轻、船舷低的船只十分容易被击沉或摧毁，航行变得越来越危险。因此，从16世纪初期开始，在地中海区域，人们改用囚犯（被判为航海苦役）充当战船的桨手，而不像以前以自由民为主。海战经历了转型，战斗目标不再是缴获敌船，而是摧毁它们。

▶▷　细菌战和阴谋诡计

战争自初始以来就把胜利作为终极目标。为了达成胜利，人们无所不用其极。因此，我们能发现在远古时期，人类为了克敌制胜，不择手段、不计后果，使用各种阴谋诡计。传染病总是与军队如影随形，人们将那些因病而亡的死者用投石机抛向敌方阵营（城市、驻地或船只等），来扩大传染范围。古人们还抛掷腐坏的动物尸体、蜂房，以及装有毒蝎、老鼠或毒蛇的瓦罐等。有时也将箭镞或枪尖淬毒，以置敌于死地。比较受欢迎的一则计谋是污染敌方的饮用水或食物，因为假如得手，便可以不费一兵一卒赢得胜利。不过，自古以来最有效的，在古代起被写入兵书的制胜方法则是贿赂敌方作战人员。一笔数量可观的贿赂金几乎总能敲开被围困城市的大门，瓦解驻地的夜间护卫，或是在战斗中使整个军团倒戈。

与当今社会相同，信息就是力量。知己知彼，方能百战百胜。因此从早期开始，人们便想方设法且不计成本地试图安全地传递信息。在埃及、中国和希腊等地，先人们利用信鸽作为快速传递指令的工具。但是，信鸽容易受到猎鹰的攻击，或被灵巧的弓箭手截获。别无他法，人们只能通过伪装来送信。但为了让信息不落入敌手，只能将其隐藏起来：由此诞生了密码学。

经典著述中记载了各种各样的技术。一个质朴但有效的方法是在送信人削了发的脑袋上写上信息，然后等头发重新生长出来，隐藏了信息后，将他派往目的地，在那里他被重新剃发，使收信人能够阅读信息。这种方式显然需要数月时间，造成极大的不便。

更为迅速的方法，是用刻刀把信息刻在小板上，然后用蜡将它覆盖住，也可以把牛奶或植物汁液用作隐形墨水，或将信息写在莎草纸或金属板上，藏在衣服或凉鞋里，等等。人们后来发明了用密码书写信息，比其他方式更为安全且隐蔽，甚至对送信者本身也保密。假如送信者不知道密码，即使受到了严刑拷打，也无法吐露分毫。战术学家埃涅阿斯于公元前4世纪中期撰写了《如何在围困中生存》(*Poliorcetica*)，在其中的第三十一章中，他提到了几种设密的方式。比如，发信人和收信人都用同样的方式书写和阅读密码，双方事先商定好密钥，或是只读取文中的某些特定字母，改变词语的元音，或是替换一些字母。就这样，人们发明了最早的加密装置，一般是刻字板、转盘和特定长度的棍棒。斯巴达人在公元前5世纪初期的波西战争中，便使用了这种棍棒作为加密装置。

罗马顺势而为，进一步完善了这些加密技术。恺撒在高卢战场上利用高卢人对希腊文一无所知，交替使用希腊和拉丁字母与单词对文件进行加密处理。之后奥古斯都仅按照字母表的顺序，往前或往后错开几个字母，就可以将前言不搭后语的文本转变成通顺的文章。

第四章　中世纪的暴力：铁、马、城堡与狂热

在中世纪晚期时的欧洲，由于人们对铁质武器的需求不断上升，产生了数量繁多且分工精细的小型冶金工业网络，足以承接16世纪火器的制造，也为之后海洋贸易的扩张，以及资本主义的诞生和发展奠定了基础，提供了必要条件。

中世纪时期，骑兵颠覆了罗马时期建立的军事秩序，压制了步兵，重新获得了重要的军事地位。入侵者大量使用骑兵是造成罗马军事失利的原因之一，虽然并不是最主要的原因。日耳曼人在短时间内将马匹推广到整个西方，将其作为重要的作战工具与劳力。此外，罗马陷落以后，人们撤离城市，回归田野，且加洛林王朝终结后，权力逐渐分散，使得马匹的潜力得到了前所未有的开发。马匹的大量使用对环境也起到了改造作用，人们开始大面积种植苜蓿，把它作为喂养马匹的绝佳饲料，而这一植物对于古罗马人来说等同于杂草，虽不至于有害，但也百无一用。这一转变意义非凡，凯尔特人约公元前5世纪将苜蓿引进欧洲，使得马匹不再与人分食（或竞食）粮食，降低了马匹的饲养成本。此外，在休耕地播种上这种豆类植物，不仅有利于土地恢复肥力，还可以防止杂草丛生，从而有助于农业的发展。

这是一个由农奴和封建主构建起来的新的社会秩序，在这一个农业社会中，人们的生活围绕马匹而展开。马匹对政治也起到了决定作用：由于马的饲养成本高昂，因此拥有马匹等同于拥有权力。于是，骑士称雄的时代浮现在我们面前，他们驾驭着马匹，用铁质兵器和盔甲建立了无上权威。在宗教的极力促成下，昂贵的马匹与金属，作为权力的象征，变得密不可分。

▶▷　马蹄铁、马鞍、马镫与盔甲

若要完全挖掘马的潜力，离不开两样重要发明的普及与改进。这两样发明紧密相关：马蹄铁和马镫。二者对于提升骑士实力，巩固封建制度的经济、政治和社会体系起到了重要作用。假如没有它们，贵族仅仅是有名无实，封建制度也会动荡不定。它们增加了马匹的价值，提升了马在战场上的威力，使封建主稳坐政治和经济权力的巅峰达数个世纪之久。这两样发明还奠定了中世纪时期的作战模式，有利于封建主巩固政治霸权，一并有助于整个中世纪价值体系的建立。

关于马蹄铁起源的时间和地点，众说纷纭且已无从考据。但是人们最初发明马蹄铁的动机却是一目了然的。马适应于软土平原上的野生生活，而不是用来进行拉运工作的。当人们使用马进行这些劳作的时候，尤其是用于一些特殊地面上时（铺石地面、多石区和极潮湿的淤泥地），马蹄很容易骨折，马会失去劳动能力。于是出现了看护和医治马蹄损伤的早期兽医，这虽能暂时解决问题，但总是靠医治损伤，也并非长久之计。由于气候原因，人们没有足够的饲料喂养马匹，在坐骑数量有限而又无法迅速替换受伤的马匹的情况下，马的损伤成为棘手问题。因此，在一些发达的、城市化水平高的初期社会，诸如古代中国、美索不达米亚平原地区、埃及和稍晚一些的希腊和罗马，人们设计了一些能够减小马蹄损耗、延长马匹使用寿命的保护措施。在城市化水平较低的游牧社会，人们拥有成片的草原和用之不竭的坐骑，而且很少用马来拖拽重物，所以这一需求并不凸显。鉴于每个社会都或多或少地需要马匹，最早的马蹄铁和马蹄保护装置传播的时间顺序已不得而知。然而可以确定的是，除了通过彼此交流接触而产生的传播外，世界各地都不一而同地迫切需要找到保护马蹄的方法。因此，马蹄铁也在各地被独立发明出来。

　　早在公元前1500年前后，人们就开始对马蹄采取了保护措施。一开始，人们用布、皮或草制成套子或袜子。然而由于这些材质极易受到损坏，几个世纪后，人们开始用铁做成凉鞋，用皮带或者钩子将鞋固定在马腿上。古希腊人和罗马人很早便开始使用这种凉鞋，但是它们非常不实用：在马飞奔时很容易脱落，而且成本高昂。此外，他们并不怎么将马作为战斗用具或拖曳装载的劳力，因此也没有必要推广这种做法。必定是像凯尔特人这样的"蛮族"或草原民族，他们的日常生活离不开马匹，才设计了最早的马蹄铁的雏形，并且将其普及到所有领域和活动中。儒略·恺撒在攻占高卢后，发现高卢马穿戴着原始的马蹄铁。其他的日耳曼民族也给马匹安上了马蹄铁，使得他们的坐骑相比罗马人的坐骑具有更大的灵活性，在所有类型的地面上，乃至在冰面上都能奔走自如。后来，人们不断完善马蹄铁的形状，改进将其用钉子固定到马掌上的方式。可以说，在公元400年前后，当日耳曼民族已经遍布整个欧洲大陆时，马蹄铁的使用已经变得极为普遍，成为这些需要驰骋于各种地面的战骑的基本装备。在8—9世纪，马蹄铁已然和当今的样式如出一辙，变成寻常物件，而且在这一时代还诞生了最早的说明手册。鉴于一匹没有安装马蹄铁的马在战场上几乎完全派不上用场，因此，所有骑兵部队都必须携带马蹄铁和蹄钉备件，保证在战斗中可以及时更换。但是钉掌并不是一件轻松且廉价的活计，只有政治和军事精英才能拥有。这一工艺需要熟习锻造的优秀工匠，每3个小时左右才能制作4个马掌。为一匹马钉掌，需要花费7千克的煤炭和2千克左右的铁。封建权力需要控制锻造工艺和铁匠，因为他们不仅为马匹造鞋，还制造矛头、箭镞、刀剑以及马蹄铁。

马鞍的发明人、起源地与诞生时间同样无据可考，它最初极为简易的版本可以追溯到公元前1000年。马鞍的发明人应该也是生活在欧亚平原上的民族（辛梅里安人和斯基泰人），他们需要在马上维持身体平衡，尤其是在马攀爬陡坡时，这样才能防止坠马。假如没有马鞍，缺乏经验的骑兵会有坠马的风险。骑兵的一只空余的手需要始终紧拽马鬃（另一只手则要抓住缰绳），双腿还需要紧夹马身两侧。骑兵越灵巧，马鞍越牢固，他们在骑马时双手御箭的能力就越强。一开始，人们只是在马背上垫一块毯子，不仅用来防滑，增加稳定性，还可以将骑士与汗流浃背的马身隔离开来。后来，人们逐渐添加了一些固定装置，比如绑在马肚子上的马肚带。这项发明很快从中亚传到了近东与中国，凯尔特民族在大约公元 2 世纪将其带到了欧洲。最初，每个民族对马鞍的接受程度各有不同。恺撒曾评论过，日耳曼人认为罗马马鞍不够男子气，他们宁愿高傲地直接坐于马背。但是不久后，日耳曼人还是发现了马鞍的好处，并接受了它。罗马马鞍在前后都装有鞍架，鞍架上装有 4 个把手可以用来抓握，所以当时罗马人把马鞍称为"角"。在中世纪时期，人们又在马鞍上装了小的靠背用来依靠和安坐，在前面加装了防护装置来保护生殖器。这样的马鞍提高了骑兵在马背上的稳定性，还至少帮助他们解放出了一只手，用来更稳定地挥舞兵器，不再惧怕坠马。

比马蹄铁更重要的一项发明似乎也出自亚洲草原的骑兵之手。我们仍不确知它到底是这些骑兵发明的，还是中国人发明的，但可以确定，中国人把它用作骑兵必不可缺的部件。这就是马镫。印度人早在约公元前 1 世纪就设计出了一种原始的马镫：他们在马鞍两边挂上绳结，可以将每只脚的大指放入绳结来提高稳定性。生活在更北边的草原骑兵们需要抵御严寒，穿着厚重的鞋袜，因此需要更大的工具。古代中国人精于冶金技术，他们锻造了带孔的铁质或铜质器件，可以让骑兵踩踏用以支撑。中国人于公元 3 世纪开始使用这种马镫，考古学家们在湖南的一座墓葬中发现了关于人们使用马镫的描绘，年代为公元 302 年。有了马镫后，骑兵可以脚踏其上，这样便有了更好的支撑点，可以用长枪进攻，更有力地用剑或锤打斗，还不容易坠马。此外，马镫还方便了骑兵上下马匹，帮助他们更好地利用膝盖和脚来控制马身两侧。草原游牧民族的一支——阿尔瓦人，他们在6世纪中期将马镫引入欧洲（匈人[1]在5世纪到达欧洲，但并未将马镫带入），自此这一发明迅速在欧洲普及开来。对于那些封建骑士来说，马镫正合心意，可以提升他们的攻击力。拜占庭国王莫里斯一世在他成书于公元580年的作品《战略学》中，已将马镫视为骑兵军团必不可少的装备（与马蹄铁一样），欧洲的其他军队在之后的一个世纪纷纷效仿。在公元8世纪，几乎所有民族都使用了马镫，赋予了骑兵前所未有的破坏能力。骑士们的武器装备也随即改变。人们将自上往下的击打武器（锤或斧）移到了第二轮，而将具有更强穿透能力的穿刺武器（枪或剑）设置在了第一轮；人们在枪尖后装上横杆，防止枪头刺入敌人身体后无法拔出。马镫进一步促进了欧洲的冶炼工业（以及矿业），为锻造更新更好的铁质武器、用具以及盔甲创造了条件。

日耳曼民族，尤其是法兰克人，都精通冶炼工艺。他们的战斧（著名的法兰飞斧）和剑的质量都声名远扬。所有战士都配备箭镞和枪头，而价格更高昂的剑则只有富人才能拥有。日耳曼人的产品质量优良，声名赫赫，所以他们禁止买卖这些装备，以防落入敌手，

---

[1] 匈人指古代生活在亚欧大陆的游牧民族，学术界尚未证明匈人与匈奴人同源。

比如维京人、匈牙利人和穆斯林。日耳曼人还发现武器的质量（刀刃、重量、耐久、韧性等），尤其是像剑这样更薄更贵的武器，其品质不仅取决于锻造工艺，还取决于所使用的铁和碳的质量，或者说刀片中的杂质成分。人们对各种武器、钱币、马蹄铁和农业用具的需求，促使人们竞相研究使用不同形制的熔炉，来锻造更优质的剑，几乎没有一个铁匠使用相同的配比。除了提升锻造技术，铁匠们还使刀片逐渐变细，过渡到剑尖，把重心向刀柄处靠拢，方便人们挥剑。这种设计将剑的重量降低到了 2 千克左右，使人们用剑更为得心应手。盔甲的逐步完善和防御性武器的改进，促使人们设计新式的刀片和刀刃，用它们刺入片甲的接缝处，而这种片甲是人们在中世纪后期发明的。

由于那时的战争主要基于铁质投射型和劈砍型武器，唯一的防御方式是使用同样材料的防护装备：进攻技术与防御技术相辅相成。从公元 5—6 世纪起，人们除了不断完善进攻性武器，还开始研制盾牌、头盔和锁子甲（由 25000 个铁环相互勾连而成），后来还制造了更坚硬的盔甲，它有更强的防护功能。锁子甲可以单独使用，也可以和其他铠甲搭配使用。有趣的是，锁子甲一直沿用到了 1918 年，被英国坦克兵用来作为防护装备的一部分。

剑、盔甲和锁子甲都十分昂贵，只有财力雄厚的骑士才能置齐整套装备。打造一把好剑需要近 200 小时的工时，加工锁子甲和盔甲则需要投入更多精力。随着采矿技术的精进，隧道挖掘能力的提高以及熔炉的改造，使用这些装备的群体规模越来越大，一些零件的制造成本越来越低，因而越来越多的战士可以拥有铁质护具。矿业的进步始于11世纪的德国萨克森和图林根地区的哈茨山，人们可以向更深处开凿硬石。基于这些新技术，人们还改善了隧道的通风与排水，提高了矿物的精炼技术。人们将采矿活动拓展到了原先收益不高的地方，显著提高了欧洲地区的铁矿开采量。冶炼技术的进步和生产成本的降低还促进了农业发展。从11世纪开始，带有犁壁和犁铧的铁犁，以及如镰、耙、锄、镐和铲等农业用具在欧洲普及开来，使得农业收益缓慢而不断地提高。

在中世纪后期出现的新式步兵武器，足以将全副武装的骑兵置之死地，例如威尔士长弓和弩，这使得冶金术不得不奋起急追，从而制作更厚实的盔甲。这些盔甲带有护板，装配更具封闭性且具有护眼装置的头盔，盔甲组件日益增多，逐渐演变成全身盔甲。当时为了便于其他骑士辨别敌我，双方相遇时会用右手打开各自的头盔面罩，这一习惯动作被保留了下来，并演变为国际通用的举手礼。这些在13—15世纪盛行的盔甲虽然都是由著名的工匠加工完成的，但重达30余千克，不仅在作战中造成极大的不便，还使骑兵连上马都十分困难。直到16世纪火药的到来，才使这种盔甲最终退役，尽管士兵们为了抵御弹片、石块、金属碎片和冷兵器，依旧使用着头盔和胸甲。

骑兵为他们强健的坐骑也加装了马具和铁质防具，重骑兵随即诞生。人们通过筛选马驹，选取强健且耐受力强的品种，可以承受其自身披带的盔甲和骑士盔甲的重量。公元 3 世纪时，亚美尼亚人、帕提亚人和萨珊波斯人最早为马匹装上了铁甲。后来，罗马人采用了这种铁甲的一些部分，而拜占庭人则将它们发扬光大，制造了一种被称为 "catafracto" 的铁甲，意为 "全覆盖装甲"。罗马曾在公元前 1 世纪败于帕提亚人，其中很重要的一个原因，便是受挫于帕提亚人的重装骑兵。后来，2 世纪初，图拉真在达基亚城对战此城的盟友罗克索拉尼人，正如图拉真柱上刻画的那样，罗克索拉尼人的骑兵也全副武装。经过这些战争的洗礼，罗马在哈德良统治时期创造了一种重甲，其拉丁语名为 "clibanus"，意为 "面包烤炉"，也许是因为士兵穿着铠甲所遭受的闷热的体验而得名。罗马人的仇敌也逐渐成为像萨珊波斯人那样的全副武装的军团。在公元 400 年前后，西方只有 3 支重甲骑兵，而在罗马帝国东部有 15 支，每一支军团都由 300 名左右的骑兵构成。东罗马帝国自然而然地继承了重甲的传统并将其发扬光大。骑兵训练极为严苛，因为他们那时还没有支撑双脚的马镫，却要用双手挥动近 4 米长的长枪。此外，骑兵们还要佩带锤和剑，齐肩并进地列阵攻击。

随着中世纪的到来，加洛林人和欧洲的其他骑兵越来越大量地使用铁质防具，阿拉伯人是唯一的例外。他们虽然也用锁子甲、头盔和盾牌，但对灵活性的要求更高。因此，他们的马匹和骑兵从不披挂过多的金属，这让他们在中东与十字军交锋时游刃有余。此外，重甲在炎热的气候下并不适用，且阿拉伯人的马匹也比欧洲人的马更灵活而小巧，使得它们从基因设定上就不适合承受盔甲巨大的重量。

在中世纪晚期时的欧洲，由于人们对铁质武器的需求不断上升，产生了数量繁多且分工精细的小型冶金工业网络，足以承接16世纪火器的制造，也为之后海洋贸易的扩张，以及资本主义的诞生和发展奠定了基础，提供了必要条件。这些小型工业甚至还达到了一定的精细程度，它们利用水力来打磨和连接甲片，这表明人们已经开始系列化地生产零件，这显然是几个世纪后加工链的雏形。冶金工业的壮大虽然是资本主义发展必不可缺的条件，但却并不足以促成资本主义的发展。中国是一个典型的例子，在11世纪中期，中国的铁产量为12万5千吨，是英国在18世纪末期铁产量的2倍，但因为当时的中国政权选择闭关自守，摒弃了经济扩张政策，导致中国经济发展停滞不前。因此，在接下来的几个世纪，中国的铁产量不断缩减，而欧洲的铁产量则不断上升。

另一样有意思的物件是弩，发明于公元前6世纪的中国，12—13世纪时臻于完善。弩为地中海区域的欧洲贸易保驾护航，人们只要在商船的瞭望塔上安置一些弩手，就可以轻易地阻止海盗船接舷。鉴于弩的致命威力，在1139年召开的第二届拉特兰会议上颁布的第29条法规规定，教会禁止基督徒使用弩、弓和投石索，否则将被判处逐出教会。这不过是在重申教宗乌尔班二世在 1097 年已提出的禁令，此后教宗依诺增爵三世在 1215 年再次重提，这表明这些禁令很少被人理会，尽管它们具有伦理价值，但是毫无实际意义。当时的权贵们试图阻止弩的普及，被抓到的弩手会被当场处决；后来，火枪出现，权贵们下令将火枪手挖去双目，斩掉双手。封建主、权贵，以及整套中世纪的统治体系，都无法接受一个下里巴人或者某个奴仆就可以让一名高贵的骑士落马，并将其随意杀害。权贵们要不惜一切代价垄断暴力的行使权，而途径便是禁止某些武器落入"下等人"手中。类似的伦理顾虑早已是老生常谈了：荷马早已指出过，这些作战方式能够在远距离决胜，而不再需要英雄主义式的近身肉搏，因此这种战胜并杀伤骑士的方法并不高尚。这些公文条款耐人寻味，很有可能算得上是当今武器限制条例的前身。

由于铁骑间的争斗往往夹杂着交戈之声、马的嘶鸣和战士的怒吼，加上漫天飞扬的尘土和士兵们戴着的头盔容易遮挡视线，因此战士们需要仔细确认己方军队领袖的方位，甄别设有营帐、布置增援和存放粮草的后方位置，才能重振旗鼓。自 11 世纪开始，人们高挂起彩色的军旗，用来指示这些信息。在这种需求下，权贵们纷纷制作了自己的军旗和盾徽，于是出现了纹章学。贵族们将这些标志和样式印到了马具、盾牌、盔甲和长袍等处，不仅凸显了每个贵族家庭的身份象征，还彰显了家族所崇尚的骑士精神。

在世界另一头的日本，炼铁术同样也达到了巅峰。早在武士出现前，8世纪时期的日本盔甲和日本刀已经具备了极高的工艺水平。日本盔甲是用铁和皮混合制成的（根据是否保护重要器官而定），用以防止重量过大。然而日本盔甲逐渐变得比当时欧洲的盔甲更沉重。从15世纪开始，日本人逐渐将盔甲减重，采用更简易而便宜的盔甲片，而那些更复杂、更奢华的盔甲只在仪式典礼中使用。日本铠甲的质量有目共睹，它可以抵挡住16世纪火枪手的火力。

▶ ▷　考究的拜占庭人：谍报活动、外交和希腊火

从7世纪开始，东罗马拜占庭帝国的处境变得岌岌可危。斯拉夫人、保加利亚人、波斯人、俄罗斯人、鞑靼人，尤其是后来的穆斯林民族——先是阿拉伯人，再是土耳其人——开始逐渐孤立这一古老的帝国，直到1453年君士坦丁堡最终陷落。几个世纪以来，拜占庭人不得不面对日益孤立无援的境地，这使它在敌人面前愈显弱势。此外，帝国的土地逐渐被蚕食，导致人口日益减少，无法组建大规模的军队。因此，设计与研究（科技领先的永恒关键）成为帝国为数不多的武器之一，弥补了兵力数量上的弱势，延缓了帝国的颓势。

情报工作是拜占庭人运用纯熟的军事技能之一。莫里斯一世

在他的军事著作《战略学》中早已强调过谍报工作的重要性。他在书中写道，只要熟知敌人的风俗、习惯和心理，即使对敌方军力一无所知，也能够赢得战争。谍报活动自古便已为人所用，准确的军事信息可以降低伤亡、投入和成本，因此弱国为了抵消敌方军队人数上的优势，会更多采用这一战略。和其他军事开支比起来，这一战略的运用成本更低廉，因此，拜占庭自建国之初就开始布局有效的情报工作网，并布置秘密情报人员，通过策划对敌方首领实施政治暗杀的手段，来达到协助己方取得战争胜利的目的。对这一当今情报服务的前身不必赘述，读者只要参照情报工作在如今军事冲突和反恐斗争中的作用，其重要性便不难理解。

外交手段是另一项需要善加利用的资源，它可算作是公开的间谍活动，也许是至今为止所有间谍活动中最优质的资源了。拜占庭利用贿赂、谄媚、频繁的政治联姻以及极富戏剧性的排场和仪式，令那些时不时被邀请到君士坦丁堡作客的敌人和友人印象深刻。拜占庭人将这些方式巧妙地融合在一起，来加强联盟、订立盟约或者化解危机。拜占庭派往科尔多瓦、加洛林宫廷和西方帝国的豪华代表团赫赫有名，这些代表团往往带着数不尽的奇珍异宝。说到底，这些都属于心理战，拜占庭在常规军力较弱的情况下只能借助于这种战术。

在军事领域，拜占庭极其高效地吸纳了上文所提的与骑兵战术相关的各种创新，还聘用了许多日耳曼和斯拉夫雇佣兵。拜占庭还建立了严密的防御体系，训练了优良的弓箭手和重甲骑兵，组建了训练有素的海军，借此抵抗敌人步步紧逼的侵略浪潮。拜占庭还承袭了罗马的工程技术，凭借纯熟的架桥技术来保障需要渡河的作战行动。在 7 世纪末，拜占庭最著名的发明威震天下，使拜占庭人在一段时间内保持了装备上的领先优势。这个发明被 13 世纪初期的十字军称为"希腊火"，它也许可以算得上是有史以来的第一件化学武器，数次拯救帝国于危难。

人们自古代起就使用燃烧武器和可燃液体来攻克城池和进行海战。火向来是规模最大的武器。它可以被用来点燃矛头、箭镞、标枪，或投石机的抛射物，进行远距离的投射，在杀戮敌人的同时，利用距离来减少自身风险，符合所有战士的作战原则。此外，人们广泛使用木料和绳索来建造房屋和机器，使火成为最有效的攻击利器，凡火之所及，一切尽将焚毁。这也凸显了火攻的风险，场面很容易变得失控，造成意想不到毁灭效果，例如损失所有想要获取的战利品，甚至风很可能将火势带到己方阵营，造成的后果不堪设想，而且往往难以预料。火攻的目标是将火的破坏能力准确引向敌方，同时避免无法控制的火势蔓延。

早先的化学家发现，从一些田间冒出的石脑油和石油具有极好的可燃性，是实现火攻目标的理想材料。公元前 500 年前后，叙利亚人和波斯人先后开始利用在美索不达米亚和高加索地区涌出田间的石油。修昔底德描述过一种原始的喷火器，人们用管道喷射硫黄、树脂和煤炭，帮助了维奥蒂亚人在公元前 423 年攻占第力安城。战略家埃涅阿斯在他的著作《如何在围困中生存》中，也提及了一种盛放在容器中的可燃混合物，在冲撞到目标时容器会被打破，随即着火并点燃导火线，火势难以扑灭。小亚细亚地区的民族、希腊人和罗马人早已知道石油和氧化钙的可燃性。它们逐渐被加工成威力更强的配方，即著名的希腊火，造成敌方更严重的伤亡。

阿拉伯人在 7 世纪时势不可当，在攻占了埃及、耶路撒冷、叙利亚、塞浦路斯、罗德岛和安那托利亚半岛大部分地区后，兵临君士坦丁堡。673 年，阿拉伯人围攻首都，情况不容乐观。阿拉伯舰队逼近城池，攻击似乎一触即发，几艘小船却在此时驶出城门，像要自杀似的冲向敌方，随即从船首冲出了几道火束，点燃了阿拉伯人的舰队并瞬间将它们化为乌有。希腊火现于世人面前，拜占庭取得了绝对的胜利。希腊火到底是什么？又是从何处而来？

此战的三年前，一位名为加利尼科斯的工程师从阿拉伯人治下的赫里奥波里斯逃出，前往并面见了君士坦丁四世，据传这位工程师带去了许多记载波斯和中国的文件。这位智者很快获得了政策和资金方面的支持，以及数以百计的仆从，每位仆从都必须宣誓守密。最终，这支队伍成功研制出了一项重要的化学发明，一种可燃的膏状混合物，由装设在小船（sinóforos）船首的若干金属管喷射到 250 米开外的敌船上，点燃他们的船帆、渔具和木质结构。拜占庭人先用小锅加热混合物，然后用泵注入空气，施加压力，同时利用阀门通过喷射嘴喷出这种混合物，并在嘴口用火点燃喷射物。希腊火的妙处有二：一方面它浮于水面，因此水无法扑灭它；另一方面，人们无法轻易清除这种物质，因为由它制造的火焰就像一种强有效的黏合剂，能粘在目标物上，唯有沙子或醋才可能扑灭它。人们可以将希腊火喷射到敌船上，或仅仅喷射到敌船身前或周围的水面上，它们会立即形成一道火障，最终毫不留情地吞灭敌方船只。希腊火类似于现代的凝固汽油弹，威力无穷。加利尼科斯的发明具有双重性，要将这种物质喷射到几百米开外，就需要革新——他对亚历山大城的克特西比乌斯在公元前 3 世纪发明的压力泵（或虹吸管）进行了改造，制造了新的推进器，利用压力将这种混合物喷射出去。这位拜占庭智者不仅发明了喷火器具，还发明了具有黏性的火焰。

数个世纪以来，人们对这种希腊火的配方一直争论不休。保密性、传说和配方的失传（假如真实存在纸稿的话），愈加为这一发明增添了神秘感，许多现代军事学院都以试图能复制出这种混合物而自娱。此外，希腊火被沿用了数个世纪，配方必然不是一成不变的，也许合成物发生了变化，也许配比发生了变化，因此这一武器必然有许多不同的改良版本。可以确定的是，希腊火肯定含有硫黄、树脂、石油（石脑油）、焦油、硝和氧化钙。一些学者认为一些配方中含有橄榄油、磷，乃至人的尿液，也有学者认为绝不可能含有硝。氧化钙使物质达到高温，在接触到水时自燃，成为海战中的理想武器。硝受热后释放出大量氧气，极大地促进了燃烧。

君士坦丁堡拥有完善的城墙，从陆上近乎无懈可击，因此进攻者只能从海路着手，而希腊火在海上起到了强大的防御作用。在随后的几个世纪，拜占庭舰队以此战胜了企图进攻帝国首都的俄罗斯和阿拉伯人的各支军队，并将军队集中到对陆地边境的监控上。其他各个民族都争相效仿。几个世纪以后，萨拉丁的士兵也采用了相似的武器来对付十字军，用若干管道向十字军喷射石油、树脂和硫黄的混合物，这可以算得上是原始的火焰喷射器。这些操控喷火器并受到防火物质（铝）的保护的士兵被称为纳法丁（nafatinos）。不久，人们发明了火药，它具有更大的破坏力，终结了人们继续探索可燃性配方的兴趣。一直到 20 世纪，人们才重新重视起喷火器这一创意。

基于希腊火，人们还发明了可燃炸弹，并将它们运用到陆地上，围攻城堡、点燃房门或屋顶。这是一些装满相似配方的瓶和瓦罐，一般要装上导线才能被点燃，因此它的威力和影响远不及海上的烈火。这种可燃炸弹称得上是中世纪的莫洛托夫鸡尾酒（当代的一种汽油弹）。

▶▷ 围攻战：老式机器与新式城堡

随着加洛林帝国势力的瓦解，东欧自9世纪开始出现了许多城堡，领主们建造城堡来抵御维京人、马扎儿人和穆斯林民族的入侵。中央集权的削弱使领主们或互相争斗，或与试图将他们约束到臣属关系中的君主博弈，各方进入到了军事对峙中，城堡成为捍卫领土必不可少的要素。

最初建造起来的城堡几乎都是木质的，一般都造在岩石地基上，或是古罗马城墙的遗址上。人们把城堡建在压实的山坡上，并用木桩围起来，这实际上不过是仿制了古罗马的防御营地。10世纪开始，人们开始逐渐采用石块来建造城堡；自11世纪开始，已完全采用石块了。石质建筑能更好地抵御火攻和传统围城武器的攻击。人们不断扩大城堡的面积，改进城堡的设计，使其获得了更强的防御能力。直到12世纪末，围城工具和防御技术都未有任何创新。人们不过继承了古罗马的工程技术，或者说是重新掌握了他们的技术。在公元1200年以前，唯一一项略有意义的创新，可能要数重力投石机的发明或完善（或应该称为重新发明），它可以将重量更大的石块（150千克）投掷到更远的距离（300米），尽管这些数据在今天看来可能不值一提，但在那时却是一项巨大的进步。守城者只能不断地堆高城墙，将城塔外墙改造成圆形。这些改造技术都源自圣地耶路撒冷，能够更好地承受石块的撞击。

重力投石机虽然不见于古希腊和古罗马，但似乎在古代时期的近东地区已经出现，为亚历山大大帝和后来的阿拉伯人所用。

一场全面的围攻战，意味着使用上百台围城机器，需要上百名熟练的伐木工匠协同工作，还需要人们在战场周边大规模地砍伐森林，获得上千根树干以备使用。在近乎不能称其为路的地方运送这样沉重的机器几乎是不可能的，因此人们一般就地生产，而且假如这些木质机器在作战过程中没有被守城者的战火烧毁，便在战后将它们拆除，循环利用木材。人们也建造了一些可以改变河流流向的工程，用来截断防御者的水源，或使其护城河干涸。攻城者可以进一步填塞保护城墙的护城河，或建造斜坡来逼近对方的防御前沿。各位读者不难看出，这些攻城方法与罗马人的方法如出一辙。

人们利用了自 11 世纪起从采矿实践中所得的科技进步，在坑道挖掘领域取得了突破。城墙的弱点在于它的地基，甚至很多时候人们都不建造地基，只在压实的土地或者毛石上筑造城墙。假如围城机器不能靠近城墙来推倒它，那么另一种方法是从地下挖倒城墙。新的隧道挖掘技术可用于实现这一目标。掘开地基，使城墙崩于一点，就可以成功使石头城墙出现裂缝。工兵带着镐铲，或在抵挡守城者投石的防护下挖掘，或通过数米开外开始起挖的地下坑道来挖掘墙基——最理想的情况是守军不知道工兵的目标是哪处城墙——同时保持用木梁来支撑隧道，防止坑道坍塌。然后，工兵会在城墙下的隧道中填充燃烧物，并点燃这些燃烧物使隧道倾塌，这样隧道上的城墙也会随即崩塌。有时挖掘的目标仅仅是为了从地下绕过城墙，打通一个通往城堡内部的通道，用来对那些毫无防备的守军进行突袭。

为了防止敌方挖掘隧道，防御方试图将城堡建在坚固的岩石上，或是在城堡周边深挖护城河或护城沟壑。此外，防御方还采取了若干反制措施：挖掘反坑道，这是由守城者从城堡内部挖出去的地下通道，用来阻截袭击者；或者在敌方隧道下挖掘来使其坍塌或受到破坏（有时也会演变成只有鼹鼠间才会有的地道战）；抑或在受到威胁的地方加筑一面城墙，这样攻城者在推倒一面城墙后，又会遭遇另一面墙。守城者也会将盛满水的容器埋在土中，水的波纹可以揭示所有地面下的行动。所有的这些进攻和防御工程都需要木匠、铁匠、石匠等数十名能工巧匠的协同合作，因此也促进了当时这些行业的发展。在和平时期，这些专业人士带着更丰富的经验和更高的声誉回到市民生活中，他们的生意越来越红火，为他们居住着的城市的生活带来了积极影响。那些建造桥梁和高大的哥特式教堂的工匠，在战争时期最受到领主的青睐。领主们求贤若渴，不仅偿付工匠们固定的收入，而且假若获得战争胜利，还赏赐他们一定比例的战利品。

从13世纪开始，防御工事的建筑工艺发生了重要变化。这主要是由于十字军在圣地作战时需要进攻百余座城堡，因此不得不与当地的工程师合作。借此，十字军接触到了东方的工艺。几千年以来，那里的居民从不采用木料（它们由于气候干旱而十分稀少），而是用石头作为原材料，来建造城堡和要塞。他们还采用不同的材料层来建造城墙，提高其韧性及抗震性。许多东方的工艺后来都被移植到了欧洲，帮助欧洲建造起了更庞大、更坚固的建筑。在十字军东征前后建造起来的城堡规模大有不同，那些两三层的城墙的长度也发生了极大的变化，以此我们可以推断出这些新的设计明显来自东方。轻微向内倾斜的新式城墙（倾斜城墙）明显也是受到了东方的启发，城墙与地面不再成 90 度，而是倾斜 85 或 80 度，这样的设计可以有效阻止攻城塔的搭靠，同时还不会阻碍守军侦查城墙底部的情况。人们还采用了相同的技艺建造圆塔，使守军不再有视线死角，而且还能更有效地分散敌人抛射物的冲击力，从而更好地抵抗冲力。这些新的设计需要人们加固和拓宽城墙底部，使得地道挖掘变得十分不易。圣地地区大量使用石料，而不使用木料的建筑工艺，因此他们通常采用内部拱顶。他们的城堡通常比欧洲的更为厚重，更耐火攻，而且高而开阔的台面可以作为理想的作战平台，用来架设反攻机器。这些创新是不同地区防御性建筑工艺的结晶（东方的、拜占庭的和穆斯林居住区的）。也许叙利亚的骑士堡更完美地呈现了这些新式的建造工艺。医院骑士团（马耳他骑士团的前身）和其他十字军团将这些新的设计带回欧洲，改进了许多老式要塞的设计，提高了这些要塞的防御能力。

自 13 世纪开始，带有更高、更宽且更复杂的防御工事的要塞在欧洲俯拾皆是。城堡越来越宏大，带有数圈同心圆式的城墙和越来越高的圆塔。这同样意味着人们需要发展新的技术，发明破坏力更强的围城机器。事物的一面取得了发展，那么另一面也需要及时回应。在整个中世纪时期，这一相互作用的过程从未间断，促进了科技竞赛，而在这场竞赛中，各路工匠们同台竞艺，正如前文所述。

▶▷ 意识形态的力量：以上帝之名杀戮

公元 325 年，君士坦丁大帝于第一次尼西亚会议上将基督教定为国教，自此，他们的战争与基督教开始变得密不可分。王冠和教皇冠为共同的事业而联手，在维护其政治与社会特权的道路上齐头并进。起初，像日耳曼民族这样有着多神信仰或非基督信仰的民族的入侵，会在短时间内削弱宗教的影响；但后来，连他们也信仰了基督教。在 8 世纪时，基督教已占据主导地位，成为那时政治和社会生活的轴心，成为人们意识形态的唯一基础。

教会鼓励臣民服兵役，向他们灌输这是他们对领主应尽的义务，假如不履行这项义务，便等同犯下了罪行。在许多情况下，主教和修道院长都把他们的信徒当作战士，带领着他们共赴战场。宗教领袖们不断重申着自己的职责是与邪魔做精神斗争，而贵族们则在尘世中与邪恶抗衡。在这样的分工协作下，圣人变为各个军队的守护者和利器，而许多宗教神职人员都随着国王和贵族的军队一起出征，为他们建造精神壁垒，或者说提供作战动机。宗教元素在每场战役中都不可或缺：战前祈祷、忏悔、授予圣职，战时则列队游行、高举战旗和圣人图像，战后则举办庄严的葬礼，但凡是基督教徒，即使是敌人，也要为其死亡举行忏悔仪式。正如征服者威廉在黑斯廷斯战役后，在他的敌人哈罗德国王阵亡之地建造起了巴特尔修道院，这样的赎罪行为有数百例可循。士兵们信仰天国，将其作为支撑力量，才能为了领主和上帝而热血奋战。

假如敌人是不忠不信之辈，那么作战理由就更为充分。在精神动力的支配下，数以千计的志愿者加入了十字军，向圣地进发，若不是这些将士们认为此行可以豁免一切罪行，获得永恒的救赎，那么这一切都不可能实现。除了经济和政治原因以外，如果没有狂热的民众，便不会发生占领圣地那样的大规模战役。一道道的军令将修士变为士兵，又将士兵变为修士，完美地阐释了军队和宗教是如何融合在一起的。

在伊斯兰世界也同样如此，只是情况恰恰相反，与基督教作战而亡者，即可升得天堂。他们同样发现了宗教对士兵作战意识的推动作用。先有埃及的马木留克军团，后有奥斯曼帝国的加尼沙里军团，他们的作战能力超群，主要应归因于自小被灌输的宗教热情。马木留克军团和耶尼切里军团（也可译为耶尼切里新军或土耳其新军）的士兵本都是一些基督教地区、希腊的孩童或奴隶儿童，受降于战争胜利方，而后信仰了伊斯兰教，从小被灌输要绝对服从命令，学习作战知识。他们失去了家庭，脱离了原先的宗教和文化，使他们更容易融入一个接纳他们，并为他们提供家的庇护的新环境中。后来通过"德夫希尔梅"或称为"儿童税"的政策来规定士兵的征募，这一政策逐年变化，主要是强制基督教徒家庭每15年要从5个孩子中交1个孩子给国家，然后选用这些孩子中的一部分来填充耶尼切里军团。耶尼切里军团由奥尔汗一世在1330年所创，是一支纪律严明且威力十足的步兵军团，领取公共财政中拨款的工资。士兵们一生从戎，受到拜克塔什教团的德尔维希（由波斯语中的"derbi"译来，意为乞讨者）的教规影响，组成了一支神秘的军团，即伊斯兰的圣殿军。耶尼切里军团在其巅峰时刻达到了近20万人，军团首领作为政府9位高级官员之一，受命于维齐尔，担任苏丹的顾问。军团士兵的孩子通常也必须子承父业，投身戎伍。

于是，在中世纪出现了一种新的作战方式，或者说在传统的经济驱动以外，出现了一种新的动力，其特点是士兵全然视死如归。人们不再仅仅为了战利品或财富、生存本能、荣誉、职责或骄傲而战，而是为了更崇高的事业而战，它可以带来永恒的赎救，或永世的惩罚。动机乃是一切。士兵们认为天堂可以补偿并奖励他们，怀揣着这样的想法，他们可以慨然赴死。士兵们拥有了前所未有的驱动力量，变为最具威力的利器；狂热主义应运而生，成为比单一的铁和马更有威力的战争武器。这一狂热主要受到士兵团体中最底层和最贫穷者的推崇，他们自然也是文化层次最低、武器装备最差的群体。这一宗教武器可以弥补武器装备的落后。有着盲目信仰的士兵更容易受到高级神职人员的操控，这些神职人员总是与贵族一道，与军队为伍并统领军队。宗教除了可以前所未有地动员士兵奋勇献身以外，还能作为后来歼灭平民和敌军的论据。结论显而易见：假若没有宗教力量，那么中世纪的士兵不可能如此高效。在此以前，人们从未抱着这样的献身精神和热忱来残杀他人与自我牺牲。

红十字军与阿尔比派在 13 世纪的战斗十分具有启示及示范意义。十字军号称为护卫宗教而战，名正言顺，士兵们被抹杀了一切同情心，以上帝之名来定夺老弱妇孺的生死。他们原本囿于屠杀民众的道德束缚，这一行径在其他时候向来是被教会严厉制裁的。大主教、教皇特使阿纳尔多·阿马尔里克在这次红十字军征战中，发现了士兵们因为无法辨别民众是否是异教徒，而对大肆残杀犹疑不决，于是说了一句名言："你们尽可一网打尽，因上帝将识别我方。"因此，对异教徒的歼灭变得天经地义（随即变为对政见不合者的屠杀，而政见不合者也多半持有宗教异议），同时教会为了侵吞异教徒的财产，还不忘为此行径制造道德和法律上的庇护。

士兵们怀着对宗教或对其他事业的狂热而前赴后继，这种狂热穿越了中世纪直达今时今日。假如只需要组建一小支军队，一年只打几次小仗，每个士兵都能获得丰厚的收入和战利品，那并不需要过多的意识形态建设。但是假如要维持一支由数十万人组成的军队，士兵们收入不高，生活条件艰苦，那么必须建设一套自我说服的心理机制。16世纪的宗教改革后，欧洲的战争仍然受到强烈的意识驱动，士兵们的战斗性不断被激发，承受能力不断提升。宗教蛊惑了成千上万的士兵，使他们无法察觉到战争背后真正的政治和经济动因。16—17世纪的宗教战争使士兵们变得肆无忌惮，战争为他们对异教民众犯下的所有暴行提供了借口。由于军队可以居住在他们扫荡过的地界上，部分降低了维持军队的庞大开支，战争滋养了军队将领。这一意识形态的外墙需要不断强化加固，因此在军队中教士和牧师的人数经常会超过军医，宗教旗帜和圣人画像一般都多于火器数量，士兵们将更多的时间投入《玫瑰经》的唱诵、聆听布道和举办弥撒中，而不是用来进行军事训练。举个例子来说：在公元1534年，每个西班牙军团都有13个随军牧师，却只有3个医生兼理发师。各国都对宗教十分重视，例如西班牙和英格兰，这两个国家信奉不同的教义，双方于1604年签订的和平条约中包含了宗教条款。在这一由菲利普三世治下的西班牙和詹姆士一世治下的英格兰签订的和平条约中（《伦敦和平协议》），有一例条款规定所有在西班牙领土的英国人都必须向圣母和耶稣像跪拜和行礼。如今的我们看来也许有些幼稚，但是在那个时期假如有违条款，则有可能破坏国家关系，也可能把一些倒霉鬼送上断头台。

直到18世纪后，宗教热情才慢慢丧失了驱动战士作战以及团结士兵的作用。但是人们已知作战动机是大众部队和义务军不可缺少的元素，有了作战动机，士兵们才能发挥战斗力、遵守军纪，并有望取得胜利。因此，18世纪末到19世纪，自由主义革命思想、政治理念和民族主义取代了宗教思想，起到了鼓舞和团结兵士的作用。在其他文化中，比如20世纪的日本，这些新式思想与特殊的荣誉制度相互融合，形成了武士道精神。向敌人投诚是一种极端懦弱和荣誉扫地的行为，是无法容忍的，与其投诚，不如选择死亡。同一世纪，无论是第二次世界大战中对阵的军队，还是后来冷战意识框架下的争端，或者阿拉伯—以色列战争，都需要加强对士兵的政治和思想形态的塑造，使他们变得更英勇奋战。阅兵、旗帜、供奉烈士、进行曲、军服、步调、鼓点、常规及有节奏的行进、列阵、军乐、爱国主义等一系列的军队规范，从古延续至今，一直提醒着军人，他们属于一个特殊的阶级，他们卓尔不群，高于其他普通民众。仪式滋养了人类不理性的一面，使个体随时为了"祖国"而献身和屠戮，并将个体变成完美的战士，完全服从命令，而不会总是质疑命令合适与否，甚至拒不服命。

人们掌握了如何将战争变为十字军征战、变为宗教名义下的"圣战"的心理机制，并用这种心理机制来使士兵们感受到自己责任的神圣，于是上述的献身精神和意识协同便在中世纪应运而生了。从那时起，这种意识形态开始普遍根植于各国军队中，这一现象甚至延续到当今世界，虽然科技已经足以减少战士的数量。矛盾的是，在当今21世纪这一科学与技术的年代，在18世纪几近消失的宗教动机又死灰复燃了，经恐怖主义之手重新跃上了擂台。这说明物质的进步不总是伴随着精神的进步，我们在书的末章再详述。

▶ ▷ 成吉思汗，文艺复兴的先行者？

那些后来被运用到社会生活中的军事领域的科技创新和贡献，并不都来自复杂而发达的先进社会。如我们在前文中所见，那些与骑术相关的进步都源于草原上的游牧民族（辛梅里安人、斯基泰人、阿瓦尔人等）。这些民族都相对落后，没有复杂的社会结构，他们在后来的发展进程中也作出了令世人瞩目的贡献。13世纪初的蒙古人劫掠无数且凶残暴力，却对人类的发展作出了十分有益的贡献，对政治和经济的发展起到了重要的影响。蒙古人作出的贡献如此巨大，以至有人认为，假如没有蒙古人和成吉思汗，欧洲的文艺复兴和随后的经济发展都无从谈起。

成吉思汗不仅充分利用了几个世纪以前便已为人所识的草原

骑术，还吸收了中原地区千年的定居文明而为己所用。他集合了所有科技创新，并将其与游牧民族和定居民族的一些政治理念结合在一起，创造了一个井然有序且幅员辽阔的帝国。他还是一位能够操控士兵心理的大师。成吉思汗知道，要使军队团结，使士兵们奔赴战场，必须为他们树立开疆拓土的目标并许以战利品，以此来消除蒙古各部落间的内部矛盾，这一直是他们的顽疾。为了将所有部众集合在一起，赏罚分明的制度起到了决定性作用。铁一般的纪律也起到了关键作用，怯懦和不服从者会被立即处以死刑，不仅仅他们个人，他们所在集体的全部士兵都将被判处死刑。集体中所有人的生命和财富都取决于每个个体的勇气，于是所有士兵都奋勇作战，誓死效忠。

蒙古士兵穿着动物皮毛来御寒，用上了漆的皮革作为轻质盔甲。在皮甲下通常会裹着厚厚的丝布，方便取下完整的敌箭（可视为原始的凯夫拉防弹衣），这可谓是蒙古人巧妙的发明。所有的士兵都驱马而行，保证了军队的移动性及独一无二的速度。不仅如此，每名士兵都会携带三四匹备用马，轮流骑驾来防止马匹疲劳。他们通常使用母马，不仅因为可以取马奶饮用，还因为母马更温驯；而公马在发情期时，如果闻到了母马的气息，会变得难以掌控。不论是马匹还是骑兵都不穿铁质盔甲和防护装备，这使军队更具机动性。复合弓是蒙古人传统的进攻武器，每个骑士都携带两张弓和箭筒，每人可带80多支箭。他们从小学习骑射，在200米开外便可以射箭击穿盔甲和锁子甲，置敌人于死地。他们将马刀和斧锤挂在马鞍上，还带着使敌人坠马的带钩长枪，以及用马鬃编的长绳。当蒙古人开始了他们的征程后，发展出了两种不同的骑兵：一种如前所提到的轻骑兵，另一种为重骑兵。战役一般分为两个阶段：在战争的第一阶段，排在前列的轻骑兵持续发射箭雨来消耗敌力；在第二阶段，重骑兵向已被削弱了的敌军冲击。蒙古人体型小，所以他们扬长避短，从不采用近身肉搏，更不会下马作战。弓箭与马匹决定了战争的胜负。

蒙古人开创了一个前所未有的广阔帝国，物流于其中起到了关键作用，蒙古人在这方面可称得上是创新者。箭是基本装备，数百计的骆驼扛着上万支箭，与负责射箭的骑兵一同前行，保障箭支的不间断供给。士兵的艰苦朴素有利于军队的管理。他们主要以牛奶、奶制品、肉和一些谷物为食；在走投无路时也会饮用马血，但从不伤害马匹生命。他们将基本的必需品放在坐骑和马车上随军同行，假如供给不够，他们也会建造存储供给品的仓库，还在其中配置备用马匹，这些仓库也被用作提供通信服务的驿站。借此，蒙古人可以建立起快速的信息传递机制，这也是经营一个庞大帝国所必不可少的。蒙古人十分重视传递信件的士兵，他们比任何士兵都有优先权，无论军级多高，都需要为递信士兵提供马匹，并为他们提供充足口粮。在帝国的要道上，几乎每40千米或50千米就会有一处驿站，递信士兵可以在此更换马匹、养精蓄锐，或者在此与其他士兵交接材料，并由接替者将文件送往目的地。一些欧洲的旅行家还言之凿凿地描述说，这些送信的士兵甚至可以在马背上睡觉。由于拥有这一令人称道的物流和通信系统，在几天内，信息便能被送往帝国的任何一个角落。

蒙古人创造了一支无坚不摧的劲旅。他们的制胜关键是高速机动的骑兵部队及娴熟的运弓能力。他们还利用了中原制造的围城机器和手工匠，由此向世人呈现出了一支有着万般神通的军队。中世纪时期，这支军队无疑在欧洲和亚洲都足以称雄。他们的威名如雷贯耳，许多人都认为蒙古人所使用的兵贵神速的战略乃是第二次世界大战中闪电战的前身。

成吉思汗的军事和领导才能令人称道。他的一项突出的能力是面对出其不意的挑战能够随机应变。据传，有一次他在久攻不下一座中原的城池时，突然想到了一条妙计。成吉思汗派人对中原的官员说，如果他们交出城池中的所有鸟和猫，大军将即刻撤围。尽管官员对这一要求感到十分奇怪，但仍然松了一口气，并交出了这些动物。孰料成吉思汗并不想撤退，他在抓来的上千只动物的尾巴上系上布条，点燃布条后把它们放回去。这些受了惊的动物向城中的巢穴狂窜而去，引起了噬人的大火，城里的居民不得不打开城门以躲避大火。

蒙古将士们自小便对冷酷习以为常，并且将其视作有效的武器，正如亚述人一般，他们用凶残的手段来恫吓居民，使他们因害怕受到屠戮而自觉开门投诚。将士们对士兵同样采取这种手段，好让他们遵守军纪并互相团结。他们对敌人尤其冷血无情，以此提高作战效率。在进攻定居民族时，他们丑陋凶悍的相貌、浓重的体味与出其不意的进攻，更是令军队无往不利。他们骑着马匹悄无声息地小步前行，不用呼喊来下达命令，只凭那些旗手的指挥行动。只有在非常靠近敌人而进行最后冲击的时候，才会发出地狱般的吼声来震慑敌人。他们令人胆寒的恶名，帮助他们赢得了大大小小的战役。这些战术都有其成因，它们恰恰与成吉思汗想要降低己方伤亡的利益相吻合。蒙古帝国的人口不多，仅仅200万人左右，因此需要避免那些会造成大量伤亡的长时间、损耗大的战役。蒙古人十分注重情报工作，用以了解敌方的防御情况、找到突破口和道路、找寻喂马的草场等。间谍们一般都藏匿在商队中，以便其执行任务。在战场上，间谍们试图将敌人引向他们设置好的逃跑路线。为敌人留一条后路，可以避免敌人的殊死搏斗，大大减少己方人员的伤亡，也有利于之后的追击。在这方面，迅捷的蒙古人总是胜人一筹，而且能够毫发无伤。这可谓印证了那句古语：为溃败奔逃的敌人备一座银桥。

值得一提的是，在蒙古人发起的最后几场重要战役中，他们攻陷城池更是不费吹灰之力。一方面是因为他们采用了中原的围城机器、雇用了中原的工匠，改进了他们的攻城技术；另一方面也因为他们对所攻占的城池残忍至极。如果某个城池试图抵抗，那么整个城池中的抵抗者都会被枭首；如果一座城池投降后叛变，那么就连妇女儿童，甚至猫狗都不会被放过。一座座城池接二连三地大开城门，他们知道，只有臣服并供奉蒙古人才能获得赦免。假如蒙古军队的主要将领或成吉思汗的亲人，在某个战场上遭遇不幸或意外身亡，那么对所有活物的大清洗在所难免。在这些屠杀中，只有手工匠和学者才能幸免于难，他们会沦为奴隶，为蒙古人效力。有时，为了确保所有人都遭到屠杀，蒙古人会先佯装撤离；藏匿起来的幸存者回到家后，会碰到迅速折回的蒙古军队，惨遭屠戮。蒙古军将领们会主持枭首仪式，割下来的头颅会被堆成恐怖的金字塔。他们会让少数几个活口奔逃到其他城池，告知这些城池中的居民如若不降的后果。

蒙古人还采用了更惨无人道的战术。为了攻占城池，他们会强迫附近的居民充当军队的先锋来进攻城壕和城墙。蒙古军队用武器抵住平民百姓的背部，有时会让他们穿上蒙古样式的衣服，举着蒙古军旗，这样守城者定会毫不犹豫地向他们发射箭羽。尸体填满城壕，也让守城者精疲力竭。首轮冲锋结束后，那些被作为先锋的平民假如存活下来，也会被枭首。一则事实耸人听闻：在蒙古人最后攻占的地区中（当今的阿富汗、乌兹别克斯坦、伊朗北部和土库曼斯坦），五分之四的人口都被歼灭了。成吉思汗的军队用较少的伤亡，获得了广阔的领土，这正是恐怖政策的终极目标。尽管骇人听闻，却十分奏效。

虽然蒙古人只知从游牧民族的角度考虑问题，但是他们的管理行之有效，促进了经济、教育和文化的发展。成吉思汗大字不识，也从未费心学习读写，但他不遗余力地把发誓效忠于自己的参谋和文书人员引入自己的宫廷，这些人甚至多次成功规劝了成吉思汗调整对战俘的残忍政策。一些人谏言，城市的藏书阁中藏有许多秘密和知识，成功说服了成吉思汗，使它们免遭被付之一炬的命运。这些文人使大汗发现，与其一视同仁地杀死降者，不如留住活口，向定居和农耕民族收取财产税和钱财。这些知识分子逐渐组建起了帝国必不可缺的行政管理机构。为了提高帝国的运行效率，蒙古人部分废除了继承制，而采用了举贤制，那些最忠诚、勇敢、有才能的人才能掌握权力。蒙古人还表现出极高的学习热情，旅行者们常常受到热烈的欢迎，蒙古人会向他们了解其国家、国王、宗教（蒙古人在这方面非常开放且包容），讨教他们携带的物品，还热情地款待他们。然而蒙古人不太懂得讨价还价的艺术，假如商贩不接受他们的开价，他们会将所有的商品全部征缴。这些商贩们很快学会将商品全部敬献给蒙古将士，因为这样可以获得价值更高的皮草和珍贵物品。口口相传之下，商贩们争相奔赴士兵们的营帐，向他们表达自己的诚意。通过丝绸之路，拜占庭与东亚地区的贸易往来达到了前所未有的规模。

矛盾的是，这一贸易繁荣应归功于成吉思汗在从里海沿岸到东亚沿海这一地域上所施行的铁血统治，他的统治还终结了世居于这块地域上的、成百上千个民族和部落间连绵的战争，为商贸往来提供了无与伦比的安全交易环境。他们向西方的拓展，使西方史无前例地近距离接触到了中国文化。丝绸之路成为商品流通的坦途，使不同的宗教和文化在此自由且包容地相互对话。这种"成吉思汗式和平"对战俘极其冷血的情况，最终在他的继承者那里得到了缓和。成吉思汗虽然是个粗人无疑，但却敲开了文明的大门，使草原上的民族逐渐融入文明社会中。

以杰克·威泽弗德为代表的历史学家们认为，成吉思汗建立的帝国为欧洲的发展提供了条件。他和北京大学的一些老师们都认为，这一新的帝国为商业发展保驾护驾，使欧洲接收了许多来自东方的发明，对不久之后文艺复兴的到来起到了关键的促进作用。他们的观点不无道理，通过丝绸之路，欧洲接收了大量的皮草、纸张、早期的印刷术、火药、算盘、指南针，丝绸之路达到了前所未有的繁荣，贸易往来的加强促进了欧洲的商业繁荣。在这些或多或少的、有着重要意义的具体物品和发明以外，光凭亚洲的存在就使欧洲人认识到了另一种文化事实和另一个商贸中心，促使众多的商旅和传教士前往东方。东方和蒙古不是只出产恶贯满盈的野蛮人，还是财富的源泉。被宗教垄断着的、闭塞而黑暗的中世纪世界开始打开了大门。如果没有残忍至极的蒙古帝国将这些外界刺激因素带到欧洲，那么印刷术的发明和文艺复兴也许会姗姗来迟，随后地理大发现的年代也许将同样滞后许久。13世纪末以后，在欧洲市场上来自远东的产品琳琅满目，甚至火药也提前来到了欧洲。随着商贸往来，两个世界的君主们彼此的礼品交换也日渐频繁，双方对于穿着、音乐和装饰品的喜好与流行也发生了变化。通过开放的贸易往来，来自东亚、波斯和中东的新品种的食物、新式的工具、新型号的战争机器也随即到来。欧洲经济开始被激活，这离不开成吉思汗建立的政治和经济稳定。这又是一个悖论：一个基于乱世的帝国，为人类带来了知识与益处。

公元1227年8月，成吉思汗逝世，死因不明，逝世时70多岁。他建立了有史以来最庞大的帝国，帝国疆土从里海延展到太平洋，从西伯利亚绵延到印度河流域北部。他还留下了上千子嗣，在娶妻生子上也留下了传奇。亚洲大陆的绝大部分都归其所有，他希冀自己的继承人能维护帝国的统一。统一一直延续到成吉思汗的孙子忽必烈，他建立了元朝，为威尼斯旅行家马可·波罗提供了庇护。

一个世纪以后的14世纪，另一个蒙古军事首领降世了，尽管从语言和文化上应算是土耳其人，而从宗教信仰上看是穆斯林，他就是帖木儿。与成吉思汗一样，帖木儿也用残暴来使其征伐的土地臣服，他开疆拓土的基础也是骑兵和复合弓。他的军队横扫黑海、俄罗斯南部、印度，统治了如今的巴基斯坦、乌兹别克斯坦、阿富汗和伊朗。他还攻占了伊拉克、叙利亚，攻击了奥斯曼人，间接延缓了君士坦丁堡的陷落，这使基督教徒们把他视为盟友，争相与他交往。与他的先祖一样，帖木儿也大字不识，但是同样对异邦文化兴趣十足，他重视专业化的农业、艺术、手工艺和商业的价值，可谓是继承了成吉思汗的衣钵。但与其先祖相反的是，帖木儿是一名劫掠者，从未试图建立一个具有可持续性的国家体系（有数据统计显示，他的征战造成 1 千 7 百万人的死亡），因此最后他的帝国土崩瓦解得更为迅速。

第五章　战争的科技突破

火药是 17 世纪推动文艺复兴思想和科学革命的因素之一（还有印刷术、摆钟、纺车和高炉）。随着火炮的运用，新的兵种——炮兵诞生了，他们不仅远距离作战，而且还需要进行数学测算，保持学习与观察，懂得冶金及化学知识，具备实践精神和理性原则，以及一些其他品质。

从14世纪开始，中世纪世界开始发生了变化。城市作为政治、经济和文化中心，变得越来越重要；渐渐形成的商业资本家成为新的社会阶级，变得越来越举足轻重。于是，便出现了与封建主、骑士和传统的价值体系相抗衡的新的权力主体。经济变革促进了新式武器、新式作战技术、新的运输和交通工具的发展，这些革命性的工具彻底地改造了社会。这些革新会促进新的生产方式、新的经济结构，以及随即诞生的新的思考方式的发展。这一新的世界孕育的新的意识形态将要证明，一群为了个人荣誉而战的冒险家们组建的骑兵部队不过是一盘散沙。纪律、科技研究和理性（这些在封建时期的战争中缺乏的因子）把城市用作肥沃的土壤而生根发芽，成为新式军队的基础。新的作战策略和科技，步兵的平民化和它的进退有序，都是社会经济变化的反映，也逐渐瓦解了封建主义。国家概念的内涵发生了新的变化，国家是基于君主专治、资本家的经济权力、有效的管理体系和雇佣军而建立起来的。

人们本以为战争是骑兵与骑兵的相互冲击，对于步兵一直抱着蔑视的态度，认为步兵不过是战场上的炮灰，用来体现阶级差距，但是这些思想随着新的社会环境的变化而逐渐消失。骑士精神随风而逝，被那些挥舞着弓箭、弩和火器的凡夫俗子所取代。塞万提斯通过堂吉诃德之口，反对远距离射杀高贵的骑士这样的恶行。勇气不再是战斗中的决定性因素，一个懦夫都能赢得战斗。

封建主义制度下，封建主只招募农民，而此时步兵军团则吸纳了所有的市民、奴仆和下人，他们都被招收到了城市民兵中。在意大利北部城市的相互斗争中，也有雇佣兵的参与。农民、破产的资产阶级、手工匠、求财的小贵族和土匪组成了这些雇佣兵队伍。他们十分贫穷，无法为战斗筹备装备，作为雇佣兵为职业军官（佣兵队长）所用，队长们负责购置武器装备的费用，但要求他们的士兵服从纪律作为回报，骑兵团不曾有这样的纪律约束，而农民们也不曾受到过这样的纪律的管束，农民们受到思维方式和缺乏训练的局限，无法有效地对抗装甲骑兵。渴望摆脱封建地主的君王开始倚仗这些雇佣兵，君王们现在可以把军队建设得如古代军队一般，人数众多、作战能力强且只拥护一位长官，以此打破骑士阶层行使暴力的垄断权。随着新式武器和新纪律的诞生，更多的人可以加入战斗并收获回报。新的文艺复兴时期的国家更为富裕，可以用钱财和战利品来犒劳士兵，而不是用土地来支付士兵的报酬。

军法严明的部队装备着各式价格更为低廉的新式武器（除了火器还比较贵以外），促生了职业军队和雇佣军，他们集结在国王或出价更高的金主的旗帜下。自 14 世纪开始，各个国家都出现了专业的精英部队：白色军团、西班牙轻步兵团、加尼沙里军团、德意志雇佣步兵团等。此外，加上苏伊士、苏格兰和德国的雇佣兵团，组成了 14—18 世纪欧洲军队的脊骨。这些军队在战争年

代可派上大用场，但在缺乏战利品的和平年代则对社会稳定构成
了严重威胁。为了支付军费，君主们派许多士兵到国外作战，另
一些则成为王国的正式带薪士兵（勤务兵团），只有君主们才有财
力能促成此事，这样的政策又巩固了中世纪末期欧洲的新兴国家，
随即诞生了军规、军服、集体训练和职业军官。

　　在这一时期军事领域出现的所有发明中，火药无疑对世界起
到了更大的改造作用。火药的威力又被其余的变化所激发，一同
在15—16世纪改变着世界秩序。英国历史学家托马斯·卡莱尔说
过，现代文明的三大要素是火药、印刷术和宗教改革。

▶▷　步兵战胜骑兵：弩、弓、长枪和战车

　　自12世纪开始，能对战无不胜的骑兵及其盔甲造成威胁的武
器诞生了。首先，是弩。中国人早在公元前已发明了弩，但是直
到12世纪，弩才在欧洲推广开来，大约是诺曼人首先使用的弩。
弩的射程是传统欧洲弓的2倍，可达300米。这是由于弩装有机
械齿轮，可以更有力地弯弓，而且它的使用更易掌握。它的穿透
能力（弓弦是由动物筋腱制成的）如此强劲，使它可以击穿盾牌、
锁子甲和护心镜，成为骑士最大的威胁。弩的使用还颠覆了社会
阶级，任何一个无甚战斗经验的下里巴人和普通市民只要带上这
一武器装置，就可避免近身肉搏，能远距离射杀骑士，而贵族们

则认为近身战才是唯一高贵的作战方式。这实际上打破了统治阶级对武力的垄断，无疑会受到统治阶级的抵制。在前文已提到，1139 年召开的第二次拉特朗公会议上，教会规定禁止基督教徒使用弩，除非用于对抗背叛者，否则会遭到教会的驱逐。但是弩的威力凶猛，使人们不顾原则，仍然普遍使用这种武器，"狮心王"里查一世就在 1199 年死于弩下。弩的唯一不足之处在于张弦装箭的时间，需要用脚踏在踏板或曲柄上来配合手动张弓，整个过程需要将近一分钟的时间。此外，弩手在重新装箭的时候，需要硕大的盾牌来保护。弩的重大变革（它的一种型号，"羊蹄弩"，射程可达 400 米），促成了在中世纪晚期片甲的发明。虽然人们后来发明了可以连续发射若干支箭的连弩，但当可携带的火器出现后，弩也从战场上消失了。

　　长弓是骑兵及其盔甲的第二大威胁。英国国王爱德华一世在攻占高卢后发现了这种长弓。这种弓高约 1.8 米，用杉木和榆木制成，它的射程不亚于弩（260 米左右），穿透能力也与弩类似。它的不足之处在于需要大量的训练才能操纵它，优势在于它的射速是弩的 10 倍以上，每分钟可发射 10 次。那些技艺纯熟的弓手自夸道，他们射出的第一支箭还未中靶，第三支箭早已离弦。很多时候，弓手都赤脚来获得更好的支撑。此外，由于士兵们可以从侧面射击，在狭小的空间内能设置众多的弓手。在战场上，每位弓手都要带一根装有铁头的木桩，插在身前，可以在一定程度上保护弓手免受骑兵攻击。爱德华一世在发现长弓的威力后，命令将士练习长弓的使用，还定期举办比赛。于是从 1252 年开始，所有的自由农都必须持有长弓，而且每周末都要练习。弓手们仔细地看护他们的长弓，在夜晚将它们用厚布包裹起来，这样也能保护弓弦不受潮。比起弩，长弓工艺简单，价格便宜（只需要一先令），可以为数以万计的士兵装配。这一切并不是徒劳无功，长弓在百年战争中大显神通。在克雷西会战和阿金库尔战役中，英国弓箭手击溃了骄傲的法国重骑兵，显现出了长弓相较于弩的优势。操持弓箭的平民打败了法国贵族最引以为傲的军队，在其他欧洲战场上，比如在阿勒祖巴洛特战役中，葡萄牙雇佣长弓手组成雇佣军与西班牙作战，又一次大显神威。读者可能会禁不住发问，为什么比英国人更为富有、人数更多的法国人不采用长弓，仍然坚持以骑兵为主来作战。自是法国人根深蒂固的贵族式思维方式，他们轻贱平民的生命，拒绝使用没有尊严的平民所携的武器（总而言之，这是一套固化的价值体系），使他们不会去训练农民使用长弓。当然还有另一点更重要的原因，法国农民受到地主的残酷剥削，反抗贵族的起义时有发生。假如农民取得了装备，接受了运用长弓的训练，那么必然会对社会秩序的稳定构成严重的威胁，农民起义可能会造成比英国的侵略更大的风险。

长枪兵出现于 14 世纪，它证明了一支训练有素的步兵军团，在没有装配远距离射程武器的情况下，也能使骑兵望而却步。事实上，长枪兵团是古代希腊方阵的更新换代。每名士兵都持有长枪（5—7 米），他们排成军阵，好似刺猬一般，将长枪以不同的倾斜角度插在土地中。长枪的最上面的几米是铁质的，以抵挡刀削。假如军队行进有序且能审时度势，便能化成敌方骑兵面前的一道铜墙铁壁，再现了闭合方阵和传统军团的作战威力。为了协同步伐，步兵们像以前的希腊重装甲兵一般，跟着鼓乐和笛音踏步行军。长枪兵最早出现在瑞士，在 15 世纪时推广到整个欧洲。16 世纪时，火枪手加入了长枪兵阵，构成了著名的西班牙大方阵的核心，加速了骑兵的没落。

我们不禁会感到奇怪，长枪兵居然会出现在数个世纪以来都以中立国自居的瑞士。自 13 世纪以来，这个国家就一直深陷战争泥潭，所有的市民和农民都经受了良好的军事训练，来应对武装更精良的奥地利骑兵，14 世纪初出现的传奇弩手威廉·退尔便是一位抗击奥地利人的著名英雄。士兵们 8 岁起就要接受军事训练，16—40 岁都可以被征召，其间会接受持续的训练和严苛的纪律约束（逃兵会被处决，他的家庭会三代蒙羞并接受惩罚）。由于贫穷，他们无法购买马匹和盔甲，不得不发展使用斧枪的步兵军团，之后使用更长的长枪，遇到敌人的进攻可以竖立起来，他们还同样配备弩和早期的火器。士兵们列出巨型正方形方阵，从中穿出数以千计的斧枪和长枪，好似一只令人畏惧的巨型豪猪。在遭遇绝境时，他们会立即背抵背作战，前几排将长枪摆在不同的高度，使得骑兵无法长驱直入。他们还利用奔跑冲击来歼灭敌人。到15世纪，他们已拥有了火炮，军队成为了名副其实的精英部队，被欧洲列国誉为15—17世纪最强的雇佣兵团，成为长期不景气的瑞士经济的主要收入来源。欧洲各国争相模仿瑞士长枪兵团的战略，甚至连梵蒂冈都雇佣他们，至今仍保留了声名显赫且令人赏心悦目的瑞士护卫队，他们由米开朗琪罗设计的制服乃是一大传奇，长枪兵的威力如此之大，以至长枪一直沿用到1670年，直到刺刀被普及。

　　弩手、弓手、长枪手和后来的火枪手构成了现代的步兵军团。此外，步兵军团还使用了体积小但十分沉重的火炮以及粮车，这都需要通过道路运输，并且假若无路，还需先行开路。因为没有马匹作为军队的核心，步兵不再需要跟在行军纵队的后面越野长跑了。与马略的罗马军团如出一辙，步兵这时配备了工兵。工兵是由强壮的士兵担任的，他们配备镐铲，先行于主力军开路，以使随后带着马车的新式军队能够同行。这是西班牙的发明，西班牙人从15世纪的格拉纳达战争中获取了经验，那里多变的地形使得军队不得不筑路。被称为"伟大将军"的贡萨洛·费而南德·斯科尔多瓦，将工兵作为其在意大利战场的军团的常规配备。如今在阅兵仪式中，工兵团仍然走在主力军前，作为对以往风俗的纪念。这反映出铁质镐锄和工程建筑已经和装备同等重要了，乃至成为新式武器重要的一部分。

另一项值得我们注意的"流行"武器是战车。在所谓的胡斯运动中，捷克人成功地将战车运用到抵制领主和教会的赋税斗争中。在神圣罗马帝国统治下的波希米亚地区，矛盾处于白热化。教会拥有三分之一以上的土地，再加上腐败现象，使贵族阶级和农民阶级的反教会情绪日益增长。在这不满情绪上，还有一定的民族主义，捷克人认为他们的语言被歧视，在公职上也受到了低于德国人的待遇。因此，他们挑起的是反贵族、反宗教和反德国人的战争。这场运动的领袖是扬·胡斯，他出生于 1370 年，是布拉格大学的传道士与校长，受到英国改革家约翰·威克里夫的思想的影响，这位英国改革者揭露了教会的腐败，主张回归到早期的基督徒社团的简朴精神。他的思想从布道台传播开来，迅速获得了大批的拥护者，他为反抗教会权力和德国人的斗争提供了神学理论庇护，这也是唯一能够煽动民众的精神力量。"犯了罪的官员应该卸官辞职"，他在众人的喝彩中说道。作为一名捷克民族主义者，他厌恨德国人对教会和大学的控制，捍卫用捷克语布道和教授大学课程的权力。他还致力于将《圣经》翻译成捷克语。1412 年，教皇特使达到布拉格，出卖赎罪券来赞助拿破仑的战争，遭到了胡斯派的抗议。胡斯随即被教会驱逐，不得不逃往南部继续布道。教会为了消除他越来越大的影响力，将他招至 1414 年召开的康士坦丁大公议会上，承诺给他一张由西吉斯蒙德皇帝颁发的通行证来免罪。但当他到达后，立刻被关押，沦为阶下囚，还被严刑拷打来令其易帜。教会无功而返，最后胡斯在1415年被活活烧死。他的死使得群情义愤，当1419年西吉斯蒙德皇帝觊觎波希米亚的王位时，被称为"布拉格抛窗事件"的反德国人起义爆发了。

反对派很快占据城市，形成了21个胡斯波希米亚城市联盟，尽管他们彼此间也经常兄弟相残来争夺正宗的名号，但他们的武力战胜了马丁五世和皇帝先后派遣的十字军。他们军队的威力基于认为自己死后将上达天堂的狂热（又一次的）。此外，没收教会的财产以获取土地，这同样值得为之而战。传道士游走于军队间，他们负责鼓舞士气，并维持士兵们的战斗热情，他们自封为"上帝的斗士"，高唱着宗教乐曲奔赴战场，通过乐曲的节奏、重音或歌曲中包含的一些特殊的字节来传达作战指令。他们的军旗上画着圣杯。军队以民主的方式受命于士兵和教士，其中火枪手为数众多，弩手占据绝大多数。

反对派最基本的武器则是战车，整个军队都可以在战车上驰骋于波希米亚平原上。这些战车绝大部分都用铁质或木质条板罩起来，宛如一座座移动的堡垒，似乎能令人在它们身上看到现代战车的影子。战士们通过战车上的射击孔射击或用长枪刺击。马车由4匹或6匹马拉拽，每辆车可载18—21名士兵，每人都装备2把左右的火器，顶端带链条的棍棒、长枪和弩。军队自然为时常需要架桥的工程师配置了工兵团，先行于军队来清除路障。一支胡斯军队可以装配300辆或400辆战车，在作战过程中，还可以合围起来组建城墙。此时他们会将马匹卸钩，和辎重一起留在车阵中间保护，并把战车用铁锁相互连接起来。这一屏障可以抵挡骑兵的进攻，待骑兵阵型散乱后，步兵就会从中间跃出来终结战争。这样的作战安排需要严格的纪律性，而宗教狂热有助于士兵们遵守纪律，任何一个小小的过失，例如在值班时间打盹，都会被处以死刑。他们对敌人和政见不合者绝不姑息。这又是利用宗教的力量作为战争武器的实例之一。

胡斯派同样深谙战争的经济基础，他们捣毁所有可为十字军提供补给的区域中的一切。他们焚毁贵族的田地来切断贵族们的物资和钱财补给，防止其参与战争。最后，在意识到无法通过武力战胜胡斯派后，骑士与教士们通过妥协退让来逐渐分化运动，他们多半采取经济上的而非宗教上的妥协措施，受到起义军中的上层的欢迎（资本家、小贵族、商人和手工业者）。如此胡斯起义被镇压了下来，但这一运动彻底印证了属于骑士的时代业已终结。

▶▷ 火药带来的科技与文化变革

中国大约在9—11世纪发明了火药，中国人最先将火药用于制造烟花爆竹。很快火药被传到了阿拉伯世界，并通过他们传播到了拜占庭和欧洲。著名的英国学者、神学家罗吉尔·培根于 13 世纪中期便已了解了火药，之后德国修道士贝特霍尔德·施瓦茨也试验了火药。人们很快发现了火药作为可燃性武器的威力。人们发现可以利用它的可燃性（而非爆炸性）来产生推送力，并将火药运用到战场上，确切来说，是将它们运用到能向城墙发射石弹的原始火炮中。火药的威力逐渐为人所重。最早的火器大约诞生在 1281 年的中国，正值忽必烈攻占日本失败后，此后数十年，这种火器已然传播到欧洲。在 14 世纪初期时，欧洲人已在格拉纳达、意大利北部、法兰德斯、法国、德国和英国的战争中运用了火器。1330 年前后，火炮在欧洲已是人尽皆知。20 年后，彼特拉克胆战心惊地描述了这一在欧洲传播开来的新式武器。

火药及其在火炮应用上的重要性，已经超越了严格的军事领域。毫无疑问的是，火药是 17 世纪推动文艺复兴思想和科学革命的因素之一（还有印刷术、摆钟、纺车和高炉）。随着火炮的运用，新的兵种——炮兵诞生了，他们不仅远距离作战，而且还需要进行数学测算，保持学习与观察，懂得冶金及化学知识，具备实践精神和理性原则，以及一些其他品质。炮兵不再是中世纪时期在金戈之声中嘶吼，仅凭匹夫之勇的战士，而是一些有技能、有文化和理性的士兵，随着火炮的改良，火炮种类和炮口数量增加，炮兵人数逐年增长，火炮的射程增加，同时射击精准度和连续射击的次数渐渐提高，弹道的计算也越来越复杂。随着需求数量的上升，需要更多的工匠、武器制造人员和各种技术人员，这些专业人士的增多又反过来促进军队的进步。火炮制造技术需要数学和冶金学的知识，战争变得越来越科技化，越来越富有理性。1537 年出现了第一部弹道研究的书籍（《新科学》），由绰号为"口吃者"的尼科洛·塔尔塔利亚（儿时面部遭到砍伤而口吃）编写，他还在 1545 年发明了象限仪，用以计算火炮的发射角度。不久，伽利略在帕多瓦大学教授关于弹道学的课程。

火炮不仅终结了封建制度，还发挥了巩固专制的作用。火炮造价高昂，鲜有贵族能够出价购买，以此成为大君主手上的垄断性资源，他们成为炮兵阵地的唯一所有者。火炮还从深层上改变了城市生活。城市人口越来越多，变为重要的经济中心，这使城市成为主要的作战目标，因此在 16—18 世纪间，在开阔地域的武装冲突逐渐消失，而火力逐渐集中用于攻占城市，战争变成城市的攻坚战，或是在城市周边围城军与救援军的战斗。战争的目标是攻占城市，城市的地位凸显，它开始拥有更新、更昂贵的防御工事和听令于指挥官的驻军。从此时开始，城市不仅在经济和政治上极为重要，还逐渐拥有了重要的军事价值。

火炮以闪电般的速度被推广开来，人们很快发现了这一武器的巨大潜力，尤其是在攻打城池方面威力显著。所有的国家都为这一发明所震撼，迅速加入到建造火炮的队伍中，这些火炮体积硕大，重达上吨，更有甚者可达 8 吨，而竟无人在意这种设计的不便之处。1377 年，勃艮第的菲利普二世发射了 200 多发炮弹，轰倒了奥德惠克城堡的城墙（"Odrouik"城堡，位于法国的诺曼底地区）。十几年后，在 15 世纪中期，法国的卡洛斯七世用了 9 门火炮，仅仅花了 2 年的时间，便从英国人手中夺回了诺曼底的 60 座城池。中世纪的城堡已经命悬一线了。英国的长弓战胜了高卢的骑兵，而法国的火炮则攻陷了英国的堡垒。

这些新式火炮的魅力从一门建造于 1449 年的、被称为"芒斯蒙哥"的火炮上可见一斑。这门火炮现存于爱丁堡，是勃艮第的"好人"菲利普三世送给苏格兰詹姆斯二世的礼物，而后者在 1460 年检查一门火炮时，因火炮意外爆炸而身亡。这门火炮重达 7 吨，口径为 51 厘米，管长 460 厘米，炮弹重达 180 千克，每次发射需要使用 45 千克的火药，由于每次发射会导致炮身发热，一天只能射击 8 到 10 次，但它的射程可达 1000 米以上。15 世纪时，欧洲君主们展开了昂贵的军备竞赛（不排除出于取得尊荣和震慑他人的愿望），他们相互炫耀谁锻造了更大的火炮，错误地认为火炮的大小是最重要的。后来人们发现了这种火炮大而无用。尽管"芒斯蒙哥"火炮在 1558 年被废置，但是那些君王并未因此而放弃对火炮的热衷。1586 年，沙皇费奥多尔一世命人锻炼了史上最大的火炮，它的口径为 890 厘米，被摆置在克里姆林宫，从未发射过一枚炮弹。数十门这样的巨型火炮，从军事角度看毫无意义，却至今还陈列于欧洲的各个城堡中。

运送这些火炮基本上是不现实的，但假若偶尔要搬运它们的话，人们会把硕大的火炮拆分成炮管和膛室两部分，然后到达目的地后再把两部分结合在一起。但火炮实在太沉重，无法使用当时的道路和桥梁来运输。首先，若要运输重达六七吨的火炮，需要几十匹牲畜拉拽，车架也不一定能够承受得住。其次，运送车经常会陷于路中或使其经过的桥梁崩塌。此外，虽然每门火炮每次可以发射重达 750 千克的炮弹，但火炮的射速也许只能达到每一两个小时一次，甚至更少。有一个事例能证明这种火炮的不可移动性：在攻占君士坦丁堡的战斗中，土耳其人在战场上熔铸用于作战的火炮，围攻后随即将这些报废了的火炮丢弃在原地。一些火炮一天只能发射 7 次，然后就会发生故障，有时候只用了几次，便完全报废了。由于火炮基本上不可能实现陆路运输，所以水路成为唯一能够运输火炮的方式。因此，铁质火炮虽在陆上则无甚作为，但在海上却迅速获得了成功，并演变为舰炮。在 14 世纪中期，装有火炮的战船已然现世。然而由于火炮过于沉重，而且但凡安装了火炮，发射的后坐力往往会导致航船不稳定，因此早期舰炮的使用仍然困难重重。

出现在中世纪末期的原始的火炮发射铁弹和铅弹，后来使用更便宜的石弹，射程最多可至几百米。我们曾经提到过，当时火炮的射速极低，而且假如没有直接砸到敌人，或者激起的碎片没有落到敌人身上，那么火炮对敌人的直接打击作用几乎为零。但是火炮的轰响却能给敌人带来心理上的震慑，而且人们确信，反复的轰击可以击垮任何城市的防御工事和城墙，因此这一军事行动反倒日益常见。其中一例是 1480 年土耳其人对罗得岛发起的包围战，他们一共发射了 3500 枚炮弹。虽然在如此攻势之下，土耳其人最后也未取得胜利。不过，火炮在攻占格拉纳达的战役中却起到了决定性的作用，天主教双王建造了一个有 180 座炮台的炮阵。

由于火炮的射速有限，射程较短，而且那时还未发明榴弹，威力不大，因此军队从未在旷野上使用过火炮。此外，由于运输火炮十分缓慢艰难，极其容易被敌人截获，所以军队不愿在旷野上冒险使用火炮。这一规定在 1453 年的卡斯蒂隆战役中被打破，英国军队和法国军队在旷野上展开了战争，火炮第一次帮助法国人取得了胜利。

15 世纪中期开始，所有的君主都被传染了火炮的制造热，他们命人建造火炮生产厂，科技大踏步地向前发展。法国和勃艮第开始生产更灵巧、更易操作的火炮，并立见成效。粗重的火炮无甚用处，逐渐被小口径的轻型火炮所取代，这种轻型火炮可以装载在车上，假如在炮身上装上轮子并将其放在车架上，那么还可以用马拉拽。这就是蛇炮，它的炮管更长、更坚固，可以造成 4 倍其重量的火炮所造成的破坏。此外蛇炮还可以发射铁弹（此时已经比手工研磨的石弹更便宜了），这些铁弹基本上都可以被重复利用。但是蛇炮仍然极其笨重、难以运输，军队不得不拨出一部分人员来铺平或挖掘道路，这些通往战场前线的道路需要禁得住火炮和载有沉重军资的马车的重量。军队中出现了工程兵，我们已经提到过，他们的职责是拓宽、加固和修平道路和桥梁，这促进了交通的发展。研究如何运输火炮，并为进攻或防御要塞正确地放置它们，成为专家的工作，工程兵在战争中也变得日益重要。

16世纪，在人们克服了运输困难后，军队可以更快地运输火炮，而且在几分钟内就能让火炮投入使用。这些在15世纪末到16世纪初产生的轻型火炮，已经被人们放在了装有轮子的车架上以便于运输，它们射速高且适用于各种战场。火炮的重量轻于1吨，炮管长2.5米，可发射12—24千克的炮弹，射程可达2000米。法国国王查理八世更巧妙地运用了这种火炮，他用40架火炮组成车列来进攻意大利，在西班牙即刻引起了巨大反响，并迅速被模仿。

火炮的大量生产促成了火炮制造的标准化。到15世纪为止，每门火炮都独一无二且硕大无比，人们甚至还给它们一一起名。这意味着在一个炮阵中，可能有着上百门各不相同的火炮，每一门都有唯一的口径和特殊的规格，每一架火炮都有特定的弹药，由若干位工匠来专门负责它的维护，造成了火炮的管理极其复杂且成本高昂。追求效益和节约成本的需求迫使人们统一火炮的尺寸和型号，从16世纪开始，人们开始部分批量生产火炮。查理五世是第一位规定统一火炮型号的君主，他将上百个型号和口径减少到了7个。

熔铸火炮的工匠供不应求，尤其是在15世纪末期，当西班牙和葡萄牙征战四海并建立新的殖民帝国时，由于每艘战船和每个远征队都需要大量的火炮，帝国对火炮的需求直线上升。16世纪时，北欧列国为了填补这一需求，培养了一批专家，而西班牙也情愿雇佣这些外国专家，用从美洲得来的金子从国外购置火炮，以致西班牙在火炮生产、军工厂和工匠方面都处于匮缺状态。观念问题最后转变为技术问题：西班牙的宗教审判的零包容性，使许多信仰新教的欧洲武器制造大师拒绝前往西班牙工作，这或多或少能解释西班牙火炮业发展滞后的原因。

完善制炮术需要优化冶金工艺，以使炮身可以承受爆炸散发的热能。因此，火炮的改进大多发生在矿区，那里集中了更多的加工金属的匠人。由于缺少专门冶炼火炮的优良工匠，许多从前从事铸钟的大师都投身到了铸炮工作中。值得一提的是，14—15世纪的铁件质量低且重量大，火炮发射几次后，炮身就会受热开裂，因此需要用铁箍环乃至皮条和绳索来加固炮身。由于当时用于铸铁的熔炼技术还不尽如人意，早期的火炮是锻造而成的。锻铁时，工匠把铁条加热，放置在木头上用锤击打，最后晾干。锻造的加工过程经常会出错，炮身会有许多故障，有时会意外爆炸，甚至那时的火炮反而更容易伤及炮手，而非敌人。为了降低爆炸的风险，需要将炮身熔铸成完整的一块铁，为此工匠们先要铸模，然后打破模，取出炮身，因此每架火炮都是独一无二的。然后工匠需要用钻孔器具打孔，或利用畜力和水力来运转钻头，这个过程耗时长、成本高。

最初，工匠们用青铜铸炮。青铜的铸造更为简易，它的熔点更低。此外，由于当时的钟都是由这种合金冶炼而成，所以工匠们（铸钟大师们）更熟悉这一冶炼技术，也有着更多的经验。从16世纪到19世纪中期，青铜一直是许多匠人优先选择的材料，到16世纪中期，人们又经历了一段青铜的黄金时期。铜铸火炮的另一优势是不容易被腐蚀，能够铸成一整块且不易开裂；此外，它的重量是同样体积的铁质火炮的一半（为了不爆破，铁质火炮的炮口需要2倍的厚度），射击精准度更高。总的来说，铜质火炮的整个加工过程都相对容易且安全。铜质火炮唯一的问题，是它的造价。一架铜炮的价格是铁炮的3—4倍，因此人们一般都回收利用老的铜钟，或者利用从敌方缴获的铜制品来铸炮。有时工匠们也使用黄铜和锌的合金，而不使用锡，但价格仍然高于铁。显然，矿业和金属贸易也因此获得了长足的进步，进一步激活了欧洲经济。

铜的高昂价格刺激着人们优化铁的熔铸技术，来获得与铜有着一般效能，但价格更低廉的火炮。拥有大量含硫的优质铁矿，但缺乏黄铜和锡的英国成为这一领域的领头羊。自 16 世纪起，英国开始铸造火炮，质量虽不及铜质火炮，但也差强人意。这一工艺需要建造水力推动的大型风箱，注入足够的空气来使火炉达到更高的温度。挑战不言而喻：人们需要改进铁质火炮来降低重量并提高质量。法国、荷兰、瑞典和西班牙随后也都意识到了铸铁术的重要性，在 16 世纪末至 17 世纪初期建设了数十家铸铁厂，获得了性能优良的铁质火炮。随着在铸炮方面取得的进步，人们还在火药的使用方面取得了硕果，开始将火药制成颗粒状（发明于 1430 年），而不再使用粉末状的火药。颗粒状的火药燃烧更迅速、爆炸威力更大、产生的气体压强也更大，炮弹的初速更高，可以提高它的威力和射程。这需要对火炮做相应的改进使其更耐用，工匠们在火药点燃处加厚铁，同时把火炮的末端加工得更细来维持重量。

这一工艺大获成功，在 1630 年前后，人们已经发明了和铜质火炮一样轻的铁质火炮，可以用作舰炮。也可以在陆上使用，在攻城作战中作用尤为重要。欧洲开始大规模地生产火炮，每年都生产数以万计质量优良的火炮，对欧洲强国在世界上建立军事霸权起到了决定性的作用。在具备了制造便宜且轻便的铁质火炮的能力后，瑞典国王古斯塔夫·阿道夫二世在三十年战争中取得了多场战役的胜利。这位国王使用的所有火炮中，最出名的要数瑞典军团炮了，重量仅为 123 千克，每小时的射速为 20—30 发，可与火枪手的射速比肩。这些新式火炮已经装配了爆炸式弹药或榴弹，可以造成步兵闭合方阵的巨大伤亡，是战场上极为有效的武器。另外，新的冶炼技术需要合作加工，逐渐取代了传统的手工业。火炉需要大量的植物碳，造成欧洲林木大面积减少，人们不得不发展矿物碳的开采。矿物碳可以释放更高的燃烧热，而且长期来看，显著促进了熔炼技术。

欧洲科技发展的加速是独一无二的，无论是在奥斯曼帝国、印度还是中国，都没有发生类似现象。后者的钢制品和熔铸技术无法和欧洲相提并论，他们也没能更有效地利用火炮。口径更小的火炮具有更好的移动性和更高的射速，它们更有用，破坏力也更强，这在欧洲早已被反复印证，但东方国家仍然更偏爱早在15世纪已被证明无用的大型火炮。这是西方强国战胜东方强国的关键原因。毫不夸张地说，欧洲帝国主义从16世纪便开始了全球扩张的态势，这恰恰离不开武器领域持续的科技进步。自16世纪起，所有的大陆都为欧洲马首是瞻。

15世纪初，人们发明了第一种被称为"蛇铳"的可携带式火器，瑞士雇佣兵最先大量运用这种火器。为了承受金属管的热量，火器需要装配木质炮尾或手柄，一系列的改进促成了钩铳在一个世纪后的诞生。1530年前后，西班牙发明了火绳枪，这一发明最终促成了阿尔瓦公爵在自1568年开始的法兰德斯战争中捷报连连。火绳枪其实与钩铳大同小异，只是更重，并在支撑部位加装了叉形支架。钩铳重 7 千克，需要 2 分钟时间来准备发射。火绳枪重量更大，重达近 13 千克。两种武器都同时为人所用，两者相辅相成：钩铳适应于各种场地作战的轻步兵使用，而更沉重的火绳枪则更宜固定，能更有效地阻止敌方。假如火器受潮，很可能失效，它们的最大射程为 200 米左右，有效射程仅为 40—50 米，由于采用滑膛，炮弹的弹道不稳定，初速约为每秒 250 米。士兵几乎不用瞄准，只随意发射来制造火帘。火器比弓、长枪和刀剑都更易于使用，铅弹（20 克）的冲击力足以穿透任何护心镜，虽然不足以直接致死，但是伤口造成的肢体损伤经常会导致失血过多或组织坏死，最终导致士兵的死亡。因此，为这些火器所伤的敌人一般都必死无疑。但是各国将火器推广为现代兵器的历程却举步维艰：法国人直到 1566 年依旧使用弩，英国直到 1596 年才正式允许使用火器。

　　在短短的几十年间，人们在火枪的制造方面取得了许多重大的突破，尤其是在射速方面获得了长足的进步。人们设计了新的点火系统，仍然保留了烦琐的导火绳。更重要的发明是这些武器的防潮装置（火盖）和燧发机制，这种机制取代了原先利用导火绳的火星点燃火药的机制。与火炮不同，火枪自被发明以来就是批量生产，士兵们可以交换枪支和弹药。17 世纪时，火绳枪的重量逐渐减小，也不再需要叉形座。令人惊奇的是，在 1575 年，日本通过研究几十年以前从葡萄牙商人手中获得的样品，已经可以制造出与欧洲一般精良的火器。这一进步如此重要，以至许多历史学家都认为这些火器在日本的统一过程中起到了决定作用。然而，日本人认为火器的滥用对武士的权威构成了威胁，而且还认为自身岛国的地理位置可使其免受外界威胁。于是，不久日本禁止了火器的使用，又回到使用中世纪武器的时代。

握在步兵手中的这些火器使盾牌、弓箭、弩和后来的刀剑都接二连三从战场上消失了。使用火器的士兵经过良好的训练后与长枪手组合，形成了令人震慑的军队，他们共同构成了著名的西班牙方阵的核心。西班牙人在方阵中逐渐加入了钩铳手和火绳枪手，他们在给火器装填弹药的时候，会受到长枪手的保护，并且始终保持方阵队形。这一片训练精良的长枪丛林，在火枪手准备射击时化为铜墙铁壁来抵御骑兵，或抵御其他训练不精或火力较弱的步兵军团。人们很快发现，若要提升火器的威力，就必须增加射速，在进攻和撤退的时候，跟着鼓点的节奏，保持闭合方阵，并建立密集的火力屏障。荷兰拿骚的毛里茨和他的侄子吉列尔莫·路易斯共同完善了火枪手的训练。钩铳手有 25 种战斗队形，火枪手有 32 种战斗队形，当军官高呼出每次的变化队形，士兵们需要机械地变换站位，每次都要迅速有序，以保证战斗队形变换完成后能够齐射。荷兰努力创新的成果（作为与西班牙长年交战的新兴国家）还包括望远镜和最早的地图的使用。16 世纪末期，9—10 排的士兵可以每排轮替装填弹药，来保持不间断的火力。

瑞典人又进一步改进了武器，使得阵列减少到 6 排。其中一项改进应用了簧轮式点火装置，弹簧转动后，黄铁矿石摩擦产生火花，引燃药池中的火药。火器再也不需要火绳，人们不需要密切关注火星是否熄灭（有时火星会引燃药池内的火药，这十分危险），也不再需要想尽办法将火绳对正火药来点燃它。古斯塔夫·阿道夫还发明了装有子弹和火药的纸质药筒，大大降低了装填的时间，把武器的重量减少到了 6 千克，还省去了三脚支架。瑞典火枪手的射速是敌人的 3 倍。在随后的几十年中，这些新式火枪在欧洲各地普及开来。1757 年，普鲁士国王腓特烈大帝进一步缩短了装填弹药时间，使阵列减少到了 3 排。通过这一场持久的射击速度竞赛，欧洲各国步兵使用火枪的射击速度都达到了每分钟 3 次射击。有效射程可达75 米，超过 75 米后弹丸的弹道变得不稳定，最后在 180 米左右的地方掉落到地面。

火炮和火枪不断改进，使长枪手长期暴露在敌方火力范围内，对他们的生命构成了严重威胁。然而，火器并不是总能派上用场，比如下雨时、装填时或是发生故障后。在这些时候，只有长枪手能够起到防御作用，而那些只配有火器的火枪手则变得毫无战斗力。唯一的解决之道是合二为一：长枪手是火枪手，火枪手同样也是长枪手。因此，火枪手在枪口装上了刺刀。把这一短剑或匕首装在枪口上，所有士兵都可以抵御敌方骑兵，也可进行射击。在必要的时候，士兵也用它来进行肉搏。这一发明可能源于 16 世纪，人们在打猎时发现，假如第一枪没有射中熊的致命部位，那么它一定会反扑，猎人根本来不及重新装填弹药来射杀熊。1640 年，在法国的城市巴约讷（Bayonne）首次出现了这种武器，此后这种军用刺刀便以这个城市名来命名（bayoneta）。后来人们将刺刀更好地安在枪口处，避免妨碍发射，还优化了设计，防止士兵在装填弹药时划破手。这样改进后，它的使用才在 17 世纪末普及开来。人们研制出了若干有着不同大小和长度的刺刀，还把一些做得像短剑一般，直到第一次世界大战后才退出历史舞台。

"上刺刀！"这一军令使人胆战心惊。这意味着士兵要通过近身的肢体冲撞，来进攻或防御一个阵地。这时士兵们可以预见迅速而直接的死亡，乃至被开膛破肚。士兵们的肾上腺素被激发，被进攻的欲望驱使，或被恐慌慑住。一般来说，人数更少，体力透支和心理素质差的一方，会于战斗中退却，或多或少地进行有秩序的撤退。因此，刺刀造成的伤亡一般都是在追击的过程中，或是用来给予伤者最后致命一刀，与射击和手榴弹造成的损伤相比，只造成极小的伤亡（约 1—3% 的伤亡）。

▶▷ 科技与观念攻克了美洲

尽管历史学家反复钻研，但是西班牙攻占美洲仍然是奇事一桩。试想一下，攻占美洲的不过是一支百来人的探险队，而当时在墨西哥和安第斯沿岸有着两个庞大的帝国（阿兹特克和印加），人口数百万，帝国架构完整，且统治权力稳固。西班牙成功的主要原因可归结为三点。第一点，虽非最重要的一点，是欧洲人带到美洲的疾病造成了巨大的人口灾难，极大地削弱了这些哥伦布时期前的原住民抵抗侵略的能力。根据一些学者的统计，大航海时代前的美洲约有 2000 万到 1 亿的人口。虽然人口的减少或许可以归因于西班牙人对原住民的残酷虐待、大屠杀、强制劳动和其他欺侮，但是更多的学者则认为，人口的减少应主要从欧洲带去新大陆的疾病这方面来寻找原因。根据美国学者贾德·戴蒙的研究，至少有 90%—95% 生活在一些特定地域的印第安人受到了欧洲传染病的影响。印第安人从未接触过这些疾病，也没有免疫记忆，以致造成了极高的死亡率。在短短百年内，古巴、海地和其他的加勒比岛上的原住民无处可逃，最终灭族。麻疹、流感或寻常感冒、黄热病、瘟疫，尤其是天花，无论是对攻占者，还是对原住民都极其致命。因此，美洲需要非洲奴隶进行开矿和种植，来填充枯竭的劳动力。

天花最终造成了特诺奇提特兰城的陷落。纳尔瓦埃斯派出远征队，本为追捕科尔特斯，但远征队中的一名非洲搬运工把天花带到了墨西哥，病毒迅速从海岸蔓延到内地。1520 年 10 月，天花传至首都，在 3 个月内杀死了近一半的居民。病毒的致死率如此之高，人们来不及焚化尸体，就直接将它们抛入沟渠中。劳动力的缺失还引起了粮食供给的不足。虚弱的幸存者无法对抗科尔特斯已被削弱了的兵力，当侵略者实施最后的进攻时，他们的反抗比正常情况下更羸弱。西班牙的盟友们也受到了传染病的侵袭，酋长们接二连三地死亡。科尔特斯利用这一局面，把权力交到更顺从、更易操控的土著人手中。西班牙人早在几个世纪以前就已接触天花病毒，征服者有着更强的免疫力其实不足为怪。然而这一现象却让土著人对西班牙人的不死传说更加深信不疑，这也部分减弱了土著居民的反抗意识。比起造成他们直接死亡的、西班牙人带来的病毒，让这些印第安人对攻占者尤为驯服的另一层更重要的原因是心理冲击，西班牙人使他们心中产生了挫败感。

在攻占美洲的过程中，比疾病原因更重要的另外两个因素，便是我们在这本书中一直强调的：先进的武器装备，更为细致的作战指导思想。在武器装备上，西班牙人拥有钢质武器和防护，土著居民并不认识这种材料，他们黑曜石制作的锤头、刀剑和棉质盾牌再无用武之地。他们也从未见过弩，惊异于这一武器强劲的穿透能力。运用于钩铳和小型火炮的火药也尤为重要：首先，火炮发射时的声响和造成的破坏力引起了土著民极大的心理震撼，其次，因为土著居民没有任何盾牌或武器可以抵挡它们。马和猎犬也起到了极大的作用。除了看到这些陌生的生物冲向己方所造成的心理冲击（他们最初认为骑兵和马是一体的动物）以外，他们也不知道如何抵挡骑兵的冲击，这给阿兹特克人带来了致命的后果。不过，火药容易受潮，弩弦也极其容易受损，而且弩和钩铳需要很长时间装填而且射速有限。阿兹特克人很快对西班牙人的作战策略作出了反应，他们开始回收征服者落下的武器，还发现自己可以杀伤马匹，己方的人数优势也足以战胜科尔特斯和皮萨罗的部队。虽然西班牙人装配了铁质防具，但是行动更缓慢、更迟滞。奇怪的是，阿兹特克人最后终于战胜了对马匹的畏惧，却仍对猎狗深以为惧。狗的数量更多，能撕咬猎物，而且盲从于他们的西班牙主子。

西班牙人绝对的科技优势并不只在武器领域，而是整个手工业领域都处于绝对的领先地位。美洲原住民并未发明冶金术、轮子和车辆，也没有拉车的动物。他们对木材的加工能力也十分有限。科尔特斯的木匠们制造了前桅横帆双桅船，航行于特斯科科湖上。这些木匠是征服队伍中最关键的人物，这些船只在攻占特诺奇提特兰城的战役中起到了决定作用。假若没有这些船只，西班牙人不可能取得胜利。除了这些木匠，工程师们也有着极大的功劳，他们设计了一条长 1.5 千米的运河，通过这条运河，船只可以从它们的建造地直达特斯科科湖。

即便如此，也不足以填补征服者在数量上的巨大弱势，双方巨大的文化鸿沟和不同的世界观，以及不同的作战理念起到了决胜作用。对于西班牙和其他欧洲人来说，凡是能够取得战争最终胜利的作战方式都是有效的。欧洲推崇马基雅维利的权术观，根据这种思想，不该有任何的规定和原则来限制获胜的方式。即便有些不光彩，但凡有效的计谋、欺骗和花招都是可以运用的。这正是关键所在，那些原住民有一系列行使武力的自我约束，而欧洲人早已将其抛诸九霄云外了。不仅如此，这些远征的士兵和冒险家们都受到了宗教因素（向异教徒们传教）以及巨额的战利品的强烈驱动。美洲土著居民原本以为，只要把金子奉送给侵略者，他们肯定会自行撤退，然而事实恰恰相反，大把的金子反而更激发了侵略者的贪婪。原住民的宗教信仰充满神秘元素，天真且令人迷惑与敬畏，以至他们相信这些脸上长着胡须的白人是上天派来的神仙，应该对他们以礼相待。

阿兹特克人为了抓获俘虏而战，在战争结束后将俘虏用作奴隶或者献祭。他们将战争称为"荣冠战争"，伤亡甚微。双方之间早有战略协定，假如一方抓到了敌方统帅或攻占了另一方的神庙，那么另一方的所有士兵都要投降，战斗也随即停止。战败方要支付赋税、贡献奴隶，但可以避免大规模的流血伤亡。科尔特斯被俘获了数次，几度陷入了危机，然而阿兹特克人却更喜欢留他活口，使得他的部下有机会实施营救，对战局起到了关键影响。西班牙人以欧洲的方式作战，彻底歼灭敌人，他们的作战目标是尽可能多地造成对方伤亡，而不在乎俘虏的多少，与这些中美洲的原住民不同，西班牙人不需要奴隶作为劳动力。阿兹特克人不熟悉如此致命的作战方式，他们没有这样的军事和文化体系，也不知如何应对。

奥图巴战役最能体现这一观念上的差异，这场战役许是在墨西哥的攻伐战中最具决定意义的了。在"悲痛之夜"后，西班牙人精疲力竭，损失了近一半的士兵。阿兹特克人不断追击他们，向他们讨战。阿兹特克仍有 3 万余名士兵，而西班牙士兵只剩下区区不到几百人和三四千人的同盟军。此外，科尔特斯的军队还丢失了所有火器和弩，只剩下 20 匹马。战争局势直转而下，在绝望中，科尔特斯带领他的骑兵冲向敌方统帅所在、高耸着战旗之处。科尔特斯击杀首领后，折断了对方的战旗，剩下的阿兹特克士兵按照他们的作战传统，一溃千里，认定己方输了战争。科尔特斯和皮萨罗都出尔反尔地抓捕了阿兹特克帝国的君主蒙特苏马和印加帝国的君主阿塔瓦尔帕（二者都被谋杀），这种行径使两国人民的生活和精神彻底陷入了瘫痪状态，削弱了他们的反抗意志。

科尔特斯和皮萨罗还利用墨西哥和安第斯海滩国家严重的国内矛盾，来最后终结战争。他们不仅是军事领袖，还是政治家。科尔特斯首先通过贿赂、奖赏、欺骗和惩罚，联合那些被阿兹特克人压迫的托托那卡人、特拉斯卡拉人和乔卢特卡人，让他们加入到自己的队伍中。皮萨罗也充分利用了印加帝国的内战。这两位征服者都是经验丰富的老兵，熟习马基维利的权术。他们赞同不惜一切代价来获取战争胜利这一原则，了解充分利用和加深敌人内部矛盾的益处。征服者拥有更高级的军事文化，他们为了获得胜利，不惜牺牲所有的原则与规章，这对于战事起到了决定性的作用。

▶ ▷ 欧洲统治海洋

自 16 世纪开始，欧洲经济日益依赖海外贸易。对于欧洲来说，16 世纪是一个地理大发现的世纪，一个大量进口贵金属和原材料的年代。世界贸易从未呈现出如此繁盛的景象，它奠定了商业资本主义的基础。海洋和海岸的控制权（更准确地说是对商路的控制）成为攫获政治军事霸权的关键。为保护商路和港口而进行的战役变得至关重要，为此，各国竞相对新式船只的建造投入巨资，这些船只体型更大，安全系数更高，还配备了更先进的武器装置以及所有的先进技术，它们在经验丰富的海员的指挥下，与其他的列强争夺大洋及新发现的陆地的统治权。各国纷纷建造数百计足以穿越惊涛骇浪的航船，训练他们的船员，为每艘航船都架设火炮。欧洲在这方面独占鳌头，十分轻松地战胜了亚洲列国试图打造的但科技落后的海军舰队。日本在 16 世纪的时候，曾经建立了一支具有航行能力的舰队，但是他们的扩张野心有限，更偏爱租用欧洲的船只和舰队，导致他们没能发展成一支自主的现代海军，更不用提其海军的武装程度了。

自 14 世纪开始，航船已经装上了火炮，不过仍十分有限。这种状况使得海上作战方式几乎是一成不变的。直到 16 世纪，在地中海上的海战仍然只是机械地将地面作战的方式移植到海上，绝大多数都沿用了古罗马传承下来的作战技术。战船利用船帆和划桨的力量冲向敌船，用放置在船首的火炮轰击，然后试着用撞角插入对方船只来接舷，最后步兵利用接舷，挑起战斗的大梁。发生在 1571 年的勒班陀战役就是这种作战方式的典型例证。从 15 世纪开始，人们把桨手换成了船帆，把装载的步兵换成了火炮。

开放海域的洋流更剧烈、风浪更大，在开放海域的航行比在地中海海域的航行更难。航海技术的创新产生在大西洋上，出现了操控更简易，航行更轻便的航船，这些船只可以利用风力，如此自然不再需要桨，也不再需要桨手这一劳动力。这些航船装设了更多桅杆（从 1 根变为 3 根），更大的船帆，船身的设计更符合流体力学，可以更轻松地战胜风暴。葡萄牙的卡拉维尔帆船最先称雄，到 16 世纪初，让位于装设有火炮的西班牙大帆船。它可以作为商船或战舰，在 16 世纪中期载重 600 吨，到世纪末时，载重已达 1000 吨。人们当时想要设计一种能够前往美洲进行贸易，且能横跨大洋的船只，因此完美协调了航船的载重和作战能力。许多人都认为西班牙大帆船是葡萄牙的卡拉维尔帆船和克拉克帆船的结合体。一般载有 100—200 名船员和武装人员，还载有数十门不同口径、不同射程和射击方式的火炮（可达百台）。

军事进步始见于 1500 年，人们发现火炮的最佳设置位置在舰桥[1]下方，于是在船首弯处设计了射击口用来发炮，这样火炮的后坐力不会影响航船的稳定性。一开始水手们被挂在船舷两侧来为火炮装填，这一作业耗时长且十分危险。后来人们发明了放置火炮的轮车，这样水手就能将火炮撤回甲板内，更快、更好地装填火炮。此外，这使后坐力转换为向后的移动，让火炮后移到适宜装填的位置。人们很快造起了装有数百门不同口径的火炮的船只，不仅可以射击敌船的甲板，还可以炮击敌舰吃水线的位置。侧舷炮击的时代开启了，在快速航行时，航船掉头的速度和能力对于完全发挥侧舷炮的威力至关重要，同时也可以减少暴露于敌方的时间。自此，除非想要截获敌船和它的货物，接舷不再是海军战术的基础。作战效率最高的是从远处进行炮击，凭借船员的优良素质和火炮来克敌制胜。是时候摒弃先从船首部位炮击，然后进行接舷这种老旧的地中海桨帆船的作战方式了。英国人和荷兰人将盖伦帆船的威力发挥到了极致，他们模仿了西班牙的航船设计，但是做了一系列的改进，去掉了后甲板，使船更低矮、体积更小且更易操作。

　　这种作战方式离不开火器快速的射速以保持不间断的火力，射速比火炮的口径和射程更加重要。英国人设计了用来放置火炮的四轮车，每次射击后，炮手都可以将火炮推回，以便快速装填

---

[1]　源于蒸汽机明轮船时代，那时的船在左右弦处装有露出水面的轮子，因此被称为明轮。指挥操纵室一般设置在左右弦的明轮护罩之间的过桥部位，被称为舰桥。

弹药。这一创新再加上基于炮击而非接舷的海战理念，部分阐释了 1588 年西班牙无敌舰队失败的原因。西班牙军队试图寻找接舷的时机，进行近距离作战，而英国人则无时无刻不背道而驰，始终保持远距离炮击，并保持更高的射速。不久，几乎所有的欧洲舰队都将这种作战方式视为一种应当遵循的海战模式。这些军事航海领域的创新迅速地更新换代，使航海变得越来越通畅无阻，帮助欧洲更好地控制海上商路，以前所未有的态势助长了商业资本主义的发展，还使欧洲建立起了凌驾于其他各国的经济、军事和政治霸权。无论是中国的航船，还是日本、印度和阿拉伯海域的船只，欧洲的战舰都将其视若蝼蚁。欧洲在其挑起的所有海战中无往不利，而海军优势决定了其商业、经济和政治优势。正如历史学家卡洛·奇波拉所述，先进的舰船和火炮使欧洲自 16 世纪开始获得了世界的统治权。

海上交通日渐繁盛，每支探险队的船只数量也显著增加，使得人们需要改进不同船只间的通讯方式。为此，海军各船之间约定好密码，利用旗帜、彩灯和闪光来进行沟通。

▶ ▷ 新式城墙、大型军队、卫生与巨额赋税

为了更好地抵御炮击，城市不得不加强防御。因此，伴随着冶金业革命，防御工事也发生了重大变革。这些变化最早出现在

意大利的北部城市，故而也被称为"意大利式轮廓"。城堡和原先高高耸立的城墙在火炮的轰击下变得不堪一击。人们不得不拓宽城墙，把它们建造得更低矮，同时在其中填塞沙土来减缓炮弹的冲击力，防止城墙坍塌。人们在城墙上开凿射击孔和垛口，使用火炮抵御敌人进攻。但是，一旦将城墙高度降低，防御者反而无法监控底部情况，所以他们建造了女墙、角堡、炮塔、半月堡、炮台、星状角等各种突出式的建筑来防止视线死角，使用侧射，或交叉火力。同时，他们还挖凿极宽的护城壕，或是堆砌很长的斜坡，迫使敌方的火炮只能从远处射击，并且很难找到理想的射击角度，也使敌方更难以开凿隧道和沟壕。城墙多了棱角，呈同心圆状，里层的防御通常比外层更高，在一面城墙后总会叠着另一面墙。这些建筑上的革新使得人们的防御能力战胜了攻势。法国工程师沃邦是路易十四最得力的战将，他设计了著名的星形要塞[1]，将防御工事更推进了一步。他的设计使法国织就了一张由数百座要塞组成的防御网，同时他在防御工事方面累积的知识，又有利于他谋划如何攻占敌方堡垒。沃邦还能辨别哪个位置的地形过于复杂而导致造价高昂，不适合修建堡垒。在这种情况下，最好放弃这些位置，另寻适宜的地点来建造堡垒。

　　从 16 世纪中期开始，城市和其他战略要地都被围上了绵延数

---

[1]　有许多三角形状的菱形堡垒，中世纪时可有效防范火炮袭击。

千米的星形城墙和防御工事。其成效非常显著，从此时开始，如果使用武器进行直接进攻，几乎无法攻克这样的防御工事。饥馑、贿赂和谈判反而更为有效。在欧洲版图上，分布着数以千计的堡垒，尤其是在佛兰德斯、荷兰、法国、西班牙北部、意大利北部、德国西部和英国的一些地区，堡垒一般分布在那些经常发生武力冲突的地带。攻城作战需要展开大量复杂的工程，要保证进攻者能够拆解敌方所有的防御措施，并且能够安全抵达城脚来挖倒城墙，或者近距离用火炮攻击。此外，进攻方还需要防范对方的支援部队，所以也需要向外布置防御工事。攻城战最后演变为城墙、工程师、火药、火炮、镐锄以及双方工兵之间的互相博弈。

数以千计的堡垒建立起了有效的防御模式，形成了新的作战思想，如要进攻堡垒，必须动用数万计的士兵。自此开始，胜利总是青睐于更强大的军队，他们拥有更多的枪支和火炮，也拥有更多的士兵储备，可以支持长时间的战争损耗。此外，如果我们再算上欧洲各国正在建造的上千艘盖伦帆船、数十万由专家（武器大师）锻造和修理的火器，不难推算出，当时对于人员和物资的军事需求达到了空前的规模。

常备军的规模越来越大，也越来越专业，此外还要加上战时紧急征召入伍，用以增援的部队，这部分士兵的数量也与日俱增。这些需要严苛的征兵制度来保障，那些志愿兵和为了报酬而入伍的人员远远不够。从此，罪犯、流浪汉、酒鬼、牧工、逃犯和病患都开始应征入伍，充当炮灰；还有数以千计的农民，他们最初也或多或少是被强制服兵役的。当时的解决方法是在年龄合适、有基本劳动能力的男丁中抽签（瑞典是第一个实行这种政策的国家），其他欧洲国家在其后的几个世纪也逐渐引入了这一制度。

数字可以说明一切。在16—17世纪，军队人数逐步上升，16世纪末时，西班牙和法国的军队人数各为15万左右，而17世纪中旬时，法国的士兵人数已达40万。1640年，奥利瓦雷斯伯爵—公爵认为西班牙也需要这种规模的军队，才可以维持他们自杀式的对外扩张政策（"武器联盟"的目标）。最后，尽管他反复尝试，却次次以失败告终。在之后的公元1700年，路易十四建立了一支人数更庞大的军队，共计有65万人。军队人数的扩充是因为交战各国都需要派兵增援若干前线，而且战争在武器和防御方面变得越来越有科技含量，需要投入大量的劳动力来建筑防御工事。无论是攻击还是防御这样大规模的堡垒，双方都需要投入数以万计的士兵，而且战争往往持续数年之久。一旦攻下一座城市或一座堡垒，还需要派驻一支常驻军来捍卫所得，算上边境和冲突地区的百来座堡垒，需要极大的人力投入。人力的缺乏，繁茂了雇佣兵市场，无论属何宗教，无论出身如何，只要金主愿意出价，定能获得所需。作战经验越多、越老练的士兵，要价就越高，正如著名的胡利安·罗梅罗队长，他是一位派驻在佛兰德斯的老兵，在16世纪时率领一支由几千名善战的西班牙人组成的军队，代表英国进攻苏格兰，他们完全不在乎是在为天主教雇主服务，还是为信仰新教的异教徒服务。不过在像三十年战争这样的重大战役中，绝大多数士兵所怀有的宗教狂热仍然是其主要的驱动因素，这也从某些方面解释了他们的冷酷无情。

农村生产、工业和商业活动缺乏劳动力，使这些国家的经济开始衰退。现代战争造成的人口灾难有目共睹，例如瑞典在三十年战争后人口骤减，导致虽然他们的战役都打得非常漂亮并大获成功，但仍然不得不从边境撤离。当时西班牙在欧洲拉开了数条战线，本就因为移民美洲而造成人口持续下降，如此一来更是雪上加霜。三十年战争正是一个血淋淋的例子：德国的一些地区和欧洲中部，人口下降了一半，农村和基础设施的破坏在百年后都清晰可辨。有数据显示，在这场战争后，德国损失了 800 万人，其中有士兵，也有平民，还损失了所有的牲畜和一半的房舍。在之后的 18 世纪，普鲁士人民也遭受了血的洗礼。不久，由于波拿巴发起的战争，其治下的法国也损失了 25% 的男丁。

除了军队人数的上升，还产生了另一种民俗：在 17—18 世纪，出现了色彩明艳的制服，便于指挥官在战场的硝烟中识别远方的士兵并对其实施指挥。纺织业、印染业、靴子和鞋子的生产、皮草的加工等形成了规模，发展空前；而头盔和护心镜等物件则被陈列到博物馆中，它们在日益完善的火器面前全无用武之地。但是，马匹仍然是骑兵不可或缺的一部分，也是车辆和火器运输的

重要工具，所以马驹贸易仍然十分繁荣。闭合方阵的训练又获得
了重视，要想指挥这样一支庞大的军队，使他们快速、准确且有
序地移动和布阵，训练是必不可少的。方阵还有助于营造群体心
理。所有人都合而为一，跟着鼓点和军官的口令来重复动作，大
家整齐划一地穿着同样颜色的制服，有着相同的面貌，效命于相
同的象征符号和旗帜下，受到相同的制度约束。由于深厚的情感
联系，再加上无时无刻不与死神打交道，每个人都融为了集体的
一部分，这使互相团结的集体感根植于每个人心中。这一集体压
力，或者说军队精神，至少在一段时间内，使战士们难以临阵脱
逃，也无须提前制定严酷的惩罚措施来使士兵们遵守纪律。这也
使他们断绝了与文明世界的牵连，拔除了他们在文明世界的根基，
他们随即将非敌方的平民百姓也视为异类，这些人成为他们进攻
和劫掠的对象。因此科技越先进，人数越多，军队就越需要命令
和纪律来统领，这一特征最终被神化，成为军事领域最重要的元
素。领导层是传达命令的唯一载体，不容亵渎。所有举措都是为
了让士兵们在战场上看到昔日同伴战死于自己脚边时，感到无动
于衷。他们不再逃跑（面对危险时理性而直觉式的行为），而是坚
守在自己的位置上直面危险（不理性的行为）。

发号施令比服从命令更具有理性。需要智力、文韬武略、威
望、运兵天赋、懂得与士兵打交道、领导能力，以及了解武器的
技术知识等，超越了中世纪贵族奔赴战场所需要的基本能力。这

些庞大的新式军队要被分成小队，才能方便调遣，使军队变得更坚不可摧。这需要培养数以千计的军官和副官，他们要与士兵们共进退。当这些接受过良好纪律训练的士兵回到文明社会后，统治阶级又给他们灌输服从精神，使他们变成国家的模范顺民。

鉴于严格的指挥和完全的服从都是必不可少的，从 17 世纪初开始，荷兰首先建立了军事学院，然后在整个欧洲扩展开来。科技革命正在如火如荼地展开，在这一新的环境下，军事和战争也不免顺势而动。小中贵族很快攫取了发展成为军官的机会。借此时机，日渐衰微的贵族精神找到了庇护所，与那些将其排除到权力体系之外的、新生的资本主义和启蒙主义观念相抗衡。在这一军官团体中，他们继续保有声名、古老传统（例如决斗）、特权、勋章和特殊职责，自视为社会精英，一个优于大众的群体，自认为有监管社会的权力。正如蒙哥马利将军所言，军事主义由此诞生。

指挥人数如此庞大的军队，离不开物资供应人员的协助。当权者不得不大规模扩张官僚机构。若要指挥和调遣一支上万人的军队，需要安排载着各种口粮的成百上千辆车（和动物）。指挥上百艘的盖伦帆船，运送船载货物以及进行海战也十分复杂，因此英国人创建了海军学院。一方面，军队规模如此之大，尽管努力协调，也无法在驻地自给自足，因此物资供应的管理至关重要。另一方面，假如一路劫掠村庄和居民，就意味着不断制造仇敌，很可能会对战争起到负面作用。因此，军队必须携带粮食、饲料、绷带、火药、马掌、替代武器、围城工具、火器、酒、移动式酒馆，还有接受士兵任何战利品抵押的借贷人和高利贷者、妻子、家人、赌徒、牧师、仆人、洗衣妇、理发师、医生等，当然，还有妓女。阿尔瓦伯爵通过"西班牙之路"，指挥军队从米兰转移到布鲁塞尔（1100千米），他总结出，每25名士兵需要1辆补给车，每8名士兵需要1名妓女来满足他们的性需求，以防止他们强奸平民女子。1567—1620年，军队在这条路线上至少调遣了10多次，每次都有若干军团，每次人数从2000到1万人不定，士兵的行军速度极快，根据不同的气候条件，需要1—2个月的时间不等。

在火药大显身手的战场上，伤亡人数的增加在所难免。人们可以使用火器远距离射杀，而无须直面对手，这样能轻易在数量上击杀更多的敌人，同时也不会给心理造成过大冲击。只要发射一计火炮，便可以轰死数十名无名之辈，无须看到他们垂死的面庞，也不会暴露谋杀者的真面目。杀人不再需要做许多筹备工作，也不需花费许多能量，比用刀砍、用剑刺要简单得多。战争中的伤员增多，而火器造成的损伤更腌臜，会增加感染和组织坏死的风险，这在当时还是不治之症。大量士兵集中在一处，再加上缺乏卫生措施，导致围攻和防守双方的士兵都不免受到传染病的侵袭。食品质量尽管引发了一定的伤病，但已并非其主要原因。军队中大量的伤亡，使军医变得不可或缺，他们或多或少能医治一些病患，并且能为将死之人带来一些精神慰藉。

那时的大众医疗和军事医疗技术水平都极为有限。自古代以来，理发师往往身兼医生一职，他们能轻巧地取出箭镞，缝合伤口。古埃及人和一些著名学者记录了一些如何取出异物、治愈刺伤和砍伤的伤口、固定骨折部位的方法，但仅此而已。人们已知一些药膏和植物粉末兴许可以帮助伤口结痂，一般都是士兵随身带一些绷带和药膏，勉强自救一番。士兵们通过不断的尝试，总结失败的经验，掌握了缠绷带、接合骨折和缝合伤口的技能。肢体伤残则更为严重，人们经常会不幸因此惨死。火器出现后，冷兵器逐渐消失在战场上，唯独剩下刺刀还为人所用，士兵们琢磨不出救治火器伤口的方法，伤亡率可达95%。人们当时认为，用滚油可以给火器造成的伤口消毒，可这种疗法比伤口本身更严重、更致命。著名的法国医生安布鲁瓦兹·帕雷在从医之初，曾经抱怨过他的油已经用罄，于是只能给他的病患涂抹药膏，认为这必然会造成他的许多病患身亡。但在第二天，当他心怀忐忑地去探视病人时，却意外发现所有病患都退了烧，而且比起传统的治疗方式，这种治疗效果要好很多。这位医生最早通过动脉结扎以及对肌肉和皮肤的处理来治疗残肢，这有利于稍后假肢的安装。截肢自此变得更干净与安全，人们可以不再用火灼烧鲜血淋漓的残肢这种原始粗暴的方法了。然而，外科手术仍是未知领域，接受外科手术几乎等同于被判了死刑。法国君主亨利二世在一次赛马比赛时，飞起的碎屑从眼睛刺入了大脑，受伤严重。他的妻子凯瑟琳·德·美第奇无所不用其极，下令在几个死囚身上复制同样的伤口，来研究如何取出碎屑。不消说，最后国王和囚犯无一幸存。

那时军队也没有医疗卫生服务，当然也没有市民医疗卫生服务可言。在 6 世纪末时，拜占庭国王莫里斯首次在战场上推行帮助伤员恢复的救助方法，每救起一位伤员，就可以获得一份补贴。4 个世纪后（不多不少），另一位拜占庭国王，"智者"利奥还在此基础上规定，要为每位伤员提供装满水的水壶来为他们解渴，并把它作为急救的首要的也是唯一的措施。这就是当时军事医疗卫生的惨境。

1567 年，阿尔瓦伯爵的西班牙士兵们为他们的军团在马林建立了第一所军事医院。他们发现，与其从后方调来替补的新兵，还不如在医院里将受伤和生病的老兵治疗痊愈更方便，获益更大。医院资金部分来自慈善捐款，另一部分来自对士兵和军官狂言谩语的罚款。医院一直维持到 1706 年，有 330 张病床和 49 名医护人员，年预算竟可达 10 万弗罗林金币。不久，为了区别于没有天主教慈悲照拂的新教徒，西班牙人最先建立了安置伤残士兵的收容所：哈勒圣母驻防地。1640 年，哈勒圣母驻防地收容了 346 名军人，还为阵亡士兵留下的孤儿寡妇送去救助金和食物。几年后，法国和英国模仿这一模式。然而，腐败一直如影随形，令人触目惊心，经查证，几十位佛兰德斯的牧师向垂死挣扎的西班牙士兵讨要遗产继承权，剥夺士兵们的妻子和孩子的继承权，才同意帮助他们祷告和施行涂油礼。受到非议的菲利普二世不得不将几百名耶稣会的教士派往前线，他们是那时最正直的宗教人士，让他们做军团的教士和忏悔牧师，能确保这些可怜的士兵不再被敲诈。但这位君王并不喜欢这一项不受控且具有革新意义的新政令。

我们可以得出一个明显的结论：这一新的作战方式耗资甚重，只有大的君主极权国家才能承受得起，乃至对他们来说都是困难重重。1630 年时，培养一名士兵比一个世纪以前贵 5 倍，军事开支飙升。据估算，欧洲君主制国家将 80%—90% 的赋税收入耗费在战争上，即便如此，这一数额仍然无法满足他们的需求。这一比例与今时今日国家花费在防御政策上的开销相比，简直触目惊心。瑞典君主古斯塔夫·阿道夫在三十年战争中只能支配 4 万民士兵（尽管他们是最出色的），但在他们身上投入了一半的国家预算。1572—1609 年，弗兰德斯军团主导了近 45 场暴动来抗议薪酬欠发（延迟 3 年未发）。

此外，西班牙王国不得不 6 次宣告破产。由于欧洲放贷者收取高额利率（通常可达 50%），即使有来自美洲的金银大量流入西班牙，也仍然填补不了国家的巨额负债（1650 年，西班牙负债 1 亿 8 千万达克特）。这些暴乱拖垮了西班牙的一切军事行动，无论在战役中能取得多大的胜利，也无法说服士兵们为了"爱国主义"和宗教目标而无偿作战。

自此，所有的欧洲国家都用严苛的税收，把债务转嫁到各国人民身上。那些信仰新教的国家因为没收了教会土地，将这些土地置卖出去或进行有效的开发，无疑获得了巨大的财政优势。而在以西班牙为首的欧洲南部的天主教国家，教会财产是神圣不可侵犯的，教会财产无须缴纳任何赋税，而且教会土地面积仍然不断增加。举一则轶事，或许有些启示意义：菲利普二世因为缺乏税收而一筹莫展，竟想到一个为财政救急的政策——所有生养了后代的宗教人士只要缴纳一定的金额，他们的后代都可以得到官方承认（还可以让他们继承遗产）。这一政策成效显著，约5万名孩童被教士承认，为国家提供了几百万达克特金币的收入。

普遍的资金匮乏使战争变得更为残酷。收入极低的士兵们不得不为了生存而烧杀劫掠，犯下所有罪恶的勾当。军官默许士兵们进行大规模破坏，甚至还推波助澜，因为这能为他们补充军力：只要焚毁或洗劫一座农庄，受害的农场主和农民为了活命，只能到这一犯下暴行的军队服役。在三十年战争中，天主教将军华伦斯坦愿意自掏腰包，支付5万名士兵的军费开支，而条件是凡军队所到之处，都必须扫荡一切，最后奥地利国王不得不同意他的条件。像华伦斯坦一样的军阀迅速崛起，变成他们原先宣誓效忠的国王的主子。军阀和君主之间冲突不断，双方为获得更多的战利品而争吵不休。国家为了增加财政收入而出卖军职。新兴的资本家可以购买军职，获得声名和军队的指挥权。资本家们纷纷慷慨解囊来支付士兵的薪酬，因为他们能通过劫掠和出卖低级官职获得部分补偿。

当时还没有战俘营，毕竟维持一个营地耗资巨大。假如俘获的是普通士兵，要么屠杀（如果是有钱的军官，则要求支付赎金），要么没收他们的武器，让他们逃亡。假如被俘获的是雇佣兵，那么际遇则有所不同。他们有可能得到友善的对待，只要发誓在6个月或1年内不重操武器来对抗将他们释放的那一方，就可以重获自由。有时，他们甚至能获得一点钱财，帮助他们回到自己的国家，而不惊扰沿途乡民。西班牙的哈布斯堡王朝对曾为仇敌效命的德意志雇佣兵实施这种政策，因为他们兴许在不久后，就会在另一场战争中为西班牙所用。战败方的命运完全取决于战胜方的意愿。假如士兵们知道只要投降，就能获得不错的待遇，自然有助于士兵们归降；而如果执意反抗就有可能遭到残酷对待，那么他们不得不三思而后行。根据俘获军队和士兵的条件，战胜方有时候还会直接让他们改旗易帜。

▶ ▷　启蒙时期的武器：火炮、纪律、地图和战舰

在18世纪的启蒙时期，知识、科学精神和理性主义开始大踏步地向前迈进。人们对宗教的狂热有所降温，战争不断地"文明化"，从前的骑士精神被重拾，不同阵营的军官相互赠送礼物，互

相邀请用餐。人们要求更理性地开发国家的资源，避免任意破坏、滥杀无辜和肆意放火，相互交换囚徒也变得十分常见。事实上，17世纪的战争给所有人都带来了沉痛的教训。与其围绕着易守难攻的巨大堡垒拖延战局，还不如略表敬意，尽快了结这些相互损耗以致国力衰减的战斗。战争的逐步人性化早已在18世纪初的西班牙王位继承战争中初现端倪，此外还应归功于一部战争法。这部战争法形成于17世纪，是在人们见证了三十年战争的残酷后慢慢形成的，敲开了战争向更人性化迈进的大门。在18世纪，大多数的军队都在确保补给充沛的情况下，才会投入战斗。普鲁士的腓特烈二世将军事主义贯彻得淋漓尽致，他把伏尔泰视作顾问及友人，而伏尔泰则是那时最严厉地批判战争的思想家。带有骑士古风的作战方式的复兴，也是因为老牌的贵族排斥新兴的资本家，将军权视作他们价值和原则最后的庇护。对贵族们来说，新兴的资本家们不过是暴发户，是一些怀有理性主义的炮兵，贵族们可能不如他们来得更灵巧而机智，但要数优雅、精致和勇敢，则无人能出其右！

　　18世纪时，作战方面的技术和策略革新数不胜数，而且意义重大。它们并不仅仅开创了先例，还为工业革命及其带来的重要的社会变革铺平了道路。装有刺刀的火枪在战场上称王称霸，彻底取代了长枪。火枪已经全部采用点火式，人们增加了火枪的长度，减少了枪支重量，将射速提高至每分钟3射，还提高了火枪的射程和可靠性。然而，火枪的命中率仍然较低，还需要近距离地凭直觉射击。人们还改进了弹药、提高了安全性，每一次都用纸质弹筒装载火药。在18世纪中叶，人们也尝试过线膛枪（未来的步枪），但这一尝试直到百年后才被真正应用，因为尽管线膛枪射程远、精确度高，但是装弹速度很慢，而且造价高昂。另外一个发明是掷弹兵团，由路易十四在约1675年创立，他挑选个子高、身强体壮的士兵，在攻城战中投掷带导线的手雷（1.5千克重），来清空城壕和堡垒中的敌人。这些士兵们空出双手来投掷手雷，把火枪斜背在背后。他们需要冒更大的危险，因而收入比普通士兵高，他们还因为不凡的作战表现，被视作精英。

火炮的进步尤为显著。18世纪50年代末，法国所有的军械库中都有了滑膛炮，它由实心材料钻孔的方式得来，而非通过熔铸中空的炮管得来。这是瑞士人让·马里兹在法国服役时想到的，欧洲各国都纷纷效仿。炮将、数学家让-巴普蒂斯特·瓦凯特·德·格里博瓦尔，在普鲁士和奥地利研究火炮系统时，受到英国数学家本杰明·罗宾斯研究成果的启发，从1763年开始负责项目，研制出了法国战场上最轻的火炮，可以与步兵共同进退，在战场上直接发挥威力。同时，他改进了瞄准系统，制造了完美的、规格精确的球形弹丸，还改进了火药，将射速提高了2倍。火炮自此变得整齐划一，炮管更短、更细，重量更轻，射程更远，安全性更高，操控更简单，轻便而不失威力。在减"风"（弹丸与腔内壁的间隙）后，炮口可以做得更短，腔壁更薄，还可以节约火药而不降低效力。于是，威力无穷的火炮从此诞生了，后来拿破仑将这种武器发挥得淋漓尽致。本杰明·罗宾斯还创立了最早的炮兵学院，将火炮的运输、使用和维护都交给了这些炮兵。底层人民只要学习一些数学知识，就可以完全掌控这一远距离射杀的新式武器，这引起了高高在上的贵族阶层的震动。贵族们对这种武器嗤之以鼻，于是将火炮留给这些下里巴人，而自己则仍然充当着骑兵和步兵长官，使用着更具有"英雄气概"的武器。小贵族和资本家更愿意加入炮兵部队或成为工兵。炮兵军官同时兼任着军人、工程师、炮厂监工，成为未来资本主义企业家的前身。知识变得极为重要，从 1720 年开始，国家垄断了火炮的生产和火药作坊，而火药作坊的工作条件艰苦，一般都让囚犯去工作。

18 世纪时，欧洲列国都意识到了火炮从产生到使用，整个过程都十分复杂，因此纷纷组建起了炮兵学院，学员们要学习数学、科学、几何、物理、绘图、军法和建筑。图书馆是这些学院的支柱。火炮和坑道挖掘都需要丰富的技术知识，一般都聚集在工业区进行教学。17 世纪末到 18 世纪初，炮兵军团和工程兵团逐渐诞生了。他们开始肩负起武器、弹药和防御工事的材料的生产工作。为了保障充足的供给，保证军队的调度，同时不惊扰百姓，军队开始在行军沿途建造仓储系统。西班牙开始注重军事工程与炮兵团的建设，学习法国于 1711 年成立了工兵部队，同时还建立了军队下属的巴塞罗那数学学院，这是军事推动科学的一个明证。

此时，作战军队人数轻易便可达4—5万人，部队间甚至相互不打照面，在行动上沟通和协调变得十分困难。17世纪初期，人们发明了望远镜，经过一系列的改进后，将军可以站在山丘或高地上观察和调动士兵，从而更好地控制和指挥军队。

要为如此多的士兵和牲畜提供食品、饲料和各种武器装备，那么只能从后方进行补给，这造成了很大的困难。普鲁士人最早意识到补给的重要性。火器在战场上的大量运用，需要更高的产量和更有效的补给，在这方面腓特烈二世是位行家。他的工厂每年生产近3万支步枪，上百吨火药，饲养上千匹马。此外，他还需要为士兵准备上万份口粮，为马匹有规划地投放谷物和饲料，而这些饲料占据着庞大的空间，不易储存。他还下令开凿运河，把易北河和奥得河连接起来，用大型驳船来运输军事辎重，速度快且价格便宜，对后来的经济发展起到了积极影响。在这样的基础上，普鲁士国王可以快速、有序地调遣部队，再加上军队良好的纪律性，可以对士兵数倍于己方的军队进行精准的、迅猛的进攻。军队离本国和补给点越近，作战效果就越好。普鲁士同其他君主国一样，为了填补庞大的军事开支，需要向人民转嫁更大的赋税压力。为了方便征收赋税，普鲁士开始进行详细的土地和人口登记，并迅速在欧洲推广开来。在18世纪，另一项征税工具更受民众欢迎：彩票。所有这些细致的规划，使普鲁士成为第一个筹划和开展冬季战役的国家。

军队人数的巨大升幅和随即造成的巨大伤亡，促成了 1764 年伤残部队的建立，凡服役满 24 年的士兵可以获得全额偿付，服役满 16 年的士兵可以获得半额偿付。战争尽管变得越来越人性化，仍然耗费着巨资，消耗着人口，使国家不堪重负。普鲁士人口远不及它的需求，但是由于完善的征兵系统和腓特烈二世的改革，国家还能勉强支撑作战。普鲁士军队拥有 15 万士兵，有时能达到 20 万，主要由普鲁士人组成（自 1733 年开始，农民必须强制服役），再加上三分之一的外国人和战俘。战争规模开始变得十分庞大，双方加起来可达 10 多万名士兵。伤亡也十分严重，即使在打了胜仗的情况下，伤亡也可能达到所有兵力的 40%。这主要是由于枪支火力的增强，尤其是射速的提高，使三排步枪手就可以保持不间断的火力。普鲁士严格的军事训练，以及火器膛管长度的缩短，提高了军队的作战能力。在 1757 年的洛伊滕会战中，每个士兵都发射了约 180 发子弹，几乎都没有瞄准，那时候的火器甚至还没有安装瞄准装置，士兵们都只是冲着敌人方向凭借感觉来射击。

七年战争结束后，普鲁士虽然付出了惨痛的代价，但自此被奉为欧洲的新霸主。超过 18 万普鲁士人阵亡，加入作战的每 15 个士兵中只有 1 个还身躯健全。财政预算的 90% 都被用来支持战争，为此普鲁士不得不提高税收，乃至不惜压榨自己的同胞来维持战争开销。腓特烈二世还禁止他的军官结婚，因为一旦军官战死沙场，国家就需要支付遗孀抚恤金。军官战死的情况十有八九，而国家却无法偿付这笔费用。在历经了战争的痛苦后，腓特烈二世在他人生最后几年的书稿中，表现出了对战争的厌恶和对和平的渴望，这在他年轻的时候是从未有过的。

战场上极大的伤亡对士兵们造成了心理创伤，只能用更强的纪律性来弥补。为了避免军心动摇，军官和副官要确保士兵从来不单独行动，一名士兵总要与另一名同伴保持联系，如同以前的希腊方阵一般，士兵们必须快速、高效地行进。完成前进、排成横列射击、依据口令撤退、快速转向、排列防御队形等指令，要求士兵具有更强的纪律性。无论在阅兵仪式还是在战场上，踏步、立定、托枪和一系列的动作，都要反复整齐划一地完成。无论士兵瞄准与否，一个营的射击需要严格听从长官的指令。正如我们已经说过的，所有的这些仪式和指令都在士兵们心理上起到了团结作用。

步兵穿着花色的制服，排成若干排，列成闭合方阵前进。他们跟着鼓点节奏，听从军令而停止或射击。作战双方互相靠近到相距不足百米的距离，有时甚至只有不到几十米的距离。在收到开火的命令后，步兵们一边凭着直觉射击，一边试图不去关注周边躺下的同伴。双方的交火会一直持续，直到一方看到己方大量的伤亡而士气锐减。己方士兵的退缩，或是敌方骑兵的冲击，抑或是在海战中遭到有效的侧舷射击，都会加重挫败感。这时，他们就有可能会撤退，而另一方看到他们撤退后，便会利用时机向前推进，甚至开始改用刺刀作战。在 1745 年的丰特努瓦战役中，一位英国军官依据当时的骑士准则，在己方部队行进至距法国阵列仅 50 米处，明知敌方的第一波火力往往是最密集、最致命的，仍然邀请对方先行射击。而受到了冒犯的高卢军官，回应说他们从来不先开火，要求英国人先开火。最后法国人先开了枪，造成英军的 50 名军官和 864 名士兵当场阵亡。只有在铁一般的军纪的约束下，才有可能发生如此奇事，骑士准则明显无法适应现代战争的需要了。

军纪达到了无比严苛的程度，乃至比起敌人，士兵们反而更惧怕军官。普鲁士是军纪最森严的国家。士兵们经常会受鞭刑，若犯了大错，还会受到可怕的折磨。任何错误或者小小的过失都会引来班长或士官的棍棒。逃兵会被处决或被施以炮烙，但是军队中的凌辱实在令人无法容忍，逃兵曾一度达到军队人数的 10%。因此，上级规定不能在森林附近扎营，士兵们要轮流夜巡，防止再发生士兵成群结队逃跑的情况。所有这些纪律条款都被书写成文，变为了道德和行为条律，开始在军队中推广开来，它规定了薪酬支付、军事礼仪等与军队生活相关的事项。

1763 年签订的巴黎和约，意味着法国战败于普鲁士。这场战败给了法国一计狠鞭，使法国从此成为陆军方面科技创新的主要舞台。上述火炮领域的发展成果在数年后得到体现，此外，物流和调度方面所取得的进步也十分关键。军队的机动能力决定了战争的命运，因此诸如没有准确的战略图、缺乏公路和补给点等越来越多的因素对战争的结局造成了重要影响。在 1745 年镇压苏格兰起义的战争中，公路的建设成为英军制胜的关键，他们通过公路运输军队、辎重和火炮。为了克服这些难题，法国军队开始仔细绘制本国的比例地图，用于筹划军队的调度。1763 年，皮埃尔·布尔塞将军开始绘制法国的边境地图，他还预估了英国军队的进攻，绘制了英国的边境地图。两年后，他建立了一所军事院校，教导学员们如何使用平面地图。1775 年，他发表了如何使用地图来调兵遣将和提供补给的章程；拿破仑似乎借用了他的成果，并在 1797 年穿越阿尔卑斯山脉，战胜了奥地利人。1777 年，工程兵中尉（他还是一位化学家、数学家和工程师）让 – 巴普蒂斯特·默尼耶发明了标示斜面的水平曲线，这对调兵遣将起到了决定性作用。不久后，卡西尼伯爵完成了绘制全法地形图这一棘手任务。有了准确的平面地图，再加上未来军队总参谋部中训练精良的军官，人们得以调度更庞大的军队。当然，人们还需要崭新且安全的道路来输送庞大的军队，因此法国工程师发明了一种既快速又实惠的技术：工程师皮埃尔·特扎盖在 1764 年发明了一种修筑公路的方法，他用三层不同大小的碎石来铺设道路，这种道路足以抵御恶劣的气候条件，承载火炮的重量。从此，那些翻山越岭的长征逐渐减少了，这种长征十分艰难，有时候马车和炮车都无法通过，使军队的机动速度非常缓慢，与军队在战场上消耗的时间、粮食和体力相比，有过之而无不及。

从军队的组织结构方面来看，1787年出现了"师"，这是能够独立作战的军队单元，不同的师旅之间互相协调，听令于统一的指挥。师旅中不仅有骑兵、炮兵和步兵，还有工程师、医生、交通和物流专家的支援。国家取代个别将领，开始负责招募新兵，支付士兵的规定薪酬。在贵族思想和启蒙思想的相互博弈中，法国为了防止资本家进入军队的管理阶层，取消了花钱买军职的制度，（法国将七年战争的失败归咎于军队中过多的平民军官）此外还统一规定了晋升制度。

战术方面也发生了改变。18世纪70年代末期，法国步兵冲破了普鲁士僵化的战线，其他各国也纷纷效仿。法国人意识到普鲁士的地面也是崎岖不平的，布满了欧洲前工业化时代的农业革命时建起的栅栏、墙和围栏，3—4千米长的方阵几乎无法推进，于是法国人制定了规章，把军队的部署权交到指挥官手中，让他们拥有更大的自由来因地制宜。军队的机动更快捷，法国步兵军团成为当时行动最迅捷的部队。

军队调度离不开及时的沟通，也越来越需要快速传递信息的方法。即使气候和道路条件允许，一个骑马的递信员一天也跑不到几百千米。法国更新了古老的信号传递系统，在18世纪末，完成了一项重要发明：光学电报系统。通过各座塔顶上的闪光的传递，尽可能快地传递政治和军事信息。这项计划于 1792 年开始实施，仅仅 2 年后，第一封电报就在几分钟内从里尔传到了巴黎，法国人使用了 22 座塔来发送信号，跨越了两个城市间 230 千米的距离。尽管需要耗费大量人力，但在 19 世纪初期，法国得以将几千千米的领土连成了一片。变化是显著的：战争日益复杂，也受到越来越多因素的制约，而军官们在此前作战从未需要了解如此多元的战法，掌握如此丰富的知识。这需要国家成立总参谋部，作为研究和监管战争的机构。1795 年，在法国大革命期间，路易·贝尔蒂埃将军在侵略意大利时，正式成立了总参谋部。

海洋上的创造发明也不落其后。当时英国的金融圈已经发现，海军所需要的资金远比陆军的要高许多。由于英国是个岛国，因此他们只有努力改进海军装备，更好地控制航线，才能给自己带来巨大的商业利益。18 世纪常见的是三层三桅的战舰（风帆战列舰），长约 70 米。制造一艘船，需要砍伐约 2500 棵树，使用 4500 千克的钉子。船帆 1 万 7 千平方米，索具总计 40 千米长，桅杆高 65 米，载重 2500 吨，水手 900 名，平均配备 100 门火炮。此外还有更大的风帆战列舰，载重 3500 吨，装配 150 门火炮。船身必须加裹铜片（沥青已无法满足需求），为防止生活在加勒比地区咸水中的船蛆啃噬木头，每艘船至少需要 2400 块铜板，这种方法一直沿用到 21 世纪。即使能逃脱暴风雨和敌火的摧残，每艘船的平均寿命也只有 20 年左右。

英国为了赞助和维持 18 世纪时期在水面漂行的数千艘船只和海战，于 1694 年创建了英格兰银行，在金融产品创新方面，在欧洲独占鳌头。法国和西班牙试图效仿英国，但是无论是在航船建造质量方面，还是在海员的专业化程度上，都远远无法与英国比肩。西班牙意识到自己的弱势后，于 1748 年派出了科学家、海军工程师豪尔赫·胡安·圣西里亚到英国从事间谍活动，最后他成功窃取了英国最好的一艘战舰"卡洛登"的设计图，还带回了百余名工匠及其亲眷，并将他们安排在加的斯、费罗尔和卡塔赫纳的船厂。西班牙在 18 世纪的努力并没有白费，它建成了近 600 艘优质的战船，其中 229 艘是风帆战列舰。

现在，我们从武器装备的角度来看。1779 年，英国人发明了卡隆炮（于苏格兰卡隆被发明），这种火炮更粗短，射程更短，但火力强，假若近距离发射的话（1000 米内），能够击碎敌舰甲板，而那个时代的海战一般都采用近距离射击。此外，火药消耗量较少，又因重量更轻，所以操作性更强，也不需要许多人操作。人们还发明了新式的弹药，比如用链弹来摧毁敌方桅杆，使其丧失机动性（法国人和西班牙人更喜爱这种战术），或者用烧红了的炮弹来点燃木料、索具、爆炸物等。

各国海上霸权的争夺还促进了新的科技进步。比如，人们发明了轮舵，还发明了取代星盘[1]和戴维斯四分仪[2]的六分仪[3]，用来测量经纬度和航海方向的方法。

▶▷ 拿破仑：革命爱国主义、浮空器、甜菜和救护车

假若严格地从军事科技的角度来看，拿破仑并没有什么重大建树。火枪手仍然从枪口上膛，射击精度也不高，发火用的燧石消耗极快，火炮经常堵塞，射速只能达到每分钟 2—3 次。战役尽管扩大了一些规模，但仍然沿袭了 18 世纪的模式。色彩艳丽的军队随着军鼓的节奏，以方阵的形式前进，士兵们认为步枪的有效射击距离不过 50 米左右，之后子弹的飞行路线会变得不稳定，因此也无所谓瞄不瞄准。拿破仑的成功之处在于，当他还未平步青云时，就充分利用了法国的所有先进发明。通过精巧构思，拿破仑凭借火炮和物流的进步，取得了一场场战役的胜利，最终几乎统治了整个欧洲。

正是这些先进科技的运用，再加上一个中世纪的古老元素，使他获得了辉煌的军事业绩：群众参加革命运动的动机。这种动机并不来源于传统的市民意识，亦非源于宗教狂热，而是来源于

---

[1]　一种用于定位、确定本地时间和经纬度的仪器。
[2]　外形为四分之一圆的扇面，用于在航海中测试纬度。
[3]　一种用来观察天体高度，有定位功能的手持测量仪器，曾在航海中广泛应用。

革命爱国主义。自 1789 年革命后，所有的法国民众和绝大多数的士兵都抱有这一情怀。高卢军队（甚至一部分的军官和副官）以及欧洲其他国家的军队都受够了低薪、军官滥用职权的糟糕境遇。凡尔赛的一位文人禁止仆役、狗和士兵进入他的花园，这表明士兵逐渐被划为下等公民。此外，美国的经历摆在面前，由农民和农场主组成的民兵，利用袭扰和游击战术，运用启蒙主义思想原则和自由概念作为思想武器，战胜了强大的英军，宣告了独立。

1789 年革命爆发时，法国的绝大多数民众（和士兵）满怀热情地投入了革命的怀抱。在尝试和平主义原则失败后，法国人开始武装抵御外国侵略。我们今日十分熟悉的民族主义使法国民众群情激奋，它很快成为一种新的观念，将大众凝聚在一起，迅速在欧洲蔓延开来。这一民族主义在 19—20 世纪团结了各民族、扩张了市场，对资本主义发展来说必不可缺。而在当今世界，在全球市场的经济体制条件下，我们正逐渐弱化民族主义。法国民众怀着民族主义情绪和革命热情，推翻了旧制度，通过义务兵役（从1792 年开始实行的大众征兵制），数百万对革命满怀激情、对拿破仑信心满满的士兵，汇聚到了波拿巴的麾下，横扫了其余的欧洲军队。这些军队尽管纪律更严明，如普鲁士军队一样训练有素，但却缺乏个人参加革命运动的动机。拿破仑取得的丰功伟绩，离不开更先进的军事科技、人数庞大的军队、完美的作战部署和指挥以及极端意识形态的驱动。这一支新式的革命军，融合了沙场经验和革命热情，第一次在历史上树立了兵民合一的典范。这正是 1793 年宪法第 109 条规定的应用："法国人人皆兵，全民接受军事训练"。从此，法国建立了一支百万大军。不久，法国对规章又作了进一步细化，在和平时期普遍义务兵制为期 5 年，而在战争时期，服役年限不定。后来，又规定只要交钱便可以免除服兵役，于是征兵工作的普遍性大打折扣，富人们只要支付一点钱财，就可以不用奔赴战场。

指挥一支这样大规模的军队无比复杂。为此需要不断用爱国演讲（受到军事警察的监督）来煽动革命激情，同时也离不开纪律约束，还需要最先进的技术知识。拿破仑非常注重军服和士兵的面貌，以此来加强团体意识，增强战友情谊。每名士兵都必须蓄胡，务必保持服装洁净、武器锃亮。头发应扎成 15 厘米长的马尾，必须丝毫不差。对那些以军功晋升的护卫队士兵，则有更高的样貌要求：晚上他们必须自行卷发，第二天早上进行军事任务前，理发师都会来给他们梳头发，做发型。

在技术层面，拿破仑重组了工程兵团，将工兵、坑道技术人员和浮空器操纵部队融为一体，后者才是真正成功的创新应用。使用浮空器，人们可以在几百米的高空观察敌军的动向、地势特征，描绘地图和草图。在 1794 年的弗勒吕斯战役中，法国使用的"进取号"气球派上了大用场。这是历史上第一次将航空器运用到战争中，这一成功促使法国和其他强国纷纷开始探索气球的使用。

火炮威力最大，最具"理性"，自然是战争中最受宠的武器（拿破仑本人就是炮手）：1790年，法国军队中有8700名炮手，而在1814年已有近10万3千名。法国工厂每年制造约2万8千门火炮，一半铜质、一半铁质。1803—1815年，法国又生产了400万支火器，赶超了英国人。

战争使法国的工业科技发展停滞不前。工厂生产能力有限，许多火枪的制造不得不交付手工生产。官方规定每天生产1000支，这几乎是不可能完成的任务，1794年每天产量仅达700支左右。受到革命精神的鼓舞，几千名工人和工匠把自己的家当成了作坊，还号召家人，用临时搭建的火炉制造枪支。1793年，仅仅在巴黎就有2000名制造步枪的工人，第二年竟达到了6000人。这一团体合作使工人们累积了技术加工经验，为日后在工厂的工作奠定了基础。法国的羊毛纺织工业也几乎是全民动员，他们大量提高产量来满足军队数十万的制服需求。

对知识和文化的渴求，是革命和拿破仑体制必要的基础，这一基础需要数千名市政官员和军官。于是，大大小小的学校如雨后春笋般涌现，织就了一张覆盖全国的教育网络。国家及其官员和公务员都需要迅速成长起来，以支撑国家的有效运行。法国所有的工厂和作坊都如火如荼地展开了生产，来保证武器及其他重要的战争必需品的生产。1811年，吗啡和碘的发现者、化学家贝尔纳·库尔图瓦发明了一种用海藻制造硝酸钾（制造火药不可或缺的材料）的方法，解决了英国封锁大洋的困境后，法国的原材料短缺问题。英国还封锁了棉花的进口，于是法国人在波河河谷地带种植棉花，以期生产这一纺织工业必不可缺的原材料。然而，这一试验却没那么一帆风顺。

"伟大的科西嘉战车"以快而闻名，这是拿破仑的最爱之一，他用它效仿以前的罗马军团，调遣军队。假如道路通畅，他的战车每天可行驶 120 千米左右；假如满路泥泞，要翻山越岭，它能以每小时 4 千米的速度来运载全副武装的士兵。拿破仑的一名大将，路易·尼古拉·达武在奥斯特里茨战役前夕，用两天时间就使军队成功机动了 145 千米。若要达到波拿巴的要求，快速调遣上万名士兵，需要历史上前所未有的物流规模。无论是在夏天还是冬天（战争不再专属夏季了），都需要运送几千吨的食物，还要保证良好的储存条件。1803 年，拿破仑拿出 1 万 2 千法郎，用来奖励能设计出保存和运送食品的方法的人。一个糖果糕点商人尼古拉·阿佩尔提出，把密封加盖的瓶子放入沸水蒸煮后，里面的食物可以完好地存放数月之久。拿破仑将奖励颁给了他，还宣布他是人类的恩人。1810 年，英国人皮特·杜兰德发明了用马口铁做成的罐头，它更轻、不透光线且不容易摔碎，从 1820 年起取代了玻璃罐头。拿破仑领导的战争大大促进了食品储存方面的发明，是人类食品制造史上的一大飞跃。自此以后，在长途旅行和食物匮乏的时期，人们不再只依靠熏制和腌制食品度日。大规模的军队不再需要依赖驻地的供粮，冒着无粮的风险。谁知拿破仑如此在意物流，却恰恰因为轻视食品供应这一环节，在俄罗斯战场上惨败。

法国还遇到了另一难题。英军海岸线的封锁成功断绝了欧洲大陆市场上糖的供给，那时的糖只能从热带种植物甘蔗中提取。况且，法国还丧失了海地，这个它原本主要的糖产地。因此，即使法军能突破敌军封锁，也没有可以产糖供糖的殖民地。18 世纪中期，人们发现甜菜具有极高的含糖量。在 1810 年，银行家、博物学者邦雅曼·德莱塞尔向拿破仑敬献了从甜菜中提糖的方法。为了取代甘蔗糖，拿破仑随即下令种植近 33000 公顷的甜菜种植地，并建立加工工厂。短时间内，数十家工厂获得收益，这种提糖方法取得了巨大成功。值得一提的是，当今欧洲消费的糖 90% 都是榨取甜菜所得，占世界消费量的 30%。德莱塞尔被授予法国荣誉军团勋章和王国男爵的头衔。

拿破仑领导的战争造成数百万人死亡，为科技的发展罩上了乌云。而这一巨大伤亡带来的唯一贡献，是提供了成千上万的伤员用于进行医学创新试验。从众多的医学工作者中，法国医生多米尼克·让·拉雷脱颖而出，他在许多领域都实现了创新。首先，他可谓是现代救护车的发明者。在那时，在战役中受伤的士兵会被一直留在战场上，直到战役结束，才能被送往 5 千米以外的战地医院救治。这只是在作战胜利的情况下才会有的待遇，假若伤员被留在了敌方战场上，那么只能自生自灭，或者被残杀。这位医生亲历了战争造成的巨大伤亡，申请创造了人类历史上最早的救护车。他设计了一种带篷马车，在里面加上特殊的悬吊装置来防止磕碰，还放了软垫，让伤员尽可能地感到舒适。他还设计了担架和车里必须摆放的医疗物品，还有战地医疗设备，可为伤员提供急救并在第一时间送往医院。这一实践效果良好，1793 年他被授命在全军推广这项医疗服务。1794 年，他结识了拿破仑，与他建立了深厚的友谊，并获得了种种殊荣。在大大小小的战役中，他一直伴在拿破仑左右，直到最后的滑铁卢之战。

救护车的投入使用面临一些非常艰难的处境，但同时也是必要而现实的。面对大量的伤员，拉雷首先要选择帮助谁撤离。对于那些将死之人，只能将其留在原地，能做的仅仅是减轻他们的痛苦。医疗人员会当场治疗那些受了轻伤的士兵，好让他们重回战场，让那些受伤稍微严重一些的士兵自行或是在战友的帮助下回到后方疗伤。无论受伤的程度，还是所属的战队，只有那些在急救后可以活命的伤员才会被撤离。这样便诞生了最初对伤员的甄别检查，即我们如今所说的伤员分类处理。

形形色色的伤口促使拉雷探索新的外科手术方法。他掌握了为舌头和口腔动手术的方法，还用奶瓶让失去咀嚼能力的士兵进食。他在截肢手术方面取得了很大的进步，5 分钟内就可以完成一台截肢手术，他还采用了新的方法（拉雷截肢法）。由于截肢手术可以有效避免坏死，在一些战役中。拉雷要为 200—300 名士兵做截肢手术。他的人道主义精神和为救治士兵而奋不顾身的勇气，迅速在战场上传播开来，还获得了英国人和普鲁士人的尊敬。在滑铁卢战役中，他不断乘救护车往返于前线，得到了威灵顿公爵的亲自接见和慰问。甚至在战役后，当普鲁士人快要对他执行枪决时，他被一个以前的学生认了出来，立刻被送到冯·布吕歇尔将军面前。这位将军感谢拉雷在先前的战役中救助过自己的儿子，赠送这位医生物资和钱财，帮助他返回法国。拉雷对他的战友誓死忠诚，他选择与其他烈士一起被埋葬在荣军院。

▶▷　战争与工业革命的起源

18 世纪末到 19 世纪初，欧洲的战争、工业革命和日新月异的科技变化（所谓的进步）的密切关系已经显露无遗。现代工厂在 17 世纪已经有了雏形。这些早期的工厂是由瑞典的古斯塔夫·阿道夫二世、法国的柯尔贝尔和之后俄罗斯的彼得大帝资助的，生产武器、火炮和步枪的军工厂。工厂内部已经出现了分工，与传统的手工生产相比，有了质的飞跃。18 世纪时，国家对武器的需求不断促进着生产机制的发展。1792—1815 年，正值大不列颠加入拿破仑战争期间，公共开支上升了 5 倍（从 2 千 2 百万英镑变为了 1 亿 2 千 3 百万英镑）。在这场竞赛中，我们可以看到中欧和北欧国家走在了前列。在这段时间，它们为了巩固市场，不断开疆拓土，发展商路。

1785 年，在发明家奥诺雷·勒勃朗的推动下，法国推进了标准化生产，开始生产由通用零件组装的火枪。1800 年，美国人伊莱·惠特尼在美国建立了第一条组装线，同样用于火枪的生产。若干年后，采用通用零件这一原则不仅被运用到了武器的加工制造上，还被用到了其他新式发明上，比如纺织机和收割机。后来还被运用到战舰上：人们先制作固定尺寸的零件，然后将这些零件组装在一起，而不再是每条船都进行独立的手工生产。假如没有英国海军对火炮的大量需求，炼铁技术不可能取得发展。1783年，亨利·科特发明了搅拌炼铁法。当时，亨利·科特肩负着改进火炮制造的任务，开始着手进行试验。他制造的铁质量更好，价格更便宜，奠定了数十年后铁路和铁船飞速发展的基础。1775年威尔金森发明了镗床[1]，可以使活塞和汽缸更好地契合，提高瓦特式蒸汽机的效力。军事需求促进了镗床的发展，这一新式机器运行更精准、更高效，后来完美地肩负起了修筑数千千米铁路的任务。制造系统和武器装备有着辩证的关系，相互促进，相互影响，我们无法将两者分开来，也无法将武器需求和冶炼技术的进步分而论之。

军队人数日益增多，他们需要各种不同的商品来满足需求，

---

[1]　一种用镗刀对工件已有孔进行镗削的机床。

士兵们成为新兴消费者。这一市场需要许多工业来支撑，尤其是仅仅单场战役就可能在几小时内消耗掉（毁坏）需要几周乃至几个月才能加工成型的商品。大不列颠在拿破仑战争期间对战争产品的大量需求（国家的大部分开销都投入了武器和船只的制造中），为数以万计的工人和士兵（约50万人）提供了就业，这意味着百分之百的就业率，并促生了对消费品的强烈需求。圈地运动的苛刻条例将数万名贫农逐出家园，虽极大地提高了农业生产效率，但假如这些流离失所的人无法在陆军和海军中，或是城市里的炮厂和武器制造厂找到工作，那么圈地法也不会被接受得如此迅速。大不列颠战后的棉花生产量是战前的6倍，而铁的生产量是8倍。在其他领域，英国为其他与法国作战的欧洲列强提供借款和补贴，使这些国家购买更多的英国商品，有助于英国海外市场的形成。假如没有这些条件准备，没有战争开路，工业革命不可能来得那么迅猛，大不列颠也不可能独占鳌头。与某些经济历史学家的观点相反，战争不仅完全没有阻碍或延迟工业革命的到来，反而起到了推动作用。因此，虽然看似是悖论，但是拿破仑确实是推动大不列颠工业革命的关键人物。

诚如英国历史学家艾瑞克·霍布斯邦所言，假如没有军队的发展，尤其是没有海军的发展，那么冶金工业不可能发展得如此迅速、高效。这位英国历史学家还提出，在拿破仑战争期间，即使战争阻滞了欧洲大陆的工业化，也在英国起到了截然相反的作用。英国的战舰制造规模如此之大，在1800年排水量已达50万吨，雇用了近12万名水手。火炮和步枪的制造商毫不迟疑地将所有最新的生产技术运用到生产中，来满足诱人的政府合同所规定的生产周期、数量和质量。如果说在1790年英国的钢铁生产数量为5万吨，那么在1800年已达到12万吨。大不列颠是在拿破仑战争中唯一免受其害的欧洲国家。从1790年开始，英国开始向所有欧洲国家出售枪支，乃至在向法国宣战前还与法国交易。在欧洲大陆全面爆发战争后，那些抗击法军的欧洲列强的兵工厂和作坊没有可以与英国工厂比拟的生产质量和生产能力，因此，英国的武器俨然成为它们唯一的救命稻草。拿破仑战争为英国冶金业保航护驾，在数十年内消除了它本要面对的欧洲竞争。

在严格意义上的军事领域中，拿破仑的敌对国家在经历19世纪初的失败后，很快发现了军队作战动机和军官的技术培养的重要性，还发现应该将这两者看得比贵族血脉这一因素更为重要。向来以精英自诩的普鲁士人，在1806年的耶拿会战失败后，对本以为战无不胜、且如钟表齿轮一般运行精确的军事模式感到失望，痛定思痛后，他们反而成为第一个模仿高卢改革的国家。在将军格哈德·冯·沙恩霍斯特的指挥下，普鲁士在征兵体制和民族精神培育上，模仿了法国的军事模式，还创建了总参谋部，要求所有预备役军官都必须去战争学院进修。格哈德将军完善了军功晋升制，废除了打骂传统，建立了预备役系统，等等。这位普鲁士将军还模仿法国的仪式典礼，把爱国主义升华为国家信仰，把普鲁士三色旗和铁十字勋章变成新的士气的象征。尽管十分仇恨法国，但是普鲁士最高级别的军事勋章（沿用至第一次世界大战时期的德国）仍然是一个蓝色的马耳他十字架，上面刻着法语的"致功勋"（Pour le Mérite），而且法语当时仍然被用作宫廷语言。腓特烈·威廉一世在 1740 年恢复使用了这种徽章，一直延续到魏玛共和国时期才撤销。德国大刀阔斧的改革取得了卓越的成绩，从 1820 年起，普鲁士军官又重回世界第一的宝座。

然而，在新的复辟制度下，由于害怕和抵触法国革命思想和现代化，自 1815 年起，德国军队"旧制度"的某些原则复兴了，表现出一定的反智主义，反对具有进步意义的创新。不过在这一制度下，德国最终仍接纳了一些组织机构上的创新，比如师级编制和总参谋部的创立。

此外，也有一些先进的科技发展，比如气球（浮空器），人们不再只将其用作军事观察装备。威灵顿公爵在 19 世纪初拒绝使用英国人威廉·康格里夫发明的火箭炮，即使火箭炮在 18 世纪末已经在印度战场上大显神威，之后在英国攻打布洛涅（1806）、哥本哈根（1807），以及在但泽和莱比锡（1813）战场上，也都派上了用场。因此，不论是在滑铁卢战役还是后来的英美战争中，都几乎不见火箭炮的踪影。直到 1867 年，当威廉·黑尔提高了火箭的精准度后，英国人才开始接受这种新型改进版的火箭。

在普鲁士，我们在总参谋部军官卡尔·冯·克劳塞维茨的身上也能寻找到这一变迁的痕迹，他是普鲁士绝大部分军事改革的推动者，也是现代战争最伟大的理论家之一。他有一句名言："战争是政治的延续。"拿破仑战败后，卡尔在 1818 年被任命为柏林战争学院院长，但由于他不是贵族出身，很快被宫廷排斥在权力中心之外，当权者还认为他的思想过于自由主义、过于睿智。他的理性主义理想与复辟"旧制度"的精神相左。

此外，战争在人道主义方面也产生了一些消极影响。拿破仑战争引发爱国主义的蔓延，煽动了整个民族尚战的情绪，还灌输了全民武装抗击敌人的概念，带来了极其糟糕的后果，野蛮行径再次出现。这本应早在 18 世纪时，被启蒙主义从战场上根除。谋杀、胜利方清剿战犯（一个耸人听闻的例子是 1809 年，近千名法国人被饿死在卡夫雷拉岛上）、折磨、给伤员致命一击（试想一下戈雅的版画《战争的灾难》）、袭击战地医院、残杀医生等一系列暴行变得司空见惯。凡是对战败方的受伤士兵态度怜悯的平民，都被认定是与敌方串通，会因叛国而被处以死刑。对于侵略者和叛国者，人们可以无所不用其极。宗教并没有惩戒这些暴行，反而成为促使革命者牺牲的帮凶，先用来反对拿破仑，后反对自由主义（和自由主义人士），以此作为与"敌基督"做抗争的方式。若干年后的西班牙王位继承战争，更是完美诠释了这一极端后果的残酷。

第六章　军队、工业与文化

各国不再根据各自的风俗、潮流、利益或是不成文的条例，任意处置伤员和战俘。人们制定了一些必须执行的规则，国际战争法逐渐成形。这是人类在制约大屠杀行径的漫漫长途中具有积极意义的一步。

直到 19 世纪中期，欧洲都是一派歌舞升平。国家内部的革命运动此起彼伏，却从未越过边境，成为国际冲突。欧洲国家纷纷忙于建设资本主义民族国家，巩固国内市场，抢占外部市场。欧洲凭借先进的科技，轻而易举地攻下亚洲、非洲和大洋洲。因此，在 19 世纪的前几十年，并没有任何促进了科技发展的现代战争。这一阶段科技的进步不过是对业已存在的发明的改进，只不过制造变得更容易，使用更便宜。不久，一场新的军备竞赛再次促进了科学的发展。在 19 世纪的后半期，竞赛取得的成果被运用到克里米亚战争、美国内战和普法战争中。世界第一次卷入工业战争，数以千计的士兵由钢铁铸就的船舶和铁路送入了消耗战中，往往有去无回。一股邪恶的势力正在汇聚：首先，工业机器越来越大显神通，破坏能力也变得今非昔比；其次，战争牵连了更多的人，相比之下，拿破仑战争都只带来了小规模的影响；最后，当权者巧妙地煽动民族主义思想，麻痹普通民众，使他们盲目地（甚至开心地）互相斗争。欧洲即将进入到全面战争中，在19—20 世纪，上亿人的性命被牺牲了。

19 世纪以来，军事部门和私人工业的联系日渐紧密，双方都获利颇丰。军官需要更新、更好的武器，这帮助推动了工业革命的科技进步，那些大企业家可以从合同中谋求被当时的国际工人运动（至少在当时情境下）定义为"血汗钱"的利益。这样的企业包括德国的克虏伯公司、提森公司，法国的勒克佐公司，大不列颠的维克斯、阿姆斯特朗和英国马克沁公司，美国的联合钢铁有限公司，瑞典的诺贝尔火药工业公司，瑞士的奥利康公司，等等。这一紧密的关联也意味着科学和军事研究之间的关系日益紧密。英国人在 1660 年采取行动，创立了皇家学院，他们在航海领域的创新迅速被运用到战舰上。19 世纪时，二者的关系尤为密切，可以体现在科学家迈克尔·法拉第身上，他是电磁学的奠基人之一，于 1829—1853 年在皇家军事学院担任教师。

科技的重大发展，尤其是新式交通工具的发展对于军队和战争的影响，成为军事思想必须研究的课题，同时，军事思想也不得不有所创新。赫尔穆特·冯·毛奇作为普法战争的总参谋长，参照拿破仑思想，认真研究且格外重视军队部署和补给的交通线。对他来说，快速的机动能力和周密的计划，可以有效避免意外的失败。在这一作战观念的指导下，他充分发挥铁路和电报的功能，在 1870 年的色当会战中取得了决定性的胜利。瑞士籍法国军事家安东尼·亨利·约米尼的军事观念更具有教育意义、更经典，也吸收了更多的传统观念，比起科学技术，他更重视士气和军事品质（思想观念）。之后若干年，尤其是 19 世纪最后的 30 余年和 20 世纪的发展历程，更印证了克劳塞维茨和毛奇的思想。

▶▷ 交通、食物与军事医疗

新的铁轨和大型的蒸汽船可以在短时间内将百万士兵送到前线，这是百万雄师崛起的关键因素。成千上万的欧洲士兵在短短几周内，便可以到达世界的任意角落左征右伐。在普鲁士、奥地利和法国的战争以及美国内战中，铁轨可在几天内完成大规模的军队调度，展现出了巨大的军事价值。数以千计的士兵被极快速地转移，而无须消耗体力（比步行或马车运送快 5—10 倍）。采用铁路还可以避免使用马匹，省去了养护马匹带来的麻烦。食物、武器和弹药的运输也便捷了许多，由于当时还没有远距离进攻武器，所以没有任何能对铁路和补给车辆造成威胁的风险。良好的铁路网可以将大量人员快速送往前线，铁路网的铺设随即成为首要的军事目标。人们最终建立起了比河道更有效的军事补给脉络。

1845 年，人们建立了第一条电报传送线路，萨缪尔·摩尔斯发明的电报很快成为军事建设的核心。有了这一发明，军令能够即刻从司令部传递到几百或几千千米以外，为军队的转移节约宝贵时间。美国在内战时期，每天会有数十次信息往来，许多都是加密信息。在内战初期，林肯总统紧急发电报给各联邦，请求志愿兵支援，这是电报成功应用的一个例证。他很快收到回复，各地已集结了众多志愿兵。这些远超出了他所要求的数量的志愿兵迅速到达了首都，从同盟军的围困中解救了首都。救援的及时到达离不开电报的关键作用。在随后的军事行动中，电报依然起到了极大的作用，于是双方军队都迅速铺设起几千千米长的电报线路。在战争结尾时，双方加起来共铺设了3万4千千米长的电线。由于铁路和电报的重要性，精于二者的军事专家很快脱颖而出，负责监控和维护。另一项意义重大的举措是国家内部的时间统一。废除当时再正常不过的各个村庄和城市的区域性时间，是保证军队作战效率和协同必不可少的措施。不久后的1852年，第一条海底电缆铺设成功，大洲之间被缆线连接在一起。人们不再需要通过船只递送信件的方式来传递信息。

1850年前后，铁质螺旋桨取代了巨大、笨重且易碎的船桨，成为推动新式蒸汽钢船的工具，航船可以在两周内穿越大西洋。瑞典工程师爱立信在1837年为螺旋桨申请了专利，却没能成功引入大不列颠市场，转而在美国成功试航了第一艘使用螺旋桨推进的军舰"普林斯顿号"。英国皇家海军的成功在于船帆和木材的使用，他们反对创新，因此其他强国反倒成为航海技术方面新发明的推动者，比如刚提到的法国和美国。但是木质帆船注定会一败涂地，这在1853年的锡诺普海战中显露无遗。俄国海军使用铁船，装配了佩克桑火炮这一由法国人发明的、能发射爆破弹的现代火炮，最后俄军在毫发无伤的情况下战胜了奥斯曼帝国海军，奥斯曼帝国惨败到只剩下一艘战舰幸免于难。钢船时代的到来推动了人们改进蒸汽机，大不列颠一直认为法国即将入侵，最后也加入到了这一科技竞赛中。尤其在 1860 年后，钢铁变得比木材更便宜，而且能保证军舰更长的寿命，于是各国都将钢铁视作未来。金属船只还可以分舱，在作战过程中能够隔离水路，使战舰更不容易沉没。它唯一的问题在于吨位，敌舰的火炮装备越完善，己方就越需要厚重的船甲来防护，这也意味着船只更重，需要装配更大马力的发动机。美国内战还推动了最早的水雷的出现，它后来演变为最早的鱼雷。此外，美国内战还推动了最早的脚踏式潜水艇的出现，它具有划时代的意义。

克里米亚战争（1853—1856）证实了补给的重要性，200 多万士兵聚集在一块小小的半岛上，他们可不能天天餐风饮露。这是第一场运用了电报的战争，尽管因为俄罗斯并没有成型的电报网络，电报只起到了微不足道的作用。另一方面，法英舰队利用他们的航海优势，可以随时确保克里米亚远征队伍的补给，而俄罗斯虽然从农民那里征用了 12 万 5 千辆马车，仍然难以将补给送达被围困在塞瓦斯托波尔的军队。驾驶这些马车通过充满泥泞的乌克兰道路到达克里米亚，比起从英国涉海而来更慢、更艰难。此外，船的装载能全部用于盛放货物，而用马牵引的马车还需要装载大量的饲料来喂养这些牲畜，因此，马车装载的补给实际上要少许多。结果，被围困在塞瓦斯托波尔城内的俄罗斯人不得不定量分配粮食和弹药，而英法联军却能每天开炮 5 万 2 千次。水路再次变为输送补给最安全的通道，尤其是俄罗斯，那时候还没有可以把补给及时、足量地送到克里米亚的铁路网。这场战役还显示出了同盟军将领的无能，他们本想在塞瓦斯托波尔附近登陆，却没预料到附近水深不及战舰的吃水深度，且他们也没有预备御寒的冬季衣物。

从19世纪中叶开始，数百万的欧洲民众和军人投入征服世界的战役中——殖民主义再度出现。百万生灵穿梭在遥远的边境地带，他们需要武器、食物和药品来进行扩张活动。拿破仑对使用罐头和甜菜的倡议又重新获得了重视。此时的欧洲人要面对的新困难是热带疾病，比如疟疾、黄热病、登革热等。从1850年起，英国大量生产奎宁（耶稣会教士17世纪开始在秘鲁开采），来缓解疟疾在亚非热带地区肆虐的情况。假如奎宁没有普及开来，假如人们没有种植金鸡纳树，以取其树皮来做药引，那么殖民主义也不可能扩张至斯，事实上奎宁几乎成为与步枪一样重要的战争物资。人们把树皮与水和糖混合在一起（原始的汤力水），但是这种液体还带有苦味，于是人们在其中混入一些琴酒来让这种药水更易入口，由此诞生了著名的鸡尾酒——金汤力。

战争和成倍增加的航行都离不开大量的食物补给，因此需要大量生产罐头食品，人们首先采用了阿佩尔的方法，而后采用了杜兰德的方法。所有拥有殖民野心、需要维持大型战役的国家，都开始探寻最简单的保存和运输食物的方法。拿破仑三世效仿先祖，组织了一场比赛来奖赏能研究出方便携带和储存的黄油替代品的人，化学家伊波利特·梅热－穆列斯接受挑战，发明了人造奶油。美国人盖尔·博登 1851 年为其制造的炼乳申请了专利，但这项发明直到美国内战时期才被人想起。对便宜、易于储存且便于运输的食物的需求，使人们发现了炼乳的价值，它在 1866 年被引进了欧洲。19 世纪中期还出现了奶粉。巴士德（他创造了巴氏消毒法）在前人的基础上，于 1864 年在保存多种食品的技术上更进一步。人们还发明了脱水鸡蛋、蔬菜和鱼类。1870 年，人们发明了果酱和糖水水果，彻底消除了海员罹患坏血病的风险（缺乏维生素 C）。数千吨用这种方式保存的食物充盈了军队的仓库，供养越来越多的士兵变成小事一桩。

纺织业也发生了变革。在殖民地和欧洲大陆作战的士兵需要数以百万计的制服和棉制服装（尤其是内衣）。纺织工厂看到了商机，从 19 世纪上半叶开始致力于缝纫机的发明（法国的希莫尼、美国的胜家等），并很快引起政府的关注，工厂开始收到制服和各式衣物的政府采购订单。

卫生医疗领域也取得了长足的进步。战争武器越来越致命，疾病的威胁越来越大，士兵命如草芥，如蝼蚁一般轻易死亡。伤亡率如此之高，威胁着军事和殖民扩张主义的推行，因此人们急需找到降低死亡率的方法。况且，即使不提人道主义因素，从遥远的大城市运来替补人员也成本过高，还不如把大量的战地伤员医治好更为实际。不幸中的万幸，19世纪下半叶的战争（克里米亚战争、美国内战、普鲁士与奥法战争、殖民地战争等）为医学实验和医学进步提供了数十万的死伤者。在克里米亚战场上，俄罗斯医生尼古拉·伊万诺维奇·皮罗果夫为了救治骨折伤员，于1854年发明了石膏夹板。他在战地外科手术中推广了麻药的使用，还推动了战地医院的现代化进程。不过，在现代化方面，真正做出革命性创新的要数英国护士弗罗伦斯·南丁格尔，她和其他38名医护志愿者前往克里米亚照顾伤员。她到达克里米亚时，发现了战地医院糟糕的卫生条件和对伤员（尤其是无官衔的普通士兵）的怠慢。医院缺水、缺厕所、缺干净的绷带，通风不良，饮食不善，使伤员罹患黄热病、霍乱和疟疾，这三种疾病直接导致了至少40%住院者的死亡。3万名的联军士兵死于战伤，另外4万名士兵则死于疾病。在她的号召下，战地医院条件的改善使伤员的死亡率减少了50%以上。

美国内战造成数百万人员死伤，也成为医学实验的大课堂。截肢仍是施行最多的手术种类，手术技术不断纯熟，伤员的存活率也越来越高。用氯仿作为麻醉剂的方法也得到普及，但是氯仿产量小。为了防止蒸发，人们用吸入器把它蘸取到纱布上，以此每次可节约90%的氯仿。人们还首次治愈了气胸，格登·巴克开创了整形外科手术，为30多名毁容士兵进行了手术。另一位医生，乔纳森·莱特曼，成功运用并改进了伤员分类系统，还升级了法国医生拉雷的救护车系统，增加了救护车数量，提高了医院的运行效率。在几年后的普法战争中，德国医生弗雷德里克·冯·埃斯马赫发明了压力绷带来止血，举世闻名。

人类的幸运之处在于，并非所有事都要以经济利益来衡量。1863年，瑞士的慈善家、百万富翁亨利·杜南成立了红十字会。1859年，法国和奥地利之间爆发了索尔弗利诺战役，在这场战役中，亨利·杜南看到了4万名伤亡人员被抛弃在战场上，哀鸿遍野，这一景象令他刻骨铭心。面对这一人间惨境，他号召周边的民众，向他们宣传急救伤员的人道主义需要，还和几位好友一同加入到人道主义救援中。这场战役给他留下了不可磨灭的印象，1862年他出版了《索尔弗利诺战役回忆》一书，给欧洲精英带来了极大的震撼。继瑞士红十字会成立后，仅一年内，欧洲各国纷纷涌现出了同名的类似组织，各大组织间逐渐开展了合作。这些组织当时的头等大事，是确保交战国保护救护车，把战地医院视作中立领土，承担起转移和救助交战双方士兵的职责。从此时开始，人们开始将白底红十字的标志当作战地医院和救护车的标志，所有交战方都应予以尊重。

▶▷　新式步枪与火炮革命

在克里米亚战争中，新式线膛步枪首次在大战中显示出了比滑膛火枪更大的优越性。线膛枪的射击距离为 1000 米，而滑膛枪仅为 200 米。这主要是因为线膛推动子弹自转，可以提高速度，使子弹路线更精准，提高有效射击距离。人们在 18 世纪研制出了线膛并且投入了使用，但是线膛枪发射极慢且极其复杂，因此从未大范围使用过。线膛枪时代的到来，离不开爆炸式点火技术的发明，苏格兰新教牧师约翰·亚历山大·福赛思在 1807 年为他的这一发明申请了专利，这项技术随即被大量运用。从此，点火不再需要导火线和火星，只要在纸质弹筒底部敲击一下即可。这种技术减少了走火意外，几乎不受气候影响，大大提高了枪的可靠性。基于这两项发明，法国上尉克劳德－艾蒂安·米涅在 1849 年发明了长圆锥形的、底部中空的子弹，上膛十分容易，射击后会膨胀，可以紧贴火炮内的膛线。

这一发明很快引起了重视，新式步枪的射击距离几乎与 19 世纪上半叶的火炮一致（1000—1200 米），使得炮手也暴露在敌方步兵的火力下。大不列颠、普鲁士和美国都模仿了这一系列发明，1860 年几乎所有的现代军队均已淘汰了老式的滑膛步枪。克里米亚战争爆发时，冶金业急需生产上万支新式步枪来满足军事需求，许多工厂对此毫无准备。铣床成为满足快速生产需要的解决办法。美国若干年前已发明铣床，但当时它仍未传播至欧洲。这一生产方式还被用到了新式的米涅弹上，英国工厂每天能生产 25 万颗子弹和 20 万个纸弹筒。他们当时使用的是恩菲尔德步枪，射程为

550米，与美国的春田步枪一样。奥地利人也发明了一种优秀的步枪：洛伦茨步枪。基于平板的、新的自动化生产使所有新式步枪的零件都是通用的；手工匠和精工细活的小批量生产的时代彻底终结了，工业化的时代到来了，尤其是在1860年后。1861年，纸质弹筒和子弹进一步合二为一，被装在了同一个金属容器中，大大提高了射速。在此若干年以前，塞缪尔·柯尔特已经为他发明的左轮手枪申请了专利。这种手枪简易且实用，可以批量生产，它的零件全部是标准化的，因此完全可以通用。

普鲁士人采用撞针，发明了后装式步枪，影响巨大。1840年，约翰尼·古拉斯·冯·德赖泽为后装式步枪申请了专利，射程达1500米，不过有效射击距离仅为600米。相比前装式，后装式的优势在于士兵可以卧倒或弯腰上膛，而不必暴露在敌人火力下。它还大大提高了射速，达到每分钟7射，尽管不如米涅步枪精准，也没能达到它的射击距离，但是后装式步枪的射速却是米涅步枪的两倍。后装式步枪无疑前景巨大，但普鲁士缺乏美国发明的铣床这一自动化生产工具（普鲁士直到1862年才开始使用），推迟了后装步枪的普及。在1866年与奥地利人的战斗中，普鲁士的努力得到了回报，后装步枪大显神威。法国人发明了夏塞波步枪（并用这种步枪组建了第一支狙击队），它的有效射程更远，射击精度更高，比德莱赛枪更安全，但仍未能改变1870年普法战争的结局，德国现代火炮的射程达到5000米（克虏伯钢制线膛后装火炮），在战争中起到了决定性作用。步枪最后发展到令人震惊的程度：新式步枪的射击精度过高，太过致命，战场上近90%的伤亡都由其造成。与奥地利的战争事关普鲁士的统一，在这场战役中，普鲁士的德莱赛后装步枪比奥地利洛伦茨后装步枪威力更大。几年后，德国人在1898年发明了被誉为历史上最优良的步枪，毛瑟步枪。它的射程极远，精度极高，有效射程为1400米，装有5发装桥型弹夹，使供弹变得更方便。布尔人用这种步枪在与英国人的战斗中获得了明显优势，德国人在第一次世界大战乃至第二次世界大战中，都大量使用了毛瑟步枪。

殖民战争更加残酷。在殖民战场上，士兵不觉得自己是在欧洲战场上那样与"同等的人"作战，他们无须顾及任何骑士精神，作战肆无忌惮。他们的目标不外乎是不惜任何代价地消灭土著居民，有爆破弹的使用为证。例如英国在印度加尔各答附近设立了的一个叫达姆的军工厂，在那里能找到最早的爆破弹——达姆弹。在1857年爆发的印度起义中，数千名印度士兵手持刀剑，争先恐后地冲向英军。一颗具有穿透力的现代子弹，假如没有射中致命器官，仍然无法阻止那些挥着武器奋勇向前的敌人；即使之后有可能扑杀敌人，却也不免损兵折将。为了有效阻止袭击者，内维尔·伯蒂－克莱上尉下令去掉子弹头上的金属壳，或者在子弹上划开几道裂口。子弹在撞击到敌人身上时，无法射入身体，反而会爆炸，飞溅的金属碎屑会造成可怕的伤口，立即阻止敌人前进，使他们当场流血而亡。就这样，人类发明出了爆破弹，后来被国际公约禁止使用。

火炮也不断地更新换代。英国人在克里米亚战争中首次使用了线膛炮。它的射程约为 3000 米，是传统火炮的 2 倍多，即使在新式步枪的扫射下，炮手也可以安枕无忧地待在后方射击。不久，拿破仑三世治下的法国模仿了这一发明，尽管是用铜制造的，但仍然成果显著。在索尔弗利诺战役中，法国火炮的射程可达 3200 米左右，整整比奥地利人的火炮多 1000 米，帮助高卢人赢取了最终的胜利。其余强国，例如俄罗斯和美国，仍然使用着射程不足 1500 米的火炮。

美国内战也为人类带来了一项创新发明，令人闻之丧胆：机关枪（机枪）。最早的机关枪是于 1862 年发明的加特林机枪，最初带有一个摇动曲柄，6 管弹筒，每分钟可发射 200 次，重约 40 千克。无论是南方军也好，北方军也罢，作战双方在使用机关枪时，都对它造成的可怕屠戮心有余悸。1870 年，法国人发明了带有摇动曲柄的蒙蒂尼机关枪，带有 25 管弹筒，每分钟可以发射 125 发子弹，射程达 1800 米。但是，那时机枪数量不多，而且军队缺乏训练，在普法战争中没派上什么用场。不久后的 1884 年，威廉·加德纳特发明了另一种带有曲柄的机枪，10 年后，海勒姆·马克沁（多产的发明家，电的发明者之一，爱迪生的"对手"）发明了第一挺真正意义上的自动机关枪，发射速度更快，子弹固定在布条上，每分钟可发射 450—600 发子弹。它唯一的缺点是需要用水不断地冷却（机枪上带有能盛放 4 升水的容器），而且它还需要军队拥有极大的物流能力，来供应一场战役所需要的数以万计的子弹。马克沁自己曾讲述过一则这样的轶事："1882 年的时候，我在维也纳遇见了一位在美国认识的朋友。他对我说，假如想要赚大钱，必须把化学和电抛在一边，发明一些能方便欧洲人互相残杀的东西。"马克沁从 1881 年开始定居英国，1901 年被维多利亚女王授予骑士称号，不过俄罗斯人和德国人才是机关枪的忠实粉丝，大量订购了他的发明。在亚非殖民地的战争证明，只要使用几把机关枪就可以战胜数以千计装备落后的士兵，最终消除了使用机关枪（最初）可能会有的心理障碍。机关枪的到来，宣告了骑兵时代的彻底终结。

克里米亚战场上显现出来的火炮装备的不足，刺激了冶炼科技的发展。亨利·贝塞麦不断进行实验，希望探索出新的铸造技术来改进火炮的制造，使火炮能承受他所发明的现代炮弹的爆炸力。1857 年，他在英国创造了一种炼钢术，使用一种被称为"贝塞麦转炉"的火炉来炼钢，这种火炉可以吸入更多空气，除去更多杂质。使用这种技术可以得到更多更便宜的钢，它们质量更优，可以用来制造威力更强的火炮，它能射击更重的子弹，子弹射程更远，故障率更小。另一位英国生产商威廉·阿姆斯特朗在与其他生产商持续的竞争过程中，改进了设计，最后制造出了后装膛炮。德国人艾尔弗雷德·克虏伯的发明和西门士马丁炉大大提高了生产力，德国在钢质火炮的铸造技术、火炮的射程和精准度等方面都成绩斐然。除了铸造技术的进步，人们在发现了慢燃烧后，改进了火药成分，可以更好地控制燃烧时产生的气体，使炮弹的加速过程更稳定。

利用最新的铸造技术和火药领域的进步，德国和英国都生产出了质量更好的后装线膛火炮，也得以研制出新的爆裂弹和霰弹。这些克虏伯钢质后装式火炮比法国的前装线膛铜炮先进得多，射程更远（4500—5600米，保护炮手免受步枪袭击），更精准，成为1870年普鲁士战胜法国的关键。一年后，普法战争结束，所有的军队都淘汰了老式的前装系统和铜料，采用了后装式钢质炮，只在舰炮上短暂沿用了老式机制。在火炮的穿甲能力和舰船装甲的防御能力的取舍上，法国和英国沿用了一段时间的前装炮，尤其是极具穿甲能力的巨型火炮。这些舰炮过于庞大，只能安装在舰船的中央，以防开炮时影响船的稳定性。为此需要撤除一些舰桥，把火炮放在用装甲防护的旋转炮塔上。

火炮破坏力的提升和射程的提高，使包围着数千座城池的欧洲城墙变成纯粹的摆设。此外，城市化和工业化扩张使城市用地面积上升，于是一场推倒中世纪城墙的运动浩浩荡荡地开展起来，尽管一些为数不多的、爱好古代和中世纪建筑遗迹的人为此痛心疾首。

　　军事科技的发展步伐比战术的更新要快得多，于是这些新的发展开始带动战术的创新。军队需要改变训练体系，需要教授士兵如何操控这些新式火器，怎么进行防御。首先，线膛步枪有着明显的防御优势，使骑兵冲击变成一种无用的自杀式行为（例如英国轻骑兵在巴拉克拉瓦战役中展开了英勇的冲击，最后673名骑兵组成的阵列只存活了193人）。1860年后，排成紧密的闭合方阵、跟着鼓点节奏前进的步兵团也从战场上消失了。科技的发展使人们彻底舍弃了步兵的闭合方阵，脱下了那些色彩艳丽的、易于成为敌靶的军服，并开始使用迷彩服。从此开始，士兵灵活敏捷地躲避敌军火力，像鼹鼠一般开凿战壕。陈兵列阵式的战役消失了，迈着统一步伐的闭合方阵也被取缔了。新式武器要求士兵在前线尽量保持分散；部队拥有更大的自主权，彼此间尽量保持远距离作战，把战线拉长到了数十千米以上。如何在这样的混乱中布局指挥，给领导层带来了新的难题。

　　战争逐渐变成消耗战，拥有更多士兵和物资的那一方注定会赢，截断对方的补给线在战争中起到了决胜作用。美国内战中，南方军的失败正是由于他们在大洋和河流上处于被动地位，无法获得来自欧洲的补给。更可耻肮脏的经济战绝地而起。19世纪50年代，由于在与俄罗斯和意大利的战争中赢得了大胜，拿破仑三世治下的法国沉浸在胜利的荣光中，仍然坚信意志与勇气的力量，坚信带着刺刀的英勇冲杀足以克敌制胜，而没有意识到大量铺设高效可控的铁路网对保障军队补给十分重要。这使法国大宗物品的运输和大量人员的调遣十分缓慢，而相比之下，普鲁士的作战部署却极其高效，这成为 1870 年法国惨败的关键原因。在这以后，法国大量雇用平民来组成军队，由铁路来实现军队的转移和补给，而作战策略则早在和平时期便已制定妥当。

▶ ▷　大型军队的政治和社会影响

19 世纪中叶后，人们开始转变从前自由主义革命时期对于军队的看法，不再将欧洲的军队视为对既定秩序的威胁。军队不断走向职业化，也越来越依赖于政权结构，逐渐变成保护国家免受革命威胁的工具。而在工人运动的推动下，革命运动热情越来越高涨。军队不再只是与其他列强作战的工具，或是攻占殖民地的组织，它们是遏制革命的最后保障。无论是权力阶层，还是正统观念，都改变了对军队的看法。军人不再被视为毫无理智的冒险家，或是追求荣誉和战利品的贪婪之辈，他们被认为是令人尊重的政府官员，可以为国捐躯，或者说可以为了国家的经济和政治利益而献身。普遍兵役和强制兵役逐渐扩大，所有年轻人都吸收了保守的军事观念和资本主义社会原则。社会需要安分守己的工人，年轻人在军队中接受训练和思想教育，被根植了民族主义思想，使他们与阶级利益和革命信息隔离开来。军事理念使他们变得越来越保守，越来越惧怕所有形式的社会变革，使他们对工人和知识分子存有戒心，对任何扰乱社会秩序的、"可恶"的人和事都抱有敌意，自然变得越来越反对革命运动了。义务兵役也在工人阶级内部播下了的反战情绪的种子，正是由于无法支付赎身费，这些工人才不得不加入到殖民地战争中。职业军人越来越自视为内部秩序的守卫者，而认为工人的和平主义态度不仅是对体制的冒犯，甚至在多数情况下是一种背叛。这是造成平民百姓和职业军人产生隔阂的又一因素。

若要军队履行职能，必须给予它经济补偿，赋予它社会地位。在权力机关的大力支持下，军队远离了政治义务，只需要致力于保卫"国家"免受"外部和内部敌人"的伤害，维护神圣不可侵犯的秩序和稳定，成为一个尽忠职守的观望者——当代军国主义诞生了，法国人称之为"大哑巴"。随着军队新的职能的诞生，一些特殊的原则和价值体系，或者说一个特殊的小宇宙也建立了起来。在这个微型宇宙中，军人虽或多或少地与社会隔离，但他们不仅自以为是，还要让世人认为他们极具职业性、怀有崇高的道德。这一体制根据每个国家的民主化程度不同而变化，但总体来说，军人在所有国家都保持着这一隔离状态。专供军人住宿的公寓兴建了起来，后来变成了军官府邸；军人酒吧和赌馆也兴盛起来。军人穿着崭新的制服，佩戴着军徽，时时提醒着众人，他们作为军人的与众不同和高人一等。军人在同样的店铺购买物品，阅读相同的书报，光顾相同的沙龙，在相同的地方以相似的方式娱乐。英军的官员有穿着晚礼服一起晚餐的习惯，法国军官经过克里米亚一役后也开始模仿起了英国人。在殖民地，军官赌馆变成了培养贵族气质的岛屿，许多士兵都在此心满意足地享受着在大都市从未享受过的、另一个阶级的习气。这使军人拥有比其他任何行业的从业者都更一致的思想观念。

军团逐渐成形，并且不断固化。它自我设定为一个带有独特利益的特殊团体，将自己视为高于普通公职人员身份的，为国家或君主服务的人。这种保守的观念具有普遍性，与各个国家有多少贵族加入到军团中无关。这些浮夸的制服、荣誉、隔离和优越感，在很多时候都弥补了工资上的劣势。与社会的隔离助长了拉帮结派和任人唯亲，还强化了军团独特的价值观念。这种价值观念的树立，离不开传统，离不开对于过去国家荣誉浪漫的理想主义认识，也离不开纪律、仪式和高涨的军队士气。和平时期的欧洲是无法滋生出这样的尚武精神的，只有在殖民战争中它才有机会得到发展。在欧洲，军人是保守的公务员，但他们在殖民地却是冒险家，以服务国家（市场）为己任。

在欧洲本土和殖民地的紧张态势有助于维持尚武的氛围。德国总参谋部认为，自1871年起在这片古老土地上建立起来的和平，不过是一种过渡状态，只是战争的准备期。那些危言耸听的媒体不断宣扬这种紧张态势，激发民族主义情绪，使人民为即将到来的战斗时刻处于戒备状态。1898 年，美国报业巨子约瑟夫·普利策和威廉·赫斯特在美国向西班牙宣战这一事件中起到了决定作用，他们三年前便开始反复筹谋，预先调动民意，说服政界发动战争大有裨益，并且宣扬这场正义之战背后重要的"道义"。这些报业的宣传加上战争利益，促生了所谓的"黄色新闻业"。日本在英国和德国的扶持下，也建立了一支以扩张为目标的军队。英国人帮助日本人组建海军，而德国人帮助日本人组建了陆军，日本军人既受到了普鲁士式的训练，又继承了武士道的、不惧死亡的狂热思想。

　　并不是所有的帝国主义军队都能轻松地征服原住民，英国和布尔人（定居在南非的荷兰人的白种后裔）的战争就令人感到出乎意料。英国的制度老化陈旧，其军队由职业化的常规军组成，而他们面对的是布尔人灵活的防御体系。布尔人没有常规军，但凡 18—60 岁的男性都要服军役，并在家中存放武器装备。他们的将领是临时投票选举的，他们熟悉地形，怀有坚定的民族主义和宗教观念，还购置了现代武器，因而有效抵挡了英军数年之久，造成 2 万 5 千名英国士兵死亡。而在此不久前，美国和西班牙为争夺古巴展开了战争。从军事角度（而非政治角度）来看，在美国介入前，西班牙军队将领瓦莱里亚诺·魏勒尔即将成功镇压起义。他对人民采取高压政策，比如将一大部分群众关入集中营，避免起义军取得民众支持。这给人民带来了深重的灾难，但是英国人却意识到这种作战方式的有效性。于是，在第二次布尔战争中，英国人采用了同样的方法，建造了 40 多座集中营来关押百姓，造成 2 万 2 千多名年龄不满 16 岁的孩童因饥饿和疾病而死亡，这还没有算上为数更多的成年人的死亡。随着 20 世纪战争的喧嚣，集中营这一妖魔诞生了。

在亚非的军事主义扩张野心下，地形学学会在欧洲各地纷纷成立。学会的作用显而易见：作为军事进攻的前期准备和科学支持。在欧洲国家的扩展野心刺激下，人们争相学制地图、开筑道路、与城镇和部落接触，为新的殖民地统治机构谋划联盟，研究动植物、气候和疾病等，使新的殖民权力机构能够因地制宜。学会毫无疑问受到其所属国家的资助，也受到一些著名科学家的支持，他们在殖民地都有着经济利益。

▶ ▷ 武装的和平时期及当时的纷繁发明

1870 年，高卢的军事惨败促进了欧洲军事工业的整体发展。德国、意大利、俄罗斯等一系列国家纷纷崛起，成为新的强国。法国想要血洗前耻，而英国日益依赖食品进口和大洋贸易，担心受到法国和德国的封锁。在大洋的另一面，美国意识到阿尔弗雷德·马汉有关海军的系列论文的重要性，也开始逐鹿大洋，以此来保障自身经济的繁荣和政权的稳定。美国取代了英国，成为第一海军强国。所有国家都有武装起来的理由，为了亚非大陆的殖民控制更是大动干戈。军工企业受到国家的支持，享有国家补助，成为尖端科技研究的先行者，尤其是在钢铁冶炼、化学、电力、电台广播、发动机、光学、弹道测算仪、水力机器、水力学、照相学和航空等方面。经济发展日益依赖于军工业。1913 年，英国和德国五分之一的劳动人口都依赖军工业。承包商（通过"黄色报业"）利用这一好战氛围，煽动战事的可怕，拔高自己的地位，从中汲取巨大利益。20 世纪初，英、法、德主要的军工业已经瓜分了全球新兴市场。日本尤为突出，在 1903 年将其 11% 的预算投入武器加工中。波兰学者、银行家伊万·斯坦尼斯拉沃维奇·布利奥赫第一个在其著作《未来的战争》中预见到，由于战争的巨大经济规模和大规模杀伤武器的研制，未来将爆发全面战争，并将以前所未有的规模影响整个世界。

海上武器装备竞赛尤为重要。除了加厚铁甲、加强火炮威力，人们也开始注重提高船只的速度和机动性。其中一个里程碑是 1866 年带有推进装置的鱼雷的出现，人们将其安装到小型、快速的鱼雷艇上，这些鱼雷艇速度极快且破坏力强，极具震慑力。大卫又向歌利亚提出了挑战，装甲舰装设的厚重火炮虽然破坏力极大，但是上膛极慢，在对抗小型舰船时几乎毫无用武之地，而当时法国人开始大量制造这种轻型舰船。大不列颠订购了高射速的火炮（每分钟 12 发）以作应对，用来将鱼雷艇阻拦在鱼雷的射程 600 米外：革命性的高射速火炮阿姆斯特朗炮在 1887 年诞生了。
人们随后发明了"反鱼雷艇驱逐舰"，或简称为驱逐舰，它的主要
特征是速度极快，足有 26 节，而鱼雷艇的速度为 23 或 24 节。很
快人们改进了锅炉，配合使用查尔斯·帕尔森斯发明的新式蒸汽
轮机，用石油取代煤炭作为燃料（英国海军自 1895 年开始积极推
进这些创新发明），使舰船速度达到 36 节。航速成为海战中日益
重要的因素之一。20 世纪初期，英国舰艇首次应用了马可尼发明
的无线电报。

19 世纪末至 20 世纪初的战争事件促进了科技竞赛，展现出
了现代武器能如何轻易地战胜老式武器，而这一胜利又是如何对
战果起到决定性影响的，这在美国和西班牙之间的马尼拉湾海战
和古巴圣地亚哥海战中可见一斑。此外，在 1905 年，日本军队在
马岛几乎全歼俄罗斯舰队，这也显现出了现代武器的威力。在这
些战役中，自然也有陆地战，但决定战争结局的还是海战，一部
分也是由于海战的心理震慑作用。

与此同时，克虏伯后装舰炮大显神威，几乎所有的舰队都争
相模仿。作为应对，英国委托工程师托马斯·维克斯的工厂生产
大型舰炮和海岸炮，可将近 900 千克重的炮弹射向海岸线以外近
35 千米处。一个显见的事实是：大型火炮是为舰艇而设，而非为
陆军准备。当时人们仍然认为陆军的作战装备要设计轻巧，以方
便马匹运输，还没有意识到可以用铁路运输装备，也不知道可以

用尼古拉斯·奥托 1872 年发明的内燃机运送装备。在围攻俄罗斯占据的旅顺港时，日本人使用的火炮可以将重达 225 千克的炮弹射向 8 千米开外。这些火炮重达 23 吨，安装在混凝土平台上，需要 300 名士兵才能将其运输到前线，连铺设在那里的铁路都无法运输这些火炮。

在船只上安装火炮更为简便。于是，海军之间如火如荼地展开了大型武器的竞赛，演绎了真正的"海军热"。英国的巨型装甲舰无畏号于 1906 年下水，成为一座里程碑。随后，英国又建造了 8 艘巨型装甲舰，使得其他国家的海军不得不重新设计建造方案，来对抗这艘装有 60 厘米厚钢板的庞然大物。这种装甲舰比敌舰的航速更快，火炮射程更远，可以决定何时射击。这样一来，舰船的装甲是否比敌舰的更厚变得无关紧要。如何在波涛滚滚的海水中，从晃动的、不断改变方向的甲板上射中移动的目标成为一个新的问题。火炮的射程为 32 千米，但是测距仪可以保证精准度的范围不超过 15 千米，这一实际问题显示出了改进测距仪的迫切需要。同时，儒勒·凡尔纳在小说中描述过的潜水艇也不断被科学家改进。1863 年，人们建造了第一艘非人力推动的潜水艇，后来还发明了由燃气机和电动机推动的潜水艇。然而，那时的潜艇续航能力有限，无法在远洋航行。19 世纪末，人们混合了柴油和电力驱动，攻克了这一难题。在这方面，法国处于领先地位，它的第一艘现代潜水艇古斯塔夫·齐德号可以在水深 20 米处以 8 节的速度航行。1901 年，法国已建成了 23 艘可执行任务的潜水艇，英国只建造了 5 艘，而德国则暂时没有建成。1903 年发明的潜望镜则是百尺竿头，更进一步。那时的鱼雷射程已提升到 5000 米左右，1913 年提升到了 1 万 6 千 8 百米左右。潜水艇的优势在于它的体型较小，比浮于水面的大型舰船造价低廉，可以在夜晚使用，不惧恶劣天气，能够攻击敌方补给线和军港，使其成为攻击敌方经济的完美武器。另一样辅助武器是漂浮型水雷，它能够有效阻挡海军，而且造价低廉，在第一次世界大战中被广泛利用。德国急切地想弥补其水面舰队的劣势，在重点投入潜水艇的研发后，俨然取得了许多创新。第一次世界大战后期，德国将所谓的巡洋潜艇投入使用，可载近 70 名海员，直抵美国海岸。其他列强在看到了潜艇的致命威力后纷纷采取措施，制造深水炸弹，这种炸弹在一定的压力下会自行爆炸。

空中观测是永恒的军事追求。这一追求是如此迫切，以至当人们发明了最早的照相机时，便有人别出心裁地想把照相机固定在信鸽的腹部来照相。这个主意自然很快被摒弃了。直到 19 世纪中叶，新的科技发展成果终于可以实现利用气球进行空中照相，那时气球的应用已经变得越来越普遍。19 世纪 50 年代已经有了几例，其中第一张航空照片是在 1860 年波士顿火灾期间，从悬浮在 365 米高空的系留气球上拍摄的。

人们很快将气球应用到军事领域中，用来测绘地形图，也用来对敌军进行直接观测，然后通过电缆以电报传输的方式将信息传给回地面。拿破仑三世在意大利战场上已经使用了空中观测。美国内战期间，人们将其使用于围攻里士满的战役中，这成为儒勒·凡尔纳（他可谓是最能探知军事科技潜力的人）的小说《神秘岛》中的原型。在之后的普法战争中，航空器被广泛接受，欧洲决定由军事工程师负责建立航空服务。法国于 1877 年开创首例；英国于 1879 年；俄罗斯、德国和西班牙于 1884 年；意大利于 1885 年。自此，人们开始制造带有固定照相机的军用航空器。

　　19 世纪最后几十年发生的陆地战争对科技的进步也起到了促进作用。高卢人处心积虑地想要报复德国人，德国与英国争夺世界市场的竞争日益白热化，而英国则在南非与毫无组织纪律可言的布尔人作战，忙得焦头烂额。领先的关键在于研究科技的军事应用潜力，英国自由党政府高层豪丹勋爵完全赞同这一观点。1909 年，他确立了科学的核心地位，在历史上首创了科学委员会，不断研究科学创新在军事上运用的可能。

　　普法战争末期，已然无人再怀疑前装炮是明日黄花。首先，因为有可能出现重复上膛，虽然说起来似乎有点愚笨，但风险却真实存在，这不仅可能损毁火炮，还可能造成炮手的伤亡；其次，前装炮的炮身必须比后装炮更长，才能达到相同的射程。在这些年的陆战装备中，法国 1896 年制造了施耐德－克鲁索 75 毫米速射新式火炮，每分钟可发射 20 次，比克虏伯火炮更厉害。这一火炮的突出特点在于拥有名为液压复进的装置，在发射后可以保持瞄准目标，大大节约了炮手的操作时间。在 17 世纪的后 25 年，像温彻斯特、毛瑟和勒贝尔这样的连发步枪开始普及开来，大大提高了步兵武器的射速（每分钟 10—12 发），根据不同的型号，有效射程在 600—1400 米不等。1893 年，德国人利用马克沁机枪的自动发射机制，发明了现代手枪。

铁丝网是另一项具有决定意义的发明，在第一次世界大战中起到了关键作用。美国早已在他们辽阔的平原上架设了铁丝网来圈养牲畜，后来他们发现铁丝网简易且便宜，可以有效阻止或减慢步兵的前进速度（使其成为能被轻易瞄准的靶子），于是首次将其运用到内战中。布尔人在抵抗英军的战斗中，也有效利用了铁丝网，他们将其架设在河床上来阻止英军渡河。纵深几十米的铁丝网很快显现出了它的作用，在发现这种装备在殖民地战场上尤为有效后，欧洲人对它的疑虑很快烟消云散。殖民地的居民甚至没有能够剪断铁丝网的简易钳子，更不用提可以将其轰飞的火炮了。工程师兢兢业业地制造铁丝网、碉堡（德语称为 Block haus）、战壕、防御工事、机枪掩体等，它们变成了港口、交通枢纽和前哨等地常见的防御风景线，尽管此时在城市中已不多见。人们还开始在防御地带和中世纪风格的战壕中铺设反步兵地雷。正如蒙哥马利将军所说："铲子已经成为军队不可或缺的要素；唯一能抵挡机枪扫射和火炮轰击的防御方式就是挖掘。"

　　化学工业在制造爆炸物方面也有了巨大的突破。1863 年，威尔伯兰特为 TNT 注册了专利；1867 年，阿尔弗雷德·诺贝尔为矽藻土炸药注册了专利。二者的威力都大于黑火药，发射后不会剩下残留物堵塞火口，而且由于需要明火点燃才能爆炸，所以储存不会有爆炸的风险，也不会像硝酸甘油那样受到撞击就会爆炸。19 世纪末还出现了白火药（柯代火药、B 炸药、巴里斯泰特炸药等），它们的优势在于点燃后不会冒烟，使敌方无法定位投弹手，而同时投弹手可以锁定目标，不会被黑烟迷了双眼。同时，炮管中的残留物更少，有利于火炮的维护保养。此外，它们的点火效率和推动力更高，人们可以使用口径更小的子弹；而且白火药更稳定，操作更安全。1899—1902 年，第二次布尔战争爆发后，布尔人迅速采用了白火药，这成为他们初期对抗英军所取得的一系列胜利的关键。

　　化学的进步还可以用于对抗蚊虫，这种方法十分有效。从 19 世纪末开始，人们发现蚊子（埃及伊蚊）是黄热病的传播体。美国人大量使用化学药剂，根除了巴拿马地峡区域的黄热病疫情，从而于 1903 年成功开凿出巴拿马运河，而此前正是因为伊蚊泛滥成灾引起的病症造成该工程停滞了数十年。隔年，美国策划了政变，使巴拿马脱离哥伦比亚，以此获得了运河的绝对控制权，并于 1914 年正式开通运河。在 1905 年的日俄战争中，日本人在包围要塞时点燃了浸有氢化物的布条，用它产生的化学气体使旅顺港的守军窒息而亡，这是后来第一次世界大战中毒气战的前身。

▶▷ 宣扬传统，排斥技术

如果认为在那个时代，所有军队的总参谋部和各路将帅都对科技的创新抱有热忱的期盼，那可就大错特错了。政治保守使他们倾向于反对那些日新月异的变化，或者至少对它们存有疑虑，认为它们可能会带来不利的政治和社会影响。因此，将技术创新应用到武装力量中变得阻力重重。有时创新的应用源于政治压力，或是工业盟友的施压；有时是一些有着远见卓识的军官，为了证实某些创新的重要性，罔顾上级的命令，冒着丢官弃爵的风险一力坚持。

持反对态度之一的恰恰是英国海军部，他们虽然一直沿用古法，但直到19世纪初仍享有全球海上霸权。自然而然地，他们会认为：为何要变？1828年，当蒸汽船被引介到英国时，遭到了海军部的拒绝，他们认为任何海军都不会使用这种船。当然，他们很快不得不改变说辞，但仍然认为体面和优雅比威力更重要。几乎整个19世纪到第一次世界大战期间，英国人一直都不屑于发射舰炮，因为开炮会弄脏光洁的甲板和喷绘。他们不断清洁火炮，让它保持清洁和锃亮，以至破坏了火炮而导致其不能发射。根据那个时期英国军官的介绍，为了不弄脏舰船，使舰船保持光亮，他们会定期将用于作战的配给弹药抛诸船下。这种行为事出有因，英国人坚信他们即将面对的任何海战，都不过是特拉法加海战的复制，制胜的那一计炮击应在近至千米处发射，甚至还可以凭借接舷作战来终结战争，这样的作战自然不需要精确瞄准。一则轶事可以反映出这样的心理：海军上将约翰·康莫莱尔因为统管机舱的工兵军官没有随身携带军刀而严厉斥责他，这位军官辩解说，在锅炉房中带着军刀十分不便，上将却义正词严地质问他，假如敌人跃上甲板并试图进入舱室内部的话，他又该如何应敌。

当法国、德国和意大利海军的进步一日千里时，英国海军因疏于火炮射击训练而原地踏步。1882 年 7 月，英军舰炮轰击了埃及亚历山大城的碉堡 3000 多次，命中率仅为 1%，只摧毁了敌军 293 台火炮中的 30 台。在之后的第一次世界大战中，英国舰炮的精确度依然让人唏嘘不已：在多格滩海战中，英军的命中率只有 0.5%，而德军可达 2.1%。在这场战役中，须从 10 千米左右的地方开炮，英军以前从未练习过。英军在达达尼尔海峡对土耳其军队的轰炸同样失败，哪怕攻击目标全部固定在陆地上，而且英军还有侦察机的协助。在 1916 年的日德兰海战中，战果同样令人不忍直视，英军的命中率只有 2.89%。德军再次表现优异，虽然射中的目标较少，但是打击更有效，击沉了 6 艘英国巡洋舰，而德方只损失了 1 艘。

这一孤立主义、反革命和抗拒变化的观念在一些国家的陆军中也大有市场。他们甚至否定这些新式武器，认为它们虽带来前所未见的大量伤亡，却无法使骑兵战这类老式作战方式消亡。这一愚蠢且自杀式的执念还体现在 1906 年，英国人创办了《骑士杂志》，大力宣扬应对步枪扫射的唯一办法是骑兵，骑兵可以抵挡火幕，最终获得胜利。尽管法国在 1870 年的普法战争中失利，其原因多半是武装的落后，但是法国人依然反对新事物，坚持制胜的关键在于决心和勇气，在于怀有报国热情、不惧死亡而奋勇向前，他们称之为"刺刀精神"。这在殖民地战场上兴许还能派上用场，但在欧洲却早已过时，而且早在各大战役中被反复否定。在普法战争中，德国士兵在一场战役（攻占斯皮舍朗市）中伤亡率高达62%，因为他们坚持把刺刀作为核心武器。军官们知道君王在侧观战，纷纷想展现士兵的英勇无畏来投其所好，因此采用传统的冲锋方式，毫不犹豫地把士兵推向阎罗地狱。日本人也如法炮制，在 1905 年攻占旅顺港时，利用人海战术进行疯狂的进攻。尽管最后取得了要地，但是损失的人数是俄国的 5 倍。怀着这样不顾一切的作战心理，不难想象在之后第一次世界大战中士兵的伤亡数量。

　　军方对于机关枪的排斥值得特别关注。尽管机关枪威力无穷，且早已应用于战争，但英国人直到第一次世界大战爆发前都没有大规模使用它。他们认为机关枪造价昂贵，十分沉重（1908 年的马克沁机枪重达 32 千克）且难以运输，需要耗费大量弹药，而这意味着补给是个极大的难题。总的来说，它所蕴含的防御式观念，与当时主宰军队的进攻热情不兼容，英国人认为使用机关枪有损军队士气。虽然由于在与布尔人的战斗中失利，英国人不得不装备这种新式武器，但他们依然坚持己见，把日本人举着刺刀冲向俄罗斯的疯狂进攻视为典范。人们蔑视防御战，不乐意使用机关枪。此外，当时仍然更注重个人勇气（认为精神要素比物质要素更重要），而个人勇气最能在进攻中展现出来。无独有偶，奥地利人排斥使用德莱赛后装连发枪。他们认为弹药的巨大开销是严重的问题，连发枪在射速上的优势无法弥补这一劣势。深层原因不过是因为他们怀有与法国人一般无二的蔑视：只有使用刺刀冲刺才是正道！

直到第一次世界大战爆发前夕，英军只向英国威格士工厂订购了 11 挺机关枪。工厂全靠俄国的订单，才勉强维持。然而战争爆发后，订单纷至沓来，仅在 3 个月内就收到了 1792 挺机关枪的订单，最后工厂只成功制造了 1002 挺。尽管如此，绝大多数国家的领导层仍然反对使用机关枪。1915 年 11 月，战争爆发仅 15 个月，英军已死伤数万名士兵，军队作战指挥官道格拉斯·黑格依然认为人们对机关枪的评价过高，他认为一场战役中用 2 挺机关枪便已足够，且反对更多的士兵接受使用机关枪的训练，进而导致由于缺乏机关枪手，890 挺机枪都只能被废置一边。直到大卫·劳合·乔治被任命为装备部部长后，情况才有所改观，他顶着来自将领的压力，在

1915 年年末规定每场战役都需配备至少 64 挺机枪。

尽管一些传统显然有害无益，但人们仍对其紧握不放，其中一样是制服的设计。正如前文讲到的，新式武器射程更远，射击更精准，因此士兵制服应避免使用跳眼的亮色，以免轻易地变成活靶。英国人吸取了同布尔人作战时失败的经验，把红色的制服改为了卡其色。德国人把普鲁士蓝变为了棕灰色，不过还戴着可笑的尖顶头盔。1912 年，法国作战部部长阿道菲·梅西米意识到了这些伪装色的优势，决定顺应这一潮流。高卢士兵原本头戴平顶帽，穿着红色军裤和蓝色制服。在大部分媒体和政客的煽动下，几乎所有的军官都认为改变制服就如同舍弃作为法国人的骄傲，舍弃荣耀、自尊和作为军人的自觉。前一任的作战部长还义正词严地宣称，红色军裤象征着法国，弃之如叛国。第一次世界大战爆发后，扎眼的制服导致了悲剧，直到 1916 年，法国人才不得不把红色平顶帽换成钢盔，把红色军裤换成更深的蓝色。

将精神置于物质之上的心理机制甚至一直延续到第一次世界大战后。这对那些军费紧张的部队尤为有用，虽然缺乏现代武器，但是他们不断在失败和惋惜中探寻美德，坚信并且宣称自己不缺"精神武器"，以此自我安慰。对于像西班牙、葡萄牙和南非共和国这样的穷国来说，这一心态正好弥补了物资上的匮乏，能一直顶着美德的幌子自我欺骗。在整个佛朗哥统治时期，西班牙的军队一直有着这种盲目的观念，甚至还建立了若干数学公式来"证明"精神因素（所指自然是政治和爱国信仰）相较物质，或者说武器装备，对战争的胜利起到了更重要的作用。

▶▷ 战争法的出现

新式武器造成的巨大伤亡，加上社会对战争行为越来越关注与同情，促生了尽可能使战争冲突"人性化"的运动。各个国家开始发现，不能只寄望于私立的慈善机构或是宗教组织来行善，例如我们上文提到过的在索尔费里诺战役后成立起来的红十字会。于是，自19世纪后半期开始，国际法律组织也成立了，其宗旨是控制屠杀行为，改善伤员和战犯的条件。可以说，很多时候这些法律条文不过是一纸空文，但也不能完全轻视它们的价值。这些国家间签订的条约制定了一些行为规范，产生了一定的文化影响，并强制推行了一些价值观和原则，逐渐深入社会，对百姓和军人都产生了影响。这些条款首次尝试了界定暴行的含义，迫使所有战争方都遵守行为规范，假若触犯，那么在国际舆论的监督下，将找不到任何道德与政治论据。从此，各国不再根据各自的风俗、潮流、利益或是不成文的条例，任意处置伤员和战俘。人们制定了一些必须执行的规则，国际战争法逐渐成形。这是人类在制约大屠杀行径的漫漫长途中具有积极意义的一步。

用来降低战争危害、制定战争规范的条约自古已有，有些是不成文的，有些被书面记载下来。最古老的条约出现在《圣经》的《申命记》中，规定攻占者不可出售、奴役或者残杀俘虏，尤其是男性俘虏，只能随意处置财产。这一条约的制定具有一定的经济考量，尤其强调禁止伐木。因为既然要征服土地，而且向土地征税，那么保持土地的农业财富自然顺理成章，这样才能继续用农业来养活百姓（无论是新的佃农还是臣服的原住民），继续获取财产和利润。诸位请留意，条约中提到的是保护树木，因为树木需要数年的培育才能获得产出，不像庄稼，烧毁庄稼可以让敌方饱受饥饿，而几个月之后人们就可以再次丰收。类似的君子协定通常也针对畜牧，原因无异。

继树木（尤其是果树）和动物后受到保护的对象，要数妇孺了。女性繁殖后代，极具价值，可以保证必要的人口替代率来维持国家的存在。孩子们也有着同样价值，可以把他们贬为奴隶，将他们作为劳动力，或将他们同化。然而，对待那些从生产角度看百无一用的老年人，或是敌方的成年男性，行事就百无禁忌了。他们是潜在的敌人，但凡幸存下来，必然满怀怨恨，还平白消耗粮食。有时把他们贬为奴隶都无甚益处，毕竟还需要向他们提供口粮；即使让他们负责警戒工作也收益甚微，因此还不如赶尽杀绝。能得到特殊待遇的是手工匠、智者、书记员和有识之士，他们的智慧乃是一笔财富，而且为了换取安全和补偿，他们可以完全融入战胜方。

　　在纷乱的中世纪中，一些含有同情意味的原则随着基督教和后来伊斯兰教的传播而变得深入人心，它们在一定情况下可以减弱战争的残酷性。人们开始坚决不对弱者实行暴力，体面地埋葬尸体代替分而解之，对降者采取宽容的政策。基督教会和伊斯兰教会都开始制定标准来定义所谓的正义战争。假如要将争斗冠以正义的名义，那么应该对不忠之人宣战，或为自卫而战，或为极为不公正的剥削政策而起义。从圣多玛斯·阿奎那，到现代如多明哥·德·索托、路易斯·德·莫利纳、弗朗西斯科·苏亚雷斯和胡安·德·玛丽安娜这样的西班牙神学家，他们针对那些滥权且欺辱弱小的君王，甚至提出诛杀暴君是一桩义举。耶稣会教士正是在这方面最大胆的实践者，这使他们在君主集权国家变得更加臭名远扬。中世纪时期，人们还创造了"上帝的和平"这一概念，用来限制封建时期基督教骑士过度的暴力行为，规定在具体的日子（周日、宗教节庆日等）和地点（教堂、修道院等）不能操持武器，也不能互相斗殴。进入现代后，人们控制暴力的方式主要集中于减少它对士兵产生的影响，并试图使平民免受伤害。然而，军队就地驻扎、依存于营区的习惯不免会令平民遭殃。这段时期，唯一对暴力的非宗教界定有所思考的，要数荷兰的耶稣会教士胡果·格劳秀斯，然而他提出的调控暴力的原则几乎完全援引自宗教，或是引自骑士精神和"优良风尚"这样的观念。

　　正如本章最初提及的那样，直到 19 世纪时期，战场上的屠戮才算是达到了大屠杀的级别，也正是在此时，列强才意识到需要尽可能地控制和限制暴力程度。除了考虑到道德因素以及对生命价值更高的认识这两个无法否定的因素（如人们会言及"公共意识""文明世界的惯例"和"人类法则"等）以外，还需要加上其他经济、政治因素。新的信息沟通方式得到发展，媒体的自由度提高了，它们将公共意见变成政见的载体，影响力日益增大，足以左右政客和军人的决策。对于前线的大屠杀、数百万的死伤士兵以及数万名战俘的未知命运，文明社会必将追究责任，对数百万的烈士、伤员和战俘家庭采取一些人道主义援助，来减少他们的伤痛。另一方面，士兵也是对国家命运起到决定性作用的经济因素。他们应征入伍，但是在日常生活中，他们是工人、农民、医生、律师、监工以及工程师，他们从事的职业对于资本主义社会来说必不可缺，战后的社会离不开他们来进行重建。因此，士兵的生命应得到重视，要尽量减少他们的伤亡。此外，人们见识到了大量的大规模杀伤性武器的威力，试图降低它们对资产和城市基础建筑的破坏，自然也试图使平民百姓免受伤害。这一系列的考虑成为最早的关于战争法的国际公约，它们第一次被记录下来，形成了法律文本。自始至终，所有人类借法则之名实施的处置总是有所区别的，对于战败的敌人更严酷，而对于己方则更宽容，但这已是战争在人性化道路上的一大进步，虽然这一说法本身也颇有些违和感。

因此，在美国内战这一 19 世纪第一场毁灭性的战争中，出现此类的立法文件绝非偶然，这就是 1863 年的《利伯守则》。守则明确规定应尊重敌区的百姓，禁止处死战俘，不得使用有毒物质作为武器，不能用刑来获得情报。另一方面，允许处死奸细、破坏者、狙击手、游击队员和非常规武装人员。这些处置为后来的战争提供了前车之鉴，一年后签署的《日内瓦第一公约》中收录了一些保护人权的措施，公约规定，在战场上必须救助任意交战方的受伤士兵。1868 年另一则惹人关注的《圣彼得堡宣言》试图限制科技的发展，来"尽可能地减少战争灾难"，其中包括限制使用 400 克以下的子弹，这种子弹能造成十分严重的伤害，几乎百分百致死，却只能打倒一名敌人。那时人们认为使用更大口径的弹药可以造成各种程度的伤害，打倒更多的士兵，更快地结束战争；虽会有更多人因撞击倒下，但若只是受伤，一般都不致命，因此不仅可以尽快结束争斗，而且最终的阵亡人数也会更少。这一宣言错误地想要限制科技的发展，让科技发展尽可能地与战争的人性化进程相协调，然而后来的科技发展和战争逻辑本身，都让这些限制变成了一纸空文。尽管如此，重要的是死亡造成的大规模伤亡已然引起了立法者的不安，他们满心忧虑，并将其落于笔下。

1899 年，在俄国和荷兰政府的号召下，第一届世界和平会议在海牙召开。人们天真地希望通过调解国际纠纷，阻止所有战争的爆发。人们也意识到了这一想法过于理想主义，退而决定至少对战争进行一些调控。值得一提的是，除了确定如何界定士兵、保护战俘受到合理的待遇，会议还商定了禁止袭击没有设防的村落和城市，禁止破坏文化遗产。一个名为马顿斯（俄罗斯大使的名字）的条款规定，军队将领不能任意解读那些没有达成一致的条约，而应该"捍卫并听令于人民权利，遵从文明民族设立的常规、人类法则和公共意识的要求"。这一点十分重要，因为这使国家在作战时不再具有司法任意性。在更具体的方面，由于达姆弹的杀伤力太大，会议规定了禁止使用这种赫赫有名的枪弹；此外，还禁止从航空器上投掷爆炸物，禁止发射含有毒气的炮弹。

随着全球紧张态势的升温，1907 年第二届世界和平会议在海牙召开。那时人们已经发明了飞机，会议制定了条款，规定不能从飞机上投掷爆炸物和燃烧物。关于新式武器，会议还涉及了对地雷和鱼雷的控制使用，尽可能地不影响商船的航行和民用商品的运输。在当时，舰炮的射程很远，战舰的作战能力得到了大幅提升，使其成为有史以来最重要的武器。因此，这场会议的议事主要聚焦于海战方面。

第七章　全面战争

第二次世界大战超越了人类以往所有的噩梦。战争的死亡人数两三倍地增加，平民也变为攻击对象，承受了巨大的灾难……集中营的规模及其惨绝人寰前所未见。国际联盟的意义何在？那些近百年前就制定了的、为了减小战争影响并使之人性化的战争规定又有何意义？

▶▷ 第一次世界大战中的屠宰场及大规模杀伤性武器

1914 年的纷争宛如一场歌剧开幕。军人帽插毛羽，脚踏骏马，排成五颜六色的阵列；军官作战时拔剑出鞘，身先士卒；德国人戴着尖顶头盔，法国人穿着亮丽的红色军裤。所有人奔赴战场，想着战争不过几周便可完结，一种狂热的激情主导了民意。但是现实很快把场景转到无数深陷于血泊、弹片和铁网的士兵身上。最后，战场成为了老鼠泛滥成灾的屠宰场。人类生命从未如此贬值，士兵从未如此廉价。假如知道战争与屠戮是这样形影相随，那么各国的统治者不会如此迫不及待地加入战争。然而人类的愚蠢是无法估量的，在必胜的迷醉中，对于人员和物质巨大损失的预估变得不值一提，人们指责那些忧虑重重的人不是叛徒，就是失败主义者。

1914 年的军队与 1870 年如出一辙，只是调遣了更多的兵力，使用了出现在此期间一系列极其致命的武器。军事民族主义和过度的爱国主义攫获人心，使和平主义和国际主义再无一席之地。外敌可以转移阶级斗争，化解革命威胁，成为完美的替罪羔羊；一切都变得顺理成章。

1916 年，德国推行了"辅助服役法"，几乎把所有的劳动力都变成军人。渴望复仇的法国也被军事主义浪潮席卷。英国虽然没有推行强制兵役，但在一年内就招募了一百万名志愿兵。然而，当屠戮真正到来时，热情随即破灭了。1917年仅在意大利就出现了10万逃兵。同年5月27日，法国阵营（54个师）爆发了多起哗变，士兵对那些不知疾苦的军官极度不满，导致2万多士兵逃亡。一个月后，作为此事的后续处理，将近600名士兵被判处了死刑，其中10%的士兵被处决，军队领导层不得不改变盲目进攻的战略，避免新的士兵起义。防御性武器（铁丝网、机关枪、现代火炮、地雷、战壕等）使士兵无法向前冲锋，但将领对防御性武器的威力预估不足，盲目下令进攻，造成可怕的伤亡。动荡经久不息，仿佛升级了的沃邦防御系统又重现战场。战争爆发前不久，人们改进了混凝土的加工技术，随即将其大量运用到战争中，军事工程师起到了决定性作用。他们不仅建造了如迷宫一般复杂的防御系统，还负责摧毁敌人的防御系统。工程兵队伍无论是在人数还是在能力上，都得到了加强。此外，工程兵是不可或缺的，他们保持道路和通讯的畅通，设计建造军营、医院、火车站、仓库等基础建筑，来满足前线百万大军的补给。

仅1914年8月1日—12月1日，法国就损失了64万士兵，几乎占据了第一次世界大战总伤亡人数的一半。其他军队的伤亡人数也有多无少，在战争末期，阵亡士兵总数约为1千5百万人，此外数百万的平民也在战争中身亡。战争留下许多残疾人，他们在战争中受到了严重的伤害，多半吗啡成瘾。此外，需要留意的是，如此巨大的人员伤亡并没有换来军事领域的重大进步，也没有任何一方取得绝对胜利。前线战事持续僵持，最后，战争因为德国的油尽灯枯而告终。德国受到其内部危机的困扰而投降，在投降时仍无任何一名联军士兵攻破德国边境。

巨大的工业机器潜伏着，伺机改变战局，制造了可怕的防御性武器，也制造了大规模的屠杀。法国工厂每天为 75 毫米的火炮制造 20 万枚炮弹，在战场的各条前线，每天都要射击一百多万次（除了发射数百万发炮弹以外），构筑起了无法逾越的火力屏障。自动步枪每分钟可以发射 15 发子弹，战役中平均每 1000 名士兵配备 48 挺机关枪。人们还铺设了数百万千米的带刺铁丝，使用了数十万挺机关枪、数百万支步枪、手榴弹和地雷。运用于战争的工业力量还见于 20 世纪另一蓬勃发展的产业，它在第一次世界大战前还籍籍无名：汽车。将内燃机运用到运输上（平板车、卡车和救护车等）显然比用马匹牵拉来得更便捷，汽车可以将人员和物资运往或撤离铁轨无法到达的战线。路易斯·雷诺建造起他的工业王国，自此汽车和卡车在运输界称王称霸。1914 年 9 月，德军逼近巴黎 30 千米附近，此时巴黎的出租车成功证明了汽车的功用。当时法国需要紧急向马恩河增派支援，但无计可施。法军急缺车辆，而许多司机已应征成为士兵。私家车在那时数量有限，卡车极少，而且质量不牢靠，载货能力小。于是政府征用了巴黎所有的出租车（9 马力的雷诺 AG），让乘客下车，对这些出租车司机进行一些军事化训练，加上其他征用车辆，共 800 辆车，一起开往荣军院广场，并在那里补充汽油。6000 名士兵带着装备在广场上了车，仅数小时内就于 9 月 7 日凌晨填充到了前线。在这次成绩斐然的行动中，总共调用了出租车和私家车近 2000 辆。

如前文所述，士兵受到残害是政治领导人的过失，他们没有看到这场战争引起的浩劫的规模，没有全力阻止灾难。更具体来说，是那些抱残守缺的将领的过失，他们让士兵一味地进攻，将数十万计的士兵集中在一起，将此作为制胜的关键因素。这一现象有着深层原因，将领排斥"土木"工程师，排斥"技术员"，拒绝接受那些冷冰冰的、具有计算能力的机器高于精神、士气和勇气。这在坦克的发明上可见一斑，英国人把美国的拖拉机改造成坦克，而坦克的名称正是源于人们起初在前线把它用作"水罐"。1916 年夏天，人们为坦克施以火的洗礼（被称为马克 I 型）。这辆七拼八凑的车重达 28 吨，时速达 7 千米，装配了火炮和机关枪。马克 IV 型取得了突破式的进步，它的时速达 12 千米，续航距离为 55 千米，重达 30 吨。尽管随后它向世人彰显了其巨大威力，但在最初人们只用坦克来开道，为传统的骑兵铺路，好让他们进行荣耀的冲击。1917 年 11 月 20 日的康布雷战役可作明证。那天清晨，1000 门火炮、476 辆坦克和 6 个师沿 13 千米长的战线展开了进攻，后跟 5 个师的骑兵负责为战斗收尾。战车轻而易举地攻破了德国战线，但并不携带步兵，最后，当骑兵以传统方式进攻时，战役随即以失败告终。地形障碍和剩下的铁丝网使骑兵几乎无法前行，德国人所剩无几的机关枪将他们一网打尽。坦克因为耗尽了汽油而无法为继。进攻持续了 8 个月，但最后只向前推进了 8 千米，损失了约 30 万人。几星期后，德国人又收回了失地。次年 8 月 8 日，604 辆英国坦克向亚眠发起了进攻，但又重蹈覆辙，以失败收场。

人们并没有吸取教训，直到第一次世界大战结束都没有想出如何使用这一新式武器，后来英国的巴塞尔·李德·哈特上尉和约翰·富勒将军提出了如何将坦克运用到现代战争中的理论。然而，英军最高指挥直到战后都十分蔑视战车，他以在叙利亚—巴基斯坦平原与土耳其人作战取得的胜利为由，坚持继续使用骑兵。1925 年，陆军元帅黑格仍然认为飞机、汽车和坦克都不过只是士兵及战马的装饰物，因为保守（骑兵仍然代表着乡村和古老的贵族精神）而对这些新式武器抱有成见，拒绝接受骑兵时代的终结。哈特上尉的论文为英国总参谋部所不容。富勒将军也只能接受上级将领的批判，尽管他的上级从未费心读过他的著述，还认定"军人不应著书立说"。第一次世界大战后，坦克的制造几乎被荒废。1929 年，英军在马匹饲料上的花费是其装甲车汽油花费的 9 倍。英国人的不幸却施惠于德国人，海因茨·古德林和埃尔温·隆美尔将军将英国人的理论运用于实践。年轻的夏尔·戴高乐同样看到了坦克的前景，但是他在第二次世界大战初期还只是副官，人微言轻，无法大展身手。

火炮的破坏力同样有所提升。火炮可以从后方和防御区打击10千米内的区域。为了校准炮击方向，人们开始使用战地电话来保证后方将领和前线的及时沟通，于是观察员起到了重要作用，然而线路经常会被切断，通信兵要冒着生命危险来修复电缆。人们还发明了威力无穷的迫击炮，它可以以极高的角度发射炮弹，打击敌方战线附近的散兵坑。迫击炮的优势是可以从坑底进行发射，从而使炮手免受敌火。这项武器为英国人温弗雷德·斯托克斯所发明，每分钟可发射25枚炮弹，射程达700米，从此成为步兵必不可少的装备。然而，人们还需要改进火器，提高它的威力，来击毁用混凝土建造的防御工事。最著名的、体型最庞大（冶炼技术进步的明证）的火炮莫过于大贝莎了，它重达42吨，由克虏伯制造，被德国人用来进攻和摧毁比利时堡垒，它可将800斤的炮弹发射到9千米以外。由于缺乏有足够威力的野战炮，人们不得不使用巨大的舰炮，令人称奇的是英国人虽然有大量的舰炮，却极少使用它们。值得一提的还有由德国人设计的、在1918年用于攻打高卢首都的巴黎炮，重达142吨。人们从距离目标130千米开外便可发射炮弹，火炮口径为380毫米，炮管长40米，装设在台座上，台座下安有铁轨。由于炮口磨损严重，每发射60次就需要替换。更致命的是更简易的榴弹，它可以在受到撞击时爆破，或者通过设置引信在几秒钟后爆破。火炮造成的伤口极为严重，可能还会有金属、泥土、碎布等千奇百怪的物体嵌入体内。手榴弹成为步兵的常用装备，这是在战壕战中使用率最高的武器。德国人使用带手柄的手榴弹，联军使用菠萝型的；两种都是在拔除安全栓后4—5秒爆炸，从爆炸点飞撒出许多弹片。

1914年的战争成为人类历史上首次大规模使用毒气的战争，造成1千3百万士兵死亡。化学进步带来了新型屠杀方式，人们最常用的有芥子毒气、催泪弹、光气和氯气。德国人最早使用毒气，后来所有交战方都开始使用毒气，然而最后人们发现毒气几乎无甚用处，因为它对任意作战方都不偏不倚，其威力是把双刃剑，它的效力完全取决于当时的风向是否朝向敌方阵营。人们随即发明了毒气面具，它成为各个军队的常规装备。另一项科技发明是喷火器，可用来有效清空敌方战壕和地堡，唯一的不便是手持喷火器的士兵必须冒着生命危险，尽可能地靠近目标。

医疗卫生问题值得特别关注，大量的伤亡并不仅仅是战争中所受的伤害引起的，新的疾病也造成了极大伤亡，新的治疗方式随即产生。持续不断的轰炸，人满为患的战壕，遍野的横尸，成群的老鼠、跳蚤和虱子，不良饮食，都能带来疾病。常与死亡相伴还引起了神经疾病，导致士兵自杀、逃跑，或是不服从指挥、不实施行动。那时神经病学刚刚起步，很少有人专门研究这些疾病，加上军队中的哗变此起彼伏，因此许多将领把这种症状视为怯敌的表现，不愿听取新的诊断，不愿采用新的治疗方法，而执意将这样的士兵处以枪决。另一种常见疾病是所谓的"战壕足"，患此疾病者脚部受到感染，容易坏死，这是由于士兵的脚部长时间被水和汗液浸泡，无法替换鞋袜来保持脚部干燥而导致的。士兵的伤口接触泥土和粪便导致破伤风，并在士兵中迅速传播。1913年埃米尔·阿道夫·冯·贝林发明了疫苗，绝大多数士兵可以通过接种疫苗减轻症状。战壕热通过寄生在人体身上的虱子传播，由于当时抗生素还未被发明，在一些战区患者的死亡率高达90%。

截肢手术的主要原因还是坏死和断肢。通过不断积累的外科手术经验，人们发现如果可以有效清洁伤口，取出身体内部的异物和坏死的组织，就可能避免截肢。但是由于医者担忧伤员的组织坏死，战地医院的医疗资源又十分匮乏，而且还有过多的伤员需要急救，使得截肢手术泛滥成灾，远远超过伤员的实际需要。所幸大量的病例使人们开始使用抗菌剂，比如双氧水、卡—达二氏溶液（稀次氯酸钠溶液）和酒精，从而提高了医疗技术，逐渐降低了死亡率。拿破仑战争中接受截肢手术的病患的死亡率达50%，而此时仅为10%。大量的伤亡还使人们增加了装有发动机的救护车的数量，此外，战地医院的数量也大大增加了。

还有另一桩趣事：受伤士兵使用厚厚的棉质或纺织纤维制成的盛血条，或者具体来说，木浆使美国护士受到了启发，她们发现可以在经期使用这种材料。这一尝试效果斐然，两年后的1920年，供应纤维棉的金佰利公司决定用这种材料生产卫生巾，将它命名为高洁丝。四年后，这家企业生产了著名的舒洁。

　　然而不幸的是，第一次世界大战给公共健康领域带来的最大影响是史上最大规模的流感的传播，共造成 4 千万人死亡。这种流感病毒被称为"西班牙流感"。它起源于美国，由猪携带的病毒变异而来，并开始在军营中扩散。病毒从美国传到了欧洲，在各大战线蔓延，然后通过铁路和海路，扩散到了全世界，连中立国也无法逃过劫难。这种病毒被冠上"西班牙"之名，是因为没有人知道病毒从何而来。联军说是拜尔公司的化学制品，德国人则说是英国人制作的毒药。交战国实行战争封锁，禁止传播消磨士气的新闻，只有在像西班牙这样的中立国，人们才能公开谈论这一场流行病，以致它最后被称为"西班牙流感"，尽管这一疾病的缘起和伊比利亚半岛毫不相干。西班牙是进入地中海各个港口的咽喉，也是葡萄牙士兵乘坐火车往返于前线的必经之地，三次流感浪潮（1917 年、1918 年和 1919 年）仅在西班牙就造成近 30 万人死亡。但有些地方的居民几乎没有对西班牙病毒的记忆，比如马达加斯加，只有 10% 的居民患流感而亡。若是放在灾难发生的几年以前，这一传染病只能引起有限的死亡，但是由于大众交通工具的改进，使得数百万士兵往返于世界各条通途，才引发了如此巨大的灾难。

　　第一次世界大战的惨剧中，还需要关注的是 1914 年圣诞节休战这著名的一幕。12 月 24 日，在伊普儿（比利时）战壕中的德国士兵装饰好他们的防御工事后，唱起了《平安夜》。在另一头的英国战线很快也出现了这一超现实主义的画面，消息很快传到了相邻的战线。仅仅几个小时内，作战双方的数万名士兵开始友善地相处交谈、互相劝酒、放声歌唱，甚至在第二天组织了足球赛。人性、共识和国际主义兄弟情谊战胜了政治军事统帅的狂热和私欲。但是几个小时后，这场狂欢结束了，军队高层下令对那些与敌军称兄道弟的士兵进行战地军事审判，理由十分充分：人们如何能与若干小时以前还分享了情人照片、一起放声歌唱、一同开怀饮酒的人互相残杀呢？

第一次世界大战还给人们的日常生活带了其他三点影响。第一点，飞行员需要将飞行距离、续航里程和着陆时间精确到分秒，军队的炮兵军官也需要精确测量射速、发射后的撞击时间。若要随时取用传统的怀表测算时间，则会十分不便。于是人们发明了腕表，第一次世界大战时在士兵中推行开来，很快几乎所有男士都开始使用腕表。第二点，数百万的联军士兵都有习惯，或者说为了遵守军队法规，每天必须剃须。折叠刀十分昂贵，而且有风险。美国发明家金·坎普·吉列发现了商机，美国军队向他订购了数百万一次性刀片，后来他还发明了安全剃刀，战后在男士间火速传播开来。第三点，英国军官开始流行穿着风衣。风衣是在19 世纪发明的，人们在布上涂上橡胶，使布匹变得防水。风衣宽大，十分舒适，不影响移动，而且抗寒防雨；然而，直到人们不得不面对战壕日夜寒冷而潮湿的艰苦条件时，风衣才真正凸显了它的价值，由此有了它的另一个称呼：战壕衣（trench）。

▶▷ 由天而降的死亡

19 世纪时，人们不断进行着试验，试图把气球变得更易于操作。军队的总参谋部意识到了飞行装置的军事应用价值，很快将试验变为冒险。唯有军队和国家才有足够的预算，能够制造出日益大型的气球，并尝试为气球加装动力总成和导向系统。气球从人力推动很快发展为由汽油机和电力机推动，或单纯由风力推动，自此系留气球发展成可飞行的气球，并被冠以飞艇的名称。除了有更多的军事运用可能性，将系留气球改成可移动式的气球提高了气球上观测者的安全，这些观测者以前十分容易被地面的敌人射中。

在数十位多产的发明家中，德国军人及贵族斐迪南·冯·齐柏林尤为突出，他在 19 世纪末孜孜不倦地研究了数十年飞艇。1900 年，他第一次驾驶飞艇飞渡博登湖，飞艇也因此以他命名。德国认为这种机器可以帮助他们与英国的海军优势相抗衡，于是开始着手建造飞艇；而法国人则试图通过制造潜水艇来制衡。这些飞行装置科技含量很低，人们利用氢气使气球升空，采用胶质和棉质布以及铝作为气球材料。飞艇长近 130 米，足以承载机组人员、旅客和货物。飞艇在德国引起了轰动，大约 1909 年便被用作市民交通工具。但是人们此前从未预见它的军事用途，直到1912 年意大利人将飞艇运用到了利比亚战场上与土耳其人作战，不过只用它来进行观测。第一次世界大战爆发后，德国人决定把飞艇当作武器来进攻伦敦。然而这些硕大的机器对空战的发展并没有起到作用，自始至终都没有在战争中发挥决胜作用。1903 年，莱特兄弟发明的飞机才使空战发生了翻天覆地的变化。

航空飞行最初只是一项体育竞技和冒险事业，后来军人们发现可以将其运用到对陆地和海洋的侦察中，航空飞行才开始受到关注。第一次世界大战初期，为数不多的几百台飞行器分别归陆军（主要是工兵部队）和海军所有。1909 年，法国建立了飞机和飞艇部队（ALA）；1910 年和 1912 年，德国（德意志帝国空军）和英国（皇家飞行队，RFC）也相继成立了空军部队。但是这些空军部队都只是试验性的，隶属于陆军和海军，用来配合已试验过的浮空器的军事行动。短短 10 年内，飞机发生了日新月异的变化，在速度、续航能力、载货能力等方面均赶超了速度慢且笨重的齐柏林飞艇。法国在皮卡第地区的军事行动中，将飞机用于观测任务。然而，真正使用飞机开始执行军事任务的要数意大利、保加利亚和西班牙。1911 年，意大利在利比亚战场与土耳其人作战时试用了飞机，飞行员在土耳其战线上方用手投掷爆炸物。次年，保加利亚在与土耳其人的战斗中也采用了相同的战略；1913年，西班牙人在摩洛哥北部的里夫山区，用飞机来与反西班牙统治的当地部落作战。英国作家赫伯特·乔治·威尔斯早在 1908 年出版的《空中战争》一书中预言了空袭，而此时终于变为现实。

军事领袖依旧观念保守，对飞机的潜力视而不见，认为飞机只能用来侦察。因此，在第一次世界大战爆发后，算上所有参战国的飞行器，也不过只有 550 架飞机和水上飞机，40 艘飞艇而已。随着飞机不断提高投弹能力、续航能力和射击精准度，人们才发现了飞机的潜力。此外，人们还发现自从飞机出现在空中后，使用硕大的飞艇和气球基本都会以失败告终，于是人们开始清晰地认识到，假如有何种机器可以从空中进行攻击，那么非飞机莫属。在第一次世界大战的所有武力冲突中，空中力量整体上没有发挥重要作用，对第一次世界大战的影响微乎其微。但是第一次世界大战前后，无论是飞机的武器装备、机身设计、速度还是引擎马力方面都发生了质的变化。假若第一次世界大战再耗得久一些，飞机肯定会在其中起到制胜作用。

第一次世界大战之后，人们发现把航空器作为武器有着远大的前景，其中两种类型的飞机尤为突出：歼击机和轰炸机，两者加起来共计数万架。航空工程的发展及其新科技的应用吸纳了巨大投资，比对陆军或海军的投资额还要大得多。因此，陆军或海军上将反对这一新式武器，不遗余力地阻碍空军成为新的独立军队。直到 20 世纪 30 年代，乃至更晚一些，航空器在大多数国家都没能构架起独立的军事力量。然而，空中力量在战争中能起到的关键作用已经日益彰显，不应只作为陆军和海军的援助部队。从此刻开始，陆军不再有单独的航空器，只有海军在战时还能支配两三架航空器，主要是水上飞机和一些其他的船载飞行器，用于海战和反潜作战。大不列颠预料到，尽管他们远离前线，但是由于德国只能以空袭来抗衡英国远离战场的岛国优势，因此比起法国必然会遭受更多的空袭。也因此，大不列颠对于航空武器的潜力更敏锐，1918 年 4 月 1 日，他们整合了陆军和海军的空军力量，创建了皇家空军（RAF）作为独立的部队。

空军在战争中引发了一起悲剧性的新事件，即对于平民施行的轰炸，伦敦首当其冲。伦敦远离战线，与大陆隔海相望的地理隔绝赋予居民一种安全感。他们深知危险处于欧洲大陆，无法想象伦敦也会遭到敌火的袭击，爱国热情自然更加高涨。而且几个世纪以来，从未有任何一名外国士兵能够践踏大英的领土，英国人都认为战争遥遥无期，事不关己。此外，英国地处战争后方，在第一次世界大战中几乎没有战争事件或是间谍活动；当然，也有一些德国间谍混迹在英国，但是只有一人在 1914 年 11 月被处以枪决。德国把轰炸列入他们的重要战略中，尽管在战争初期他们只能使用飞艇，因为当时飞艇是唯一能大量装载炸药的工具。德国人在战争一开始便认定，只有把空中轰炸和潜艇结合在一起，才能制约大英的海上霸权及其对大陆的封锁。著名的齐柏林飞艇的体积、续航能力、飞行高度和它的装载能力都十分适宜，可以作为对陆地和海洋轰炸的理想武器。1915 年，德国人广泛使用这一硕大的装置来实施轰炸行动。然而轰炸的精准度低，因此几乎没有什么实际作用。伦敦在城市上空用粗缆绳悬系的系留气球，配合战斗机的巡逻，使得德国人只能在夜间从十分高的高空进行轰炸，再加上云雾，几乎不可能射中目标。

空中轰炸并不仅仅使用了新式武器，还令人们认为打击后方士气能起到制胜作用。德国人认为对英国进行空袭，尤其是以伦敦为目标，可以摧毁英国人的士气，然而后来却证明德国人失策了。就这样，英国首都亲身体验了历史上首场战略空袭。德国最高指挥官不得不努力说服威廉二世皇帝使用这个作战方案；并不仅因为德国人自认为仍然持有骑士精神，而这种作战方式违背了这一精神，还因为这场行动使得国王的许多英国亲友受到了生命威胁。为此，德军不得不规定禁止攻击一些特定的目标，诸如宫殿和特定的居住区，来保证国王家族的安全，尽管空袭糟糕的精准度让这一努力聊胜于无。

令人震撼却飘行缓慢的飞艇首先被派往英国领土，负责打击英国人的士气。轰炸部署起始于 1915 年 1 月，然而伦敦在当年 5 月 31 日晚才首次遭遇空袭，德国人空投的炮弹只造成 7 死 30 人伤以及一些不足为道的物质损失。虽然英国在人员和物资方面的损失微乎其微，但这一好似巨型雪茄一般飘浮在空中的庞然大物，确实引起了人们不小的恐慌。然而当英国人从最初的惶恐中恢复过来后，市民群情激愤，他们在第二次世界大战中的表现印证了轰炸并不能使市民分崩离析。1916 年，一些更巨大的飞艇又开始执行攻击任务，但是英国的防御性飞机很快发现这些空中巨兽十分脆弱，并成功点燃了若干艘飞艇。德军不得不再次提高飞艇的高度，这样一来飞艇本就几乎为零的精准度更是化为乌有。因此，德国总指挥决定还是改用飞机对伦敦施行轰炸，而不再使用飞艇。

1917 年，德军使用哥达重型轰炸机轰炸伦敦，这些飞机配备了原始的视镜，可以携带 500 千克的炸药，飞行高度令英国战斗机无法企及。6 月 13 日，德军在光天化日之下展开了空袭，18 架飞机如入无人之境，造成 162 人死亡，而英国的空中防御毫无反击之力。德国轰炸机从他们攻占的比利时机场起飞，这使伦敦开始升级防御机制。1917 年年末，新型的英国战斗机已经开始给德国进攻者设置不小的障碍。自此，新式战斗机和用粗绳牵留的系留气球变成伦敦的一道风景。第一次世界大战末期，英国人围绕着伦敦上空，架起了一道长达 80 千米长的气球屏障，使敌军难以进攻。这些气球可以系在地面上，也可以相互系在一处，一般 3 个一组，每组之间距离 500 米左右，高低设置不同，最高可达 3000 米。假如空军想要在低空飞行并在低处进攻，那么这些气球架构起的防御工事就成为极大的障碍，飞机将不得不提升飞行高度，却丧失轰炸精确度。

　　1918年，德国人为了瓦解英国士气，建造了新式飞机来轰炸伦敦，这种飞机是哥达轰炸机体型的两倍，有着4倍的载弹能力，更大的续航里程，飞行高度令英国飞机望尘莫及。这些新式飞机就是齐柏林—斯卡登"巨人机"。德军于1918年2月16日在伦敦上空投掷了一枚重达1000千克的炸弹，英国作出了回应。为了更有效地护卫伦敦，他们在4月创建了皇家空军（RAF），誓为护卫首都而战斗到最后一刻。德国直到停战前的一个月都还在试图从空中攻破英国坚强不摧的士气。战争结束前，德国空袭造成1500名英国人（其中三分之一死于伦敦）死亡，5000人受伤，和第二次世界大战空袭所造成的屠杀相比微不足道。英国人也制造了能够轰炸德国工业区的轰炸机，比如亨德里·佩奇设计的400型和1500型飞机。第一次世界大战过后，轰炸机的重量已达4—6吨，时速可达140千米，航程达800千米，可载8人，从其大小、可运送重达3吨的炸药的能力，都可见飞机日后的规模。

　　制空武器起初并无起色。最初，人们仅凭步枪和机关枪便足以击落战斗机，因为战斗机有时飞行高度较低，尽管多半时候，由于它的飞行速度快、体型小而令人难以击中。随着战争的发展，人们逐渐设计了炮身管狭长、口径小且射程大的火炮，安装在炮车上，可以垂直射击，还可以旋转360度。这种火炮可发射延迟爆炸的榴弹来制造最大的冲击波。随着这些武器效力的增强，比如针对地面防空机枪的射击，人们发明了飞机伪装。人们给机腹涂上灰色或蓝色，用来伪装天空的颜色，给机背涂上绿色和棕褐色来伪装土地。飞机两翼一般都会带有国徽和每个飞行员的个人标识。

在欧洲战役的前线施行的轰炸与在城市和战略要地的轰炸多有不同。在前线的轰炸并不完全按部就班地执行计划，取决于每个飞行员的个人判断。士兵从机舱向战壕或某些建筑投掷手榴弹或小型炸弹。在这些早期空战中，有时人们还从飞机上投掷可笑的箭束，以求射中敌军。这些攻击行动多以失败告终，于是人们最初只向敌方战线投掷宣传单来打心理战。这些飞行机器在作战观察方面起到了关键作用，可以用于监视敌军，或是仅仅用来帮助火炮进行射击校正。联军空军在1914年八九月发现了德军迫近马恩省，使联军提前做好了防御部署，而其他情报源几乎对此一无所知。在相同时间段，德国用相同的方法探得了俄罗斯的突击行动。飞机采集到的信息用色码传回地面，继而通过无线电报再次输送。本来也可等飞行员着陆后再传输信息，但是信息传输速度至关重要，而且可能飞机还未来得及降落便被击落，因此有必要在还未解密信息时，就把信息从空中传输回地面。由于缺乏经验，加上恶劣的天气因素以及技术的落后，在战争初期，飞机获取的情报并没有起到关键作用，而且总参谋部也很少参考这些信息。

战争爆发几个月后，随着战线的建立和防御工事的建造，前线地面上的警戒巡逻几乎无法进行，因此空军成为获取敌军情报的唯一来源，这一实际需要促使人们完善了空中照相技术。由于空中观测的重要性，飞行工具成为必须打击的敌对目标。系留气球很快受到了燃烧弹的威胁，迅速从战争前线上空消失了，只留下飞机在空中称王称霸。战争的任意一方都试图监视敌方，同时阻碍敌方对己方的观测。于是，人们开始制造战斗机，开启了最初的空战。

在战争的最初几周，交战双方的战机在空中相遇时，飞行员仅会相互致意。他们都没有装备武器，双方都自视为体育冒险家，同志情谊远远大于敌意。然而战争思维很快终结了这一体育精神，飞行员开始试图将敌方飞机击落。最初，飞行员互相丢掷砖石，试图摧毁飞机脆弱的机身；有时也用悬挂的绳缆或铁锁干扰对方；之后飞行员或副驾驶员改用手枪或步枪射击。可以说，空中追击战肇始于 1914 年 10 月 5 日，一名法国飞行员用机关枪击落了一架德国飞机。没过几周，所有的飞行员和副驾驶员都武装了起来，但是他们的射击精准度近乎为零，几乎所有的坠机都是由于飞行员为了躲避或追击敌人而进行的突然操作，或是恶劣的天气——乱流、大雨，抑或是降落时出现的故障而造成的。1915 年 4 月，一位法国飞行机械师罗兰·加洛斯（网球爱好者，著名的巴黎网球公开赛以他命名）设计了一种螺旋桨的保护装置，装设在所有飞机的机鼻上，飞行员可以通过螺旋桨射击，同时又不会毁坏桨叶，如此一来便解决了从机上射击缺乏精准度这一难题。这种装置可以保证飞行员通过机鼻轻易瞄准，尽管许多子弹都因螺旋桨的作用而无法射中目标。德国人将罗兰·加洛斯的飞机击落后，复制并改进了这种装制，并从1915年8月开始大规模使用。德国的荷兰生产商安东尼·福克发明了凸轮系统，可以使飞行员通过桨叶射击，同时与桨叶的旋转协同，不会造成误射。德军飞机的机枪射速和威力显著提高，使德军获取了空中霸权，不过联军很快仿制了这一系统，扳回了平衡。直到此时，用机关枪击落飞机有很大的技术难度，此外飞行员，尤其是联军阵营的飞行员很少配备跳伞，因此一般很少展开真正的空战。1915年前后，双方阵营实力相当，空战开始大规模展开，伤亡迅速增加。双方的战斗机为保护侦察机，纷纷展开了你死我活的武力决斗。战斗艰苦而残酷，因此被称为"狗咬狗"之战（dog fights）。战争双方的胜利取决于多种因素：飞行员所接受的训练及其飞行技巧、在队长指挥下的编队飞行能力、每架飞机可用的火力、续航能力、爬升速度和能力、对于敌我飞机强弱的认知，以及诸如故障、天气条件和事故等意外因素。那时的飞机时速可达220千米，发动机达200马力，升空高度能够达到6000米。

人们很快明白了小编队飞行可以变化出更多的作战方式，有利于进攻和撤退。在个人独立作战以前，必须时刻保持队形。空军的作战目标是相对于敌方，取得数量上的优势，在对手发现己方前先发现敌方，这需要从上方或后方采取进攻。编队中的每架飞机都锁定一个目标，并通过事先设定好的信号交流，协助投入战斗的队友。他们也会尝试利用天气因素，试图背靠太阳使敌方晃眼，利用云气伪装来进攻或防御，在能确保己方飞机毫发无损的情况下，爬升到一定高度使对方的油机先被冻住。除了掌握飞行技术以外，还要果断地射击，了解应瞄准飞机哪个部位、如何高效利用子弹、如何避免机枪过热或卡弹，以及在多远的距离射击等。尽管如此，在大多数情况下首先要做的是临场发挥。

人们在试图将飞机的功能发挥到极致的过程中，发明了许多特技飞行动作。最早发明并且最出名的也许要数德国人马克斯·英麦曼设计的回旋。这种回旋特技在于极速跃升，然后转一个整圈，调转飞行方向。在飞机结构允许的情况下，通过这一操作，飞行员可以获得飞行高度优势，摆脱敌方追击并获得进攻位。

在整场战争中，交战一方不断改进飞机，随后又被敌方追平并超越，因此空中霸权一直左右摇摆。科技竞赛似乎无穷无尽，在战争中，人们除了改进发动机机身设计，还加装了指南针、瞄准镜、发射装置、无线电等设备。人们还加大了发动机的马力，增大了飞机体型，加厚了装甲，提高了装载能力和续航能力。在第一次世界大战末期制造的飞机与战争初期已经有了天壤之别，数量上也发生了质的变化：从区区几百架变为数万架。

航空设备数量上的增加除了促进了发动机的改进、武器制造技术的提高与飞机设计的优化以外，还带来许多其他方面的成果。一方面，飞行员伤亡惨重，人们不得不大量招聘和培养飞行员；另一方面，人们不得不修建上千个飞行场[1]。飞行场的建设其实不难，只需要几百平米夯实的平地。然而，当时飞机的续航能力较弱，所以人们只能在尽可能靠近前线的地方建设飞行场。因此，飞行场经常会遭到敌军炮火的轰击，有时甚至会被敌军占领。炮击经常会使飞行场的路面凹陷不平，导致刚刚起飞的飞机无法降落，或是飞行员在飞行途中发现飞行场已被敌方占领。

飞机的成功设计取决于速度、机动性、装甲和武器，缺一不可。飞机的设计至关重要，但许多因素都难以协调，因为假如需要坚固的机身或装配大量的武器，那么飞机的速度和轻巧则变为次要因素；所以根据不同飞机的功能，需要平衡各个飞机指标。制造战斗机、侦察机和轰炸机的技艺不同，但是无论是战争初期还是战争末期的科技能力，都无法明显加以区分。在空中与海上出现了相同的困境：更厚重的装甲和更大的火力需要牺牲速度和机动性，反之亦然。另外，航空动力学研究、发动机的改进以及飞机制造材料的优化，为飞机的设计提供了条件。战争期间运用最多的是双翼机，双翼可以提供更大的升力，取代了战争爆发后几个月内使用的单翼机。最后，作战双方都研发出了三翼机，取

---

[1] 飞行场是早期的飞机场。

得了良好的作战效果。机组人员的数量也发生了类似的变化：第一次世界大战第一年，飞机一般都设有两个驾驶座席，包括前座的飞行员和后座的观察员或炮手。在解决了机枪发射和螺旋桨轨迹的同步问题后，飞行员可以自行射击，于是产生了单座飞机，它所承担的重量更小，具有更强的机动性，飞行速度更快，飞行高度上限更高。

第一次世界大战期间，双方阵营使用了数百个型号的飞机。但是每个型号的命运和声名有着天壤之别，许多型号迅速被淘汰，被更可靠的新型飞机取代。重型轰炸机在实际作战中的作用不大，而且使用率极低，在第一次世界大战中默默无名。而战斗机虽然也未在第一次世界大战中起到举足轻重的作用，但却获得了更大的声名。比起轰炸机，战斗机的体型更小，造价更低廉，所以被成千上万地生产出来。驾驶战斗机的飞行员就像一位位孤胆英雄，十分受到民众的欢迎，并且成为军队的象征。因此，战斗机之间展开的角逐总是被热烈地追捧。

所有参战国中，只有三个国家（德国、大英和法国）充分发展了他们的空军，可以制造不同种类的飞机，尤其是战斗机。奥斯曼土耳其帝国和奥匈帝国从德国购置飞机，意大利人和俄罗斯人只制造了为数不多的几种型号的轰炸机，美国人只是让他们的飞行员使用了法国和英国产的战斗机。德国大量制造了3种单翼机，8种双翼机（其中包含著名的信天翁系列和福克 D.VII）以及三翼机——"红男爵"在他最后的岁月里驾驶了著名的福克 Dr.I 三翼战斗机。法国制造了 2 种单翼机和 10 种双翼机，其中有著名的纽波特系列和斯帕德系列飞机。英国大量制造新型双翼机——质量上乘的有 SE5 型和索普维斯"骆驼"战斗机，以及模仿德国人设计的福克 Dr.I 三翼战斗机的索普维斯三翼机。第一次世界大战期间所有参战方共生产了 10 万多架不同型号的飞机。

飞行员的情况也值得一提。登上那些如此轻薄的机器，简直算得上是疯子行径，只有热衷于刺激和有着自杀倾向的人才胆敢冒险一试。飞行员往往十分有个性，与军队严格的纪律约束相悖，因此也加深了传统军人对飞行员的疑虑。战争数据耸人听闻：飞行一个月后，新入伍的飞行员牺牲了一半，有些死于意外，有些则死于敌方的炮火之下，平均飞行寿命不超过 18 小时。飞行员执行任务具有极高的风险，驾驶飞机需要自杀式的胆大妄为，因此飞行部队的成员一般都要求是单身的年轻人，他们在飞行时不会过度"审慎"地顾虑自己的家庭责任。为了避免飞行员心慌意乱，盟军在战争初期不为飞行员配备降落伞。不久，联军取消了这一举措。当时人们认为只有那些没有家庭负担且唇上无毛的年轻人才可能成为登上那些破铜烂铁的傻帽。许多飞行员上飞机时，都需要摄入大量的酒精来壮胆和御寒，这使他们设计了自己独特的服饰。驾驶舱暴露在高空极寒的空气中，皮衣、夹克、羊皮帽、风衣、手套、眼镜、围巾和披肩构成了他们特立独行的制服。他们自认不凡，拥有自杀式的勇气，在战斗中培养出了类似古老的骑士章程那样的荣誉法则。德国飞行员穿着与飞机格格不入的马靴，这也是事出有因的。这些章程包括不向已跳伞的飞行员射击；假如发现敌军处于明显劣势，比如机器故障、子弹耗尽或是人数过少时，多半不发动攻击。他们只会像古时的游侠一般互相致意。怎可倚仗优势而行不义之战呢！飞行员常与死亡相伴，因此也养成了某些特殊癖好。例如，总是从驾驶舱的一侧登机、重复一个仪式、佩戴一些物品，这些都成为保障飞行安全的必要条件。飞行前留影被视为不祥之兆。他们还习惯携带宠物，比如里希特霍芬男爵一直带着一只斗牛犬。他们定制珠宝和特殊的礼物来庆祝胜利，用图画和醒目的色彩来个性化装饰自己的飞机。著名的飞行员"红男爵"把他的飞机涂成红色来惹人注目，他也因此被冠以称号。这样的细节确实能够恫吓敌方，但同时也容易变成靶子。

　　第一次世界大战期间，共有 187 名飞行员在获得了 20 场胜利（击落一架敌机就是一次胜利）后，获得了王牌飞行员的称号，被授予最高级别的勋章。其中包括 76 名德国人、45 名英国人、23 名加拿大人、14 名法国人、8 名澳大利亚人、7 名南非人、4 名意大利人、4 名奥匈人、2 名新西兰人、1 名俄罗斯人和 1 名比利时人。尽管他们都有着十分丰富的飞行经验，但仍有 57 人死于空战。最著名且获胜最多（共计 80 次）的飞行员是来自德国的里希特霍芬男爵，即前面提到的"红男爵"；紧随其后的是法国飞行员雷内·丰克，75 次；英国飞行员爱德华·马诺克，73 次。这 3 人当中，"红男爵"和爱德华·马诺克战死沙场。在王牌飞行员的名单中，我们还能发现另一位赢了 22 场胜仗的飞行员，他就是若干年后臭名昭著的赫尔曼·戈林。

第一次世界大战结束后，空军的巨大发展前景已昭然若揭，但只有少数极具慧眼的军官才意识到这一点，绝大多数的军官仍然故步自封。和平主义精神延缓了空军的发展，但却促进了商用航空业的发展，从此出现了最早的运送游客和邮件的航线。20 世纪二三十年代，发动机的发展使飞机在速度、大小、飞行高度以及最重要的续航里程等方面的性能显著提高，此外还装配了金属机身。人们发明了封闭的、装有暖气的机舱，采用了单翼双引擎型号。机身更大的飞机型号可以装载更多的机组人员，分工更明确，航行更安全。那个时代正是飞跃大西洋的远航时期，飞行员不断打破最长飞行时间和最近距离的纪录，被人们视若英雄般追捧。30 年代，在 1937 年兴登堡号飞艇发生大火坠落后，人们终于告别了商业飞艇。30 年代末期，人们发明了涡轮喷气发动机，德国战斗机于 1944 年开始装配这种发动机。

德国是最注重探索飞机的军事应用的强国，他们希望给未来的敌人以致命一击。闪电战替代了令第一次世界大战陷入僵持的战壕战，它离不开能够实现精确、有效打击的现代空军的支持（也离不开战车）。1924 年，德国军队开始秘密在苏联训练飞行员

（《凡尔赛条约》禁止德国制造战斗机），最终在1935年创建了纳粹德国空军。德国空军参与了西班牙内战，进一步改进了他们的飞机，训练了他们的飞行员，在第二次世界大战爆发之初成为世界上最强的空军，获得了胜利女神的青睐。

第二次世界大战期间，空军还取得了一项至关重要的革新。1922年，日本推出了第一艘现代航空母舰，"凤翔号"。日本、美国和英国逐渐让航空母舰加入到舰队中，之后英国人研发了可从航空母舰的甲板上起降的飞机，包括轰炸机和鱼雷轰炸机。日本军队利用航空母舰偷袭了珍珠港，美国便利用航空母舰展开太平洋战争，并战胜了日本。德国作为陆上强国，并不看重航空母舰的发展，纳粹德国海军上将雷德尔甚至认为它不过是漂浮的加油站而已。自从飞机登上航空母舰后，地球上几乎没有任何一处能够免受空袭。

航空领域最大的革命之一来自学术理论方面。意大利军人、飞行员杜黑早已预见到了飞机的军事潜力。他在1922年出版的著作《制空权》一书中提出，凡要赢得未来战争，必须摧毁敌人后方，这只能通过从空中发起强有力的进攻来实现。不仅要进攻敌方的生产基地，还要轰击平民来打击他们的士气，使平民为了不再受苦而萌发出投降的意愿。这使战争对军人和平民不再加以区别，出现了全面战争。希特勒、墨索里尼和丘吉尔都接受了杜黑的想法，因此杜黑可被视作第二次世界大战时期夷平欧洲的大规模轰炸的理论之父。但是他的理论只说对了一部分：即使大规模摧毁敌方工业和交通能起到制胜作用，但是对后方平民施行大规模、摧毁性的轰炸却并没能摧毁他们的士气，使他们臣服。在第二次世界大战中德国对英国施行的大规模空袭没能瓦解他们的战斗意志；而德国也一般无二，尽管几乎被夷为平地，尽管被犯下滔滔重罪的纳粹制度所奴役，但是直到盟军进攻并占领德国后，德国人才最终投降。

▶▷ 战争的心理影响：神秘学和国际联盟

"欢乐的 20 年代"汇合了独特的文化现象和风俗，充满了娱乐与闲暇的氛围，这正是战争中恐怖的屠杀带来的影响。人们需要享受生活，需要娱乐，需要得过且过，也需要跳舞、喝酒、吸烟并大胆（且优雅）地穿着（可可·香奈儿跃上了高端时装舞台）。人们需要恢复爱的能力，忘却遭受的苦难。人们创造了查尔斯顿舞，随着电台和电影广泛传播，出现了鲁道夫·瓦伦蒂诺这样的明星，以及爵士乐、卡巴莱表演、舞厅和各式各样的演出，人们痴迷于哈利·胡迪尼的逃脱术、卡洛斯·葛戴尔的探戈舞蹈、汽车和早期电子产品消费、各式大众运动、鳞次栉比的广告、数以千计的主题不一的杂志，以及图坦卡门墓的发现，等等。刚刚攫取了经济垄断权的美国引领了风骚，被欧洲的权贵热烈追捧。

密教，即对所谓的隐秘科学的兴趣也显著提升。它作为一种消遣，也作为一种与危险共舞的刺激（毒品消费上升，随即被禁止），被用来满足与在战争中逝去、身处另一个世界的年轻人交流的需要。那是灵媒最火热的时期，数万人为了能与死于前线的亲人交谈而大排长龙。阿瑟·柯南·道尔（为在战争中逝去的儿子倍感悲伤）积极支持密教事宜，这最能反映当时密教广为流传的社会文化背景。在这一场神秘学盛行的风尚中，人们对工业社会中那些造成数百万伤亡的大规模杀伤性武器表现出排斥。人们开始怀念被理想化了的过去（自然是虚假的），认为过去更具有人性和同情心，更乡村化而非那么工业化，更注重精神和传统价值。之后产生的法西斯主义利用了人们的这种想法。

战争对政治及其机构造成了更大的影响。战争造成巨大伤亡，使西方社会遭受了不可挽救的创伤，激发了人们对于和平的渴求，并随即变成一种信念，人们认为这样大规模的灾难不能、也不该再次发生。这未免过于天真、盲目且讽刺。签订于1919年并同时埋下了第二次世界大战祸根的《凡尔赛条约》促成了国际联盟的诞生，它从此刻开始承担起了解决所有世界纠纷的重责。一年后，在日内瓦召开了第一届国际联盟全会，各国代表郑重宣誓，任何国家都不应再用战争的方式来解决纷争。尽管德国和苏联在些许年后才被准许加入联盟，而美国则对加入联盟兴味索然，但是国际联盟还是取得了一些成果。在瑞典和芬兰，波兰和德国，希腊和保加利亚，土耳其和大英，玻利维亚、巴拉圭、秘鲁和哥伦比亚之间的领土纷争问题上，国际联盟的居中协调对和平解决起到了决定性作用。但在阻止意大利法西斯主义在克基拉岛和埃塞俄比亚的图谋，以及日本侵占满洲的问题上则功亏一篑。国际联盟成立史上最后一项重大失败就是对西班牙内战视若无睹。

奇怪的是，人们在第一次世界大战爆发以前积极推动的、用以缓和战争影响的立法工作却长久地停滞了。人们普遍坚信如此规模的战争不会再发生，强国不再热衷于制定新条款，这与战争期间致命武器研发领域的欣欣向荣截然不同。因此，在20世纪20年代的最初几年，人们深信全世界都在逐渐解甲归田，国际联盟监管着国际武器贩卖，于是修订协调武装冲突的国际法也被搁置了。唯一的例外，是1922年战胜国签订了《华盛顿海军条约》，规定了各国海军舰队的最大排水量。1930年，列国更新了条约。但四年后，日本违背公约，开始筹划对外侵略政策，战争一触即发。

在当时乐观的氛围中，国际联盟于1925年在日内瓦召开了大会。这一年欧洲七国（战胜国和战败国）签订了《罗加诺公约》，重新划分了边境，重新协商把莱茵兰作为非军事区。在日内瓦，各国规定禁止使用窒息性气体，也禁止那时还只是略有耳闻的细菌战。人们对第一次世界大战中使用的致命气体印象深刻，它不仅毫无军事价值，还造成数十万名士兵的大量伤亡。之后的若干年，人们还制定了一些改善战俘和伤兵权利的条约，并且坚持通过和平手段解决所有争端。此外，人们还信誓旦旦地制定了一些潜艇战的限制，但是在它和商船、客船的关系方面，由于众口难调，最终于1936年签订了《第二次伦敦海军条约》。这一条约规定，只有将乘客、船员和文件送到安全地带后，才可以击沉商船或是摧毁商船的航行能力，这是令人称道的。几年后，这一原则和其他许多条款一样，都变成一纸空文。

在关于战俘的处置问题上，人们确实取得了明显进步。在战争期间，交战双方都扣押了大量的战俘，他们需要在集中营中度过极为漫长的时光，因此具体限定他们在关押地的权利和条件变得刻不容缓。在这些方面，诸如接收邮件、领取红十字会支援的邮包、看病和禁止体罚等权利得到了保障，中立国定期检查，保证战俘拥有这些权利。

随着希特勒的上台和西班牙内战的爆发，民主国家意识到新的世界战争的爆发已是箭在弦上。空中武器在西班牙展现了可怕的潜力，使它成为即将爆发的战争的制胜武器。人们得心应手地将杜黑的理论用于实践。面对新的情况，国际联盟的代表忧心于如何保护平民，使其免受大规模的狂轰滥炸，因而在阿姆斯特丹聚首。但是谈判失败已是铁板钉钉。德国、日本和意大利退出了国际联盟：德国和日本在1933年退出（日本因为侵略中国而受惩，决定退出）；意大利在1936年退出组织，与日本退出的原因类似，意大利人在 1935 年侵略了埃塞俄比亚。1939 年，苏联也因侵略芬兰而被逐出组织。战争的爆发意味着政府又开始大量颁发死亡证明。

关于国际联盟失败的原因，一直众说纷纭。战胜国端着复仇者的姿态，将战败国排除在国际联盟之外，这显然有违他们倡导的和平与公正的初衷。他们还迟迟不允许苏联入会，将美国边缘化，在联盟创立之初埋下了四分五裂的隐患。国际联盟对于日本和意大利侵略行径的经济制裁也没有做到一视同仁，使得相关举措失效，令组织失信。此外，法国和英国对法西斯国家实行的息事宁人的纵容政策，助长了意大利和德国的帝国主义气焰。尽管有违初衷，国际联盟最后还是沦为侵略者的同谋，而且激起了各方抵触，例如巴拉圭不服从与玻利维亚的战争仲裁。

第二次世界大战爆发后，国际联盟早已名存实亡。1946 年 4 月，国际联盟正式解散，随后，联合国成立了。

▶▷　第二次世界大战中科技的胜利

第一次世界大战使军队将领如醉方醒。那些新式武器的科技进步淘汰了老式的作战方式，造成数百万无谓的牺牲。将领们意识到，若要赢得战争，必须站在科学研究的前沿，而这需要投入巨大的资源。假如没有科学家的协助和参谋，就不可能赢得任何战争。自 20 世纪 20 年代开始，主要的几个强国开始着手建立受政府监管的研究部门，并开始加强与大学和研究中心的合作。强国明显吸取了教训，不再顶着传统的名义，质疑科学在军事领域的潜能。武器竞赛很快变成一场科学竞技。制造工艺越来越要求精确和严谨，在第一次世界大战以前，假如冶金作坊能把误差控制在千分之一英寸，就已经是了不起的精确度了，但在之后的十年，人们已经将精确度提高到了万分之一。

在战胜国一方，仍有许多将领对科技进步不置可否。无论如何，赢得战争的总是那些拥有更强的抵御能力和更多的火炮、战壕和士兵的那一方。没有任何一种像飞机、潜艇、坦克或毒气这样的新发明对战争起到了决定作用，这使那些迂腐的将领更加因循守旧，将科学家视为捣乱军务的人。事实上，直到希特勒上台，将领们嗅到了 20 世纪 30 年代的变化趋势后，才开始加紧军事用途的科学研究。德国的反应与众不同。他们在第一次世界大战失利后痛定思痛，发现正是传统的战略和防御性的政策导致了失败，他们必须要避免重蹈覆辙。德国人需要试验新式武器，发挥它们所长，完成在第一次世界大战中未竟的事业：彻底突破前线。德国人知道，只有将科学与战争紧密结合，走在研究的前沿，才能取得胜利。坦克和飞机试验的作用凸显了出来，德国人视《凡尔赛条约》若无物，在瑞典和苏联建立了训练和试验中心。西班牙内战成为他们试用新研发的武器的绝佳场所，尤其是坦克、战斗机和攻击机，将引擎和飞机的所有潜能都发挥得淋漓尽致，德国希望以此来尽快终结战争。在马德里、巴塞罗那和格尔尼卡上空执行的空袭，为他们在第二次世界大战中对城市实行空袭提供了经验。德军在西班牙进行的武器试验和战术应用有助于后来闪电战的成功，使德军在第二次世界大战的最初几年占尽了先机。

空军成为了新的威胁，大踏步地向前迈进。人们制造的飞机飞行速度日益加快，破坏力日益增强，杜黑那令人惊悚的理论拥有了现实基础，因此人们需要创造防御系统。30年代中期的战前紧张氛围促使人们发明了用于侦察敌机的防御性武器——雷达。美国航海物理学家早在1925年便发现了雷达的工作原理。后来，纳粹于1934年开始研制雷达，最后却是由在第一次世界大战中胆战心惊的英国人，经物理学家罗伯特·沃特森—瓦特之手改进了雷达并将其运用成功。英国人发明的雷达，让他们在第二次世界大战初期能够及早发现德国在英国本土实施的进攻，对英国在不列颠战役取得胜利起到了关键作用。1938年，英国人已经在英吉利海峡上铺设了一张由20个雷达站织就的警戒雷达网，它可以探测到80千米以外的飞机。美国同样研发出了雷达，不久德国人也研制出了雷达，但始终无法与英国雷达匹敌。在第二次世界大战尾声时，雷达已经能够探测空中飞机的数量、位置、方向、高度和速度，还能辨别敌我，甚至能探测到潜艇露出水面的潜视镜。通过声波传导的声音还大大改善了通讯，人们不再需要架设用于提高功率和波长的巨大天线。德国人通过无线电波来进行通讯，使他们在战争初期取得了压倒式的胜利。假如没有战车、火炮、步兵和空中支援部队之间紧密的配合，那么德国人完全不可能打响闪电战。

我们在上文中提到，这些 20 世纪 30 年代后半期的发明应归因于一触即发的战争氛围，它使军队加强了与大学和科研机构的合作。战争爆发后，这一已经建立起来的合作更加紧密，使人们在武器装备方面的各种发明成指数倍增加。1941 年，美国成立了科学研究与开发办公室，专门研发新式武器，在一年内就集结了 6000 余名科学家，设计了近 200 种新式武器。由于敌人在进攻方面取得的进步可能造成致命的后果（比如新式飞机、炸弹、潜水艇、装甲等），因此创造出能够抵消这些进步的新措施已是十万火急。同时，敌方自然同样研发了新的防御方式，需要更智能的新式进攻设备来应对。这与传统的武器竞赛一般无二，唯一有所区别的是这些新的科技突破的周期往往只在数月间。

英国人在第一次世界大战末期研发出了声呐来应对德国的潜艇战。声呐的发明加上一系列深水炸弹的防御性武器改进，使得德国潜艇虽然增大了体积、装备了具有制导系统且更高效的引信的鱼雷、提高了续航能力，但却比在第一次世界大战中起到的作用更小了。在反潜作战中，德国人期待侦察机能派上用场，然而却因为对方更快速、精确的飞机探测系统而竹篮打水一场空。盟军在反潜战争方面的科技优势十分重要，英国不得不向美国购置6000万吨的物资，其中只有4.3吨被德国的潜艇击沉。人们在海战中取得的最大的进步是从20世纪20年代开始建造的航空母舰。它们是太平洋战争的主角，终结了传统的海战。巨大的铁甲舰逐渐减少，在航空母舰成为主要的战舰后，最终退出了战争舞台。自从航空母舰出现后，人们可以远远望见敌船，进入火炮射击范围后舰船互相交火的作战方式逐渐消失了。从航空母舰上起飞的鱼雷轰炸机和其他轰炸机成为攻击敌舰与负责防御的主角。新的海上作战方式可以将进攻推进到敌方海岸，使这些新式战舰真正变成了浮动着的工业城市，展现了不同阵营的科技和工业实力。有一明证为例：在日本和美国作战期间，日本只有不到10艘航空母舰，美国却有将近百艘航空母舰投入使用；战争的结果显而易见。

人们还提高了飞机的动力、速度、续航能力、载货能力、机动性和安全性。铝成为制造飞机的主要材料，因此铝土矿成为战略物资。机组成员拥有了可调温的、带有无线电和充足氧气的驾驶舱。人们还发明了导航装置，可以进行夜间轰炸，可以在极为不利的天气情况下进行定位。在第二次世界大战期间，首次出现了军用直升机，它们是德国人发明的小型机器，被称为FL 282"蜂鸟"直升机，在1942年被用于在地中海区域进行侦察。3年后，美国人开始制造西科斯基直升机，并在缅甸丛林中首次使

用它们。战争结束之后的 1946 年，这些军用直升机开始服务于民
用航空。1942 年出现了最早的喷气式飞机。这得归功于德国人，
他们极其迫切地想要补足自己在空中的劣势，于是制造了梅塞施
密特 Me262 战斗机，速度更快，装备更高级。然而德国直到战争
末期才开始系列生产这种战斗机，总计 1433 架。

　　导弹的横空出世可谓是一场真正的革命。在这个领域最重
要的先驱要数美国人罗伯特·戈达德，他在 1926 年制作了第一
枚液体燃料导弹。他的研究在美国并没有引起重视，却被德国人
盯上了。德国人派出间谍接近他，了解了他的研究并复制了他的
设计图。V-2 导弹是人类历史上最早的弹道导弹，纳粹军队在沃
纳·冯·布劳恩的指挥下，于战争后期投放了这种导弹，明显受
到了戈达德研究的启发。这种导弹会首先冲出大气层（以每小时
5700 千米的速度上升到 90 千米的高度），然后掉头冲进大气层，
自上而下打击目标，它的有效射程达 300 千米，十分难以拦截。
德国发射 V-2 之前的几个月，人们设计出了无线电波制导的炸弹
（Fritz X），接着又发明了带有自动制导装置的 V-1 导弹，能以每
小时 735 千米的速度达到 250 千米的射程。第二次世界大战后，V-2
（共制造了 3000 个）为俄罗斯和美国在 20 世纪 50 年代展开的太
空竞赛中使用的火箭奠定了基础。

　　另一项创新是最早的电子计算机。卡尔·诺顿设计了一台电
子计算机，它能根据不同的气候条件，测算从飞机上发射的导弹

路径。一旦锁定目标并分析出风速和飞行速度后，电子计算机就会显示应该在何时投放导弹。英国人发明了巨人电子计算机，它被用来解码德国人的信息，并出色地完成了任务，对战争最后的胜利起到了决定作用。这些计算机建立在数学家马里安·雷耶夫斯基和艾伦·图灵的研究成果之上，他们设计的计算机能够解码恩尼格玛密码机制造的密码。纳粹使用了这种密码机数年，从未被盟军破解，而破解德军密码成为盟军最后制胜的关键。美国也将计算机运用到对日作战中，大获成功：美军成功破解了日军的密码，提前了解了日军在中途岛战役中的作战部署，在掌握了海军上将山本将在哪一天的何时视察所罗门群岛上的一个军事基地后，将他击杀。另一项重要发明是可携带的无线电，自此无论人数有多少，每支步兵队伍都可以与指挥官保持联系：这就是著名的无线对讲机。所有的新式发明都需要更新指挥和作战方法，以高效的行动赢得战争。

常规武器中还有一些发明，虽并不那么耀眼夺目，但也值得一提，比如巴祖卡和与它类似的德铁拳，两者都是无后坐力的小型火炮，用来应对坦克的大规模使用。此外，人们还发明了用钨合金做外壳的空心穿甲弹，可以穿透那个年代最厚的装甲。为了使士兵能够使用轻型武器，单枪匹马地在城市中作战，人们发明了突击步枪，射速可与机关枪媲美。最早的型号要数由毛瑟在1944 年制造的德国 StG44 突击步枪（重 5 千克，射速达每分钟

500 发），参考了 1949 年苏联制造的 AK-47 突击步枪。这款步枪十分出名，并且也许能算得上是同类中质量最好的。在大规模杀伤性武器方面，人们制造出了含有镁成分的燃烧弹，用它来夷平工厂和城市。它对英国领土、德国和日本的城市造成极大破坏，带来遍地哀鸿，令人闻风丧胆。在防空领域，人们发明了飞机的电子追踪器、碎片弹和近炸引信等。这些发明对于拦截 V-1 导弹极其有效：只有 20% 的导弹在落地以前没有遭到拦截。日本神风敢死队共有 2200 名飞行员，在他们追击到目标前，早已被美军击落了一半。若要保证轰炸的准确性，必须用清晰的航空照片来标记轰炸目标，因为假如没有对目标进行翔实的调查，人们无法实施精确轰炸。于是人们改进了航空照相技术，可以从极高的高空作业，免受防空系统的制约。摄像在进攻完成后进行，主要用于评估进攻效果，而不是用来拍摄作战过程。德国日益受困于联军的军事行动，在伪装方面做了改进，将正常运转的工厂装扮成废墟以作为应对之策。此外，人们还发明了可以用于登陆作战的两栖舰船。太平洋战场需要大量的舰船进行登陆作战行动，之后欧洲发明了能迅速上岸的舰艇，既可以运送士兵，也可以运输车辆，自此这些两栖舰船成为所有军队的必备物。在大规模登陆时，假如没有天然海港，或是海港面积过小，那么预先制成的拼接式浮码头也是必不可缺的。人们在火炮方面并没有像在第一次世界大战中那样取得显著的进步。1936 年，德国人设计了一款火炮，在西班牙内战中首次试验，功能多样且威力十足，名叫 88 毫米 Flak 高炮。它本被设计为防空火炮，但是却因为反坦克能力而声名远播。它能够远距离穿透任何装甲，高低射界为 3—85 度，射速可达每分钟 18 发，有效射程近 15 千米，射高达 8 千米。

德国最初拥有最优良的坦克。德国坦克与英国、美国的坦克一样，绝大多数都采用汽油引擎，由汽车工业制造。战争结束之际，所有型号的德国坦克都十分精良，在火力、装甲和机动性方面表现出色。与所有的战船面对的问题一样，越厚的装甲和越大口径的火炮，意味着更大的重量，自然要以牺牲灵活性和续航能力为代价，因此在各种需求之间找到平衡点已是不易，更何况还要考虑所经之地不同的路况。苏联人又向前迈进了重要的一步，制造出了第二次世界大战中最优良的坦克，T-34。它装配了柴油引擎，耗油更少，续航能力更强，唯一的缺点是噪音较大，更容易被敌军发现。苏联制造的坦克虽然在许多方面都劣于德国坦克，但是更好地协调了上面提到的几个方面（比如在结冰路面和俄罗斯杂草丛生的草原上更易操作），它良好的适应性能保证坦克更好地在多种作战环境下穿梭自如。与西方坦克不同，苏联坦克从拖拉机改装而来，驾驶起来比较费劲且不舒适。难怪苏联的坦克兵要带着（现在同样保留了同样的传统）防护帽来保护头部，而西方的坦克兵则戴着优雅且舒适的贝雷帽。无论是在第二次世界大战还是在冷战中，苏联几乎从不考虑驾驶车辆的士兵的舒适程度，车内狭小的空间要求苏联驾驶员只能是矮个子，身高不能超过 1.6 米。

由于缺乏原材料，德国人也只能充分发挥他们的创造能力。他们缺少橡胶（若要生产轮胎、橡胶管和绝缘接头等，橡胶必不可缺）和石油。除了制造轮胎所需要的橡胶，每架飞机需要 200 千克橡胶，每辆坦克 100 千克，每艘船只 75 千克。德国人首先合成了布纳橡胶，也就是丁苯橡胶。它由法本公司发明并改进，成效显著，取代了天然橡胶，是一种优质的合成橡胶。美国人通过凡士通公司的商业间谍活动，成功攫取了德国人的配方来生产合成橡胶，填补了因为太平洋战争而被切断的橡胶供应。缺少石油是德国的困境。由于罗马尼亚的石油供给不足，最后德国只能生产合成汽油，占到总使用量的 90%。合成汽油的加工方法以它的发明者弗里德里希·贝吉乌斯命名，他因此获得了 1931 年的诺贝尔化学奖。他的方法是用高温将煤炭氢化，然后与重油混合，再次将混合物氢化，之后经过较长的加工过程，最终获得汽油。一吨煤炭可以得到 300 升燃油，早在战争前，已有十几家加工厂用此方法生产汽油。联军轰炸的首要目标就是这些布纳橡胶和合成燃料的加工厂，在战争后期，联军成功使德国军车瘫痪。

假如没有这些寻常的卡车、汽车、货车和摩托车将人员和物资运送到世界各个角落，那么所有复杂高端的发明与进步都将找不到用武之地。第二次世界大战是第一场石油与内燃机之战，汽

车起到了决定性作用。美国生产的车辆可以为我们提供明证。在
1941—1945 年，美国人制造了军用卡车（通用吉姆西 83 万辆），
轻型吉普和越野吉普（100 多万辆），运输船（2710 艘自由轮）和
货机（3 万多架）。假如没有这些简易但不可或缺的工具，人们完
全不可能为如此规模的战争提供和调运数百万吨的物资和人力。
正是美国以及后来崛起的苏联的强大的工业制造能力，以及远离
前线而未受到敌火重创的条件（德国人从未能攻陷乌拉尔的工业
中心），使盟军最终获得了战争的胜利。

　　另一项小发明对盟军的胜利也起到了决定性作用：栈板[1]。人
们早在 19 世纪初就制造了栈板，但是直到 20 世纪 20 年代都没能
真正将它派上用场。在那段时期，人们还没有发明集装箱，这些
标准尺寸的木架可以轻易运送和承载数量巨大的物资。栈板十分
有用，尤其是在装货和卸货的过程中，倾倒 1 万 3 千个食品盒需
要整整两天，但假如把零散的食品盒放在栈板上，这些工作仅耗
时 5 个小时。当盟军在非洲、意大利和之后的诺曼底进行大规模
登陆时，栈板的运用成效显著。人们可以使用吊车来卸载栈板，
然后自动将栈板装入火车的车厢和卡车，运往前线。栈板配合堆
高机和人工码头的使用，是盟军在货运方面取得的重要成就之一。

　　空战还使圆珠笔流行了起来。在 1938 年人们已经发明了圆珠

---

[1]　一种用于零散货物运输的托盘，一般为木质。

笔，但是它并没有被大众接受。飞行员经常需要使用传统的钢笔或铅笔来做记录。钢笔的墨水盒因为气压的变化，经常会爆裂而无法使用。铅笔刀经常会削断笔尖，而且如果要写出清晰可见的字，需要时不时地削笔。圆珠笔完美解决了这些问题，美国空军首先将圆珠笔纳入空军的装备中。

还有另外一件趣事。第二次世界大战期间，美国忽略了从20世纪20年代开始生效的种植禁令，又重新种起了大麻作物（生产大麻的原料），并开始进行工业生产。太平洋战争切断了从印度尼西亚和菲律宾进口的补给线，这成为一个严重的战略问题。农业部门编辑了一份文件，名为《为胜利而种的大麻》，除了制作宣传手册和海报以外，还号召农民种植大麻，鼓吹大麻是极其关键的战略作物之一，而无暇顾及毒品问题。1942年，政府向农民分发了20万千克的种子；1943年已经有了5万公顷种满大麻的田地。这些种植大麻的农民可以获得政府的巨额补贴，并且免除他们及其子孙的兵役。美国政府的举措也有其原因，大麻是当时制作索具的主要材料，虽然那时人们刚发明了尼龙，但仅仅用到了丝袜和降落伞的制造上（当时日本人垄断了生产尼龙所需要的丝绸），直到战争末期才变为大麻的替代品。因此，大麻主要用来制作棉靴、棉鞋和降落伞绳，捆扎数百万的包裹和箱子的索具，将数千艘舰艇捆在缆桩上，用于抛锚和牵引各种交通工具的绳索。据计算，美国的一艘现代战舰需要3万4千米长的绳索才可执行任务，而那时用来制作绳索的唯一原材料是大麻。战争结束后，大麻的种植重新被严禁，那时，尼龙已经可以完全取代大麻。

人们通过化学研究发明了接触型胶粘剂。许多武器零件和战争物资损坏后，需要找到一种能够迅速修复破损，而无须等待替换品的方法，毕竟替换品运输不易且成本高昂。1942年，人们发明了固体胶（万能胶），但是因为黏合效率太高，在军事行动中人们无法妥帖地使用这种胶水，因此一直没有大规模使用它。1958年，人们将其作为一种日常用品申请了专利。几年后，医生在一些外科手术中不再用线或是两脚钉来进行缝合，而是开始使用胶水（组织黏合剂）来作为医学缝合剂，这种方法在越南战争中被大量使用。

如果要说世界大战在哪个方面极大地促进了科学的发展，那一定是原子能研究方面。假如不是因为第二次世界大战，那么人们不可能如此快速研究出核能，也不可能如此迅速地将其投入军事运用当中，并利用核能制造出原子弹，在日本投放了两颗。德国物理学家从20世纪30年代开始试验核裂变，第二次世界大战爆发以前，他们的研究（"铀工程"）已经是将核裂变运用到战争这个领域中最尖端的了。许多逃亡到美国的反纳粹科学家（其中许多都是犹太裔）通过爱因斯坦说服了罗斯福总统，面对战争威胁的唯一方式就是迅速赶超德国人的研究。"曼哈顿计划"应运而生，尽管直到1942年才被命名。1939年，计划启动，美国很快取得了先机，当时德国因为过度投入战争且受到盟军的夹攻，研究计划捉襟见肘，但美国人无须惧怕他们的成果被毁，能为研究投入所有资源。美国在 1941 年末加入战争，更进一步促进了研究。当"曼哈顿计划"于 1945 年大功告成时，美国投资了 20 多亿美元和约 15 万人力，并在数十个不同的场地进行了秘密研究。物理学家罗伯特·奥本海默主要负责该项目，同时也受到军方的严格监控。至于第二次世界大战后核能在我们生活方方面面的和平运用，已经是人尽皆知了。

▶▷ 磺胺类药物、青霉素、输血以及抗晕眩药

自 20 世纪 30 年代开始，医学在外科和化学制药领域经历了重大变革。在外科领域，不得不提到"西班牙方法"，也被称为"特鲁塔"疗法，它产生于内战时期的加泰罗尼亚地区。19 世纪末，医生已经开始尝试在受伤数个小时之后清洗伤口，像清除肿瘤一样，去除几毫米深的受影响部位，这样便可以避免感染和之后的气性坏疽来防止截肢。只有完成清洗过程后，才能缝合伤口。尽管美国医生温尼特·奥尔和法国医生亚历克西·卡雷尔在这一方面已经达到了高超的水平，这项技术并没有在第一次世界大战中取得长足的进步。20 世纪 30 年代时，西班牙军医曼努埃尔·巴斯托斯·安萨尔通过在摩洛哥战争和 1934 年阿斯图里亚斯的矿工起义事件中的医

学实践，反复印证了这一疗法的有效性。他坚持认为，第一步清洗伤口的工作十分重要，然后需要切除并取出伤口的周围组织，并用纱布覆盖伤口，纱布应用凡士林（或汽油）浸润防止粘连——尽管最后他还是选用了没有任何添加物的无菌纱布。假如病人骨折，则需要在整条肢体上打上石膏，把伤口全部覆盖住，防止移动。病人需要不时去掉石膏来防止异味并方便观察伤口变化，然后在清洗并检查伤口后，重新裹上纱布并打上石膏。

　其他的外科医生不过是照本宣科，唯有何塞普·特鲁塔在西班牙内战时期将这种方法在巴塞罗那的医疗系统中推广开来。之后他在英国流亡的时候，又将这种方法通过剑桥这扇窗口传播了出去。1938 年，在 605 名骨折患者中，没有任何一名患者因长了坏疽而接受截肢手术，也没有因此导致的死亡。1939 年，他试验了 1073 名伤者，其中只有 0.75% 的患者的病情出现了复杂状况。1939 年 2 月，高卢的外科医生接收了一大批采用此疗法的患者，这些医生反对这种疗法，混淆了治疗过程产生的怪味和坏疽的异味，给这些患者施行了截肢手术。第二次世界大战爆发后，特鲁塔成功地在盟军中传播了他的经验。弗朗西斯科·希梅诺·比达尔医生，特鲁塔的同学，也是曼努埃尔·巴斯托斯的学生，他以维也纳为基地，在德国阵营推行这种开放性骨折的治疗方法，使战争双方阵营都拥有了这种治疗方法。自此，坏疽几乎完全消失，由坏疽造成的截肢也不复存在了。

在西班牙内战期间，另一项医学领域的重要进步是输血。内战造成的巨大伤亡和医院对血液的紧急需求促进了这方面的医学研究。早在 20 年前，奥地利医生卡尔·兰德施泰纳已经发现了血型，为输血这一医学实践奠定了基础。内战爆发几个月后，弗雷德里克·杜兰·约达医生首创了包括接收、保存、运送至约 300 千米外的输血一条龙服务。O 型血的人奔赴前线，而 A 型血的人则留在巴塞罗那的医院中。这一新的输血服务促使人们发明了新的容器、针头和不同形状的玻璃器皿，用来快速抽血和输血，最后人们在前线也可以进行输血。这一服务一直维持到巴塞罗那陷落为止，共计完成了 2 万次输血，使用了 9000 升血。

受伤的士兵需要被撤离战场，住院接受固定疗法。然而，在大多数情况下，患者都无法及时撤离战场，在几天或者几周之内都只能接受极少的看护，甚至没有任何看护。因此，人们发明了一种"神药"，可以有效阻止绝大部分的感染，作为等待住院期间的急救方法。这就是磺胺类药物，它是第一种对抗链球菌属的抗菌药物。德国医生、病理学家格哈德·多马克在 20 世纪 30 年代时效力于法本公司，他在尝试把染色剂当作抗菌药时，发现了磺胺类药物。1935 年，多马克 6 岁的女儿的手指受到了感染，他在女儿身上试用了磺胺类药物，成功将她从死亡的边缘拯救回来。他将这种药物命名为百浪多息，投放到市场中销售。罗斯福总统的一个儿子使用了磺胺类药物，挽回了生命，这促进了这种药物的推广。1939 年，多马克被授予诺贝尔医学奖，但因为当时希特勒的禁止，直到 1947 年他才拿到诺贝尔奖。磺胺类药物对多种细菌均有效，很快被运用到战场上。所有士兵都在腰带里放着信封，里面盛着磺胺类药物的白色粉末，以便受伤时可以撒在伤口上。除此以外，辅助医护人员（他们出现于第二次世界大战，加入士兵的行伍中）也常备可吞服的磺胺类药物。士兵因伤口感染而死亡的病例几乎消失殆尽，然而，过度使用这种药物，使人们产生了免疫抵抗，直到青霉素被发明后，这一问题才被解决。

1928 年，亚历山大·弗莱明偶然发现了青霉菌的疗效。但由于无法大量获取、缺乏资助以及缺少实验室和人体试验而未引起重视，此外它也无法与当时的磺胺类药物竞争，后者在 20 世纪 30 年代已成为最著名的抗菌素。第二次世界大战初，另一些旅居英国的科学家，包括澳大利亚的药理学家霍华德·弗洛里和德国化学家恩斯特·伯利斯·柴恩，在牛津大学带领一支 20 人组成的研究组，开始重新关注这种物质，并成功提纯了青霉素。1939 年，青霉素在实验老鼠身上证明了它的功效；1941 年 2 月，一位英国警官刮胡时受了伤，伤口受到了感染，成为第一个接受青霉素治疗的病患。虽然试验成果显著，但由于剂量不足（医生循环利用他的尿液来重新获取青霉素），最终无法救活这位警官。

问题的关键显然在于无法生产出足够剂量的抗生素，但 1941 年的英国没有能力资助这样大规模的项目。同年 7 月，英国科学家带着他们成功合成的一些青霉素前往美国。在那里，他们与研究在发酵过程中加速真菌和霉菌生长的科学人员取得了联系，在辉瑞公司的生物化学家贾斯珀·凯恩的倡议下，他们通过使用其他中介物质的催化反应，改变了一直在平面上生产的做法，在桶中大量生产青霉菌。奇怪的是，收益最大的菌株并不是从牛津漂洋过海带来的，而是从烂甜瓜上取得的。

美国农业部与一些大学和制药公司合作，在哥伦比亚大学和辉瑞公司的牵头下为研究项目提供了资金，很快开始大量生产青霉素。1941 年年末，青霉素产量已经达到了最初的 10 倍，1942 年达到 100 倍，由此成本迅速下降。1943 年，一剂量的青霉素只需要 20 美元，并在美国开始了商业生产，1944 年开始被大量运往战场。青霉素的成效显著，实验室开始通过战争海报和媒体报道大肆宣传产品的军事价值，把它定义为是德产磺胺类药物的替代品。青霉素确实比磺胺类药物效果更好，它能对更多种类的细菌起作用。战争后期，单个青霉素产品只需要 1 美元。尽管推广过程缓慢，实验室也开始生产民用青霉素。假如不是战争需要，青霉素的加工制造会更缓慢，大量生产青霉素至少要推迟 10 年。1945 年，弗莱明、柴恩和弗洛里获得了诺贝尔奖。

由于一些战争前线处于亚洲和大洋洲的热带雨林，那里疟疾肆虐，造成 6 万美国士兵死亡，因此与疟疾展开的斗争也变得十分重要。这一领域的进步主要体现在两个方面。

第一，在医药方面，太平洋上交通的阻断使奎宁供不应求，美国急需解决奎宁的供应难题。他们开始大量生产阿的平来替代奎宁，它是奎宁的合成药物，尽管会产生副作用，但能有效抑制疟疾。与疟疾斗争过程中的另一项举措是灭虫剂DDT的大量使用。瑞士化学家保罗·穆勒在1874年发明了DDT，将之用作灭虫剂，但直到1939年仍没有大规模运用。美国大兵在太平洋战争前线播撒了数百万升的DDT，还在欧洲的某些疫区也喷洒了DDT，比如意大利南部。DDT在欧洲主要用来杀灭虱子，这些虱子传播流行性斑疹伤寒，俗称战壕病，比疟疾的致死率还高。DDT的成功离不开气雾喷雾器的发明，有了这一发明，士兵可以随身带着杀虫剂，随时喷撒，而无须等待飞机进行大量喷射。1927年，人们发明了带有阀门和内部气体压强的现代气雾喷雾器，这项新发明唯一的不足是体积过大、质量过重。但是作战需要可携带的、简易的装置，美国政府号召发明家集思广益，减小喷雾器的体积、重量和造价。最后美国人莱尔·古德休和威廉·沙利文获得了成功，于1943年开始大量生产，迅速制造了5000万个装置。他们将液态氯氟烃气体用作抛射剂，制造了"害虫炸弹"。战争结束后，气雾喷雾器和其他军事发明一样，被用到了大众生活中，除了用来装杀虫剂以外，还用作发胶、香水、除臭剂、油和各种盛放液体的容器。后来，人们在1972年开始禁止使用DDT，因为它会污染动物和人类的整条食物链，危害极大。

　　另一项医药上的重要进步要数抗哮喘药的发明了。德国勃林格殷格翰公司发明了阿路德林，用来缓解在东方战线上罹患呼吸道疾病的德军的咳嗽症状。美军推行了单剂量的吗啡管理体系，这一举措也有着十分重要的作用。施贵宝公司发明了可直接注射的小管吗啡。为病患注射过吗啡后，医生会将空瓶挂在患者的脖子上，表示已经接受过诊治，避免剂量过度。另一项更重要的进步是早在西班牙内战就已经出现的输血方面的发展。美国医生查尔斯·德鲁在1938年作出了进一步贡献，自此人们能够将血浆从血液中分离出来，冷冻保存或冷冻干燥保存血浆，以这样的方式来实现运输，并及时为受伤的士兵输血。1939年，这位医生已在美国建立了一座血库，他证实了无论病患是什么血型，都可以接受血浆的输送。一年后，他前往英国将他的发现分享给那里的同行，同时研究了如何在前线建立一个有效的输血体系。回国后，他被任命为美国第一座血库的院长，组织接收大量的捐血。战争结束后，仅美国就接收了1千3百万次捐血，几乎所有的捐血都被转化成血浆，剩下的10%被转为民用。有一则轶事令人心寒：战争结束后的1950年，一名发生交通意外的患者亡故，据传他需要紧急输血，但是人们把他送到的第一家医院拒不接受黑人（而德鲁医生本人就是黑人），后来当他可以被医治的时候，为时已晚。

　　人们还偶然发现了治疗淋巴癌的药物，这可算是奇事一桩。1943年，德军轰炸了意大利的巴里港口，击沉了20多艘舰船。

其中的一艘船，约翰·哈维号，装载了近100吨的芥子毒气，它被运往欧洲以备不时之需，其货载自然是机密。这艘船被击沉后，气体挥发，导致近2000名士兵和平民伤亡或失明。准确的数据是628名士兵受到了影响，其中83名死亡。事故后，人们通过大量的尸检，发现毒气攻击了人体的白细胞。1946年，人们开始使用这种毒气的一种化学变体来治疗淋巴癌，可算作是最早的化疗。

人们还在战争中运用了人造毒品。比如，一些作战部队服用甲基安非他命（MDMA）作为兴奋剂，用来增强行动能力，更好地忍受饥饿和疲劳。这种药物由德国默克公司于1914年研发，成为德国和日本突击队的常规配备，之后英美的突击队员也开始服用。德国空军对该药物的使用率最高，他们的飞机被击落后，在敌方领土孤立无援，常常会疲惫不堪，甚至长达4天无法进食。德国人为了提高士兵忍饥耐痛的能力，锲而不舍地进行试验。1944年，他们利用战俘试药，让他们超负荷劳动来试验药性。其中获得了一种新型药物，被称为D-IX，混合了甲基安非他命、吗啡的提取物和可卡因。

人们还需要研究如何帮助数十万名登陆诺曼底的士兵克服晕船，以最好的身体状态到达海滩，并且争分夺秒地恢复元气，进行冲刺、自卫、瞄准和射击。绝大多数盟军士兵都不会游泳，几乎从未登上船只（尤其是绝大多数美国士兵），他们从美国到英国也算是第一次坐船了。晕船、呕吐、迷失方向、丧失平衡以及晕眩引起的汗流浃背，使他们在几个小时内都无法作战。此外，将他们运往诺曼底海滩的最后一段航程需要通过波涛汹涌的英吉利海峡，而且在最后的几海里他们要坐上小型登陆艇，登陆艇比大型舰船晃动得更剧烈。因此，假如不想士兵在抗击敌人之前就晕船而导致登陆作战失败，那么必须要找到破解之法。

当时唯一有效的药物是东莨菪碱，它从曼陀罗花提取出，但副作用的危害不亚于晕船，它会使士兵的瞳孔过度扩张而无法瞄准。后来，人们偶然发现一种含抗组织胺的合成药（用来治过敏的药物），对治疗晕眩十分有效，人们将它称为乘晕宁。登陆士兵大多服用了这种药物，有效缓解了晕船造成的虚脱。著名的抗眩晕药被发明了出来（Biodramina），并在战后广泛应用于市民乘坐飞机和汽车。1952 年，乌里亚奇实验室研制了抗眩晕药，西班牙自此也有了这种药品。

如果排除道德因素，纳粹在集中营的野蛮试验只是研究那些不幸的人遭受各种刑罚后多久才会死亡，根本没有任何实际成果。那些与纳粹相较有过之而无不及的日军，更偏向研究生物战。731 部队将他们的研究中心设立在中国。在这些研究中心，日本人研究如何将各种疾病传染给战俘（主要是中国战俘），例如天花、黄热病、鼠疫、霍乱和炭疽等，借此更快地歼灭他们。具体的伤亡人数不得而知，但据推算，不下 40 万人死于这些试验。美国在战争结束之后，接收了许多日本医生，以生物战的研究成果为交换条件，为他们提供庇护。在此几个月以前，700 余位纳粹科学家被引渡到美国（其中包括冯·布劳恩），他们同样未被追究任何战争犯罪的责任。这些行动被称为"回形针行动"。

第二次世界大战还促进了避孕套的使用。管理层知道士兵在休假时难免放纵，有时候甚至在前线都不安分守己，所以一般都会给士兵提供大量的避孕套，防止他们感染性病。由于乳胶具有极强的隔绝能力，避孕套还被用来作为武器和精密仪器的隔绝套，用来防盐、防沙和防尘。避孕套在这方面的功用被广而告之，因为"政治上"更正确。避孕套还被用作盛放小件物品的密封容器。比如，在诺曼底登陆以前，英美的潜艇士兵被派往登陆地点，收集海滩的沙粒来测试它的成分是否能承受装甲车、吉普车的重量，这些沙粒样本都是用避孕套盛放的。

另外，由于海底军事行动的增加，人们需要发明一些装备，方便潜水员在水下更自由地行动，而无须靠绳索和管道连接船只，从海面上给他们用泵输送氧气。为此，氧气罐（那时还被称为水肺装备）被发明了出来，创造了"蛙人"。这些正是我们如今使用的，被用在渔业、休闲娱乐和水下勘探上的器具。氧气罐的发明者是当时效力于自由法国军队的法国海洋学家、海员雅克·库斯托。

拉链也获得了推广，在战争结束后，拉链取代了扣子，被用来拉合衣物、制服、靴子、包和各种包装。理由显而易见：拉链可以节约穿脱衣的时间，使人们快速地开合衣物，这在战争中至关重要。拉链有时会破损或者卡住，但这些和掉了扣子、带子或者扣眼破损比起来，已是不幸中的万幸了。

▶▷ 纽伦堡审判与联合国的成立

第二次世界大战超越了人类以往所有的噩梦。战争的死亡人数两三倍地增加，平民也变为攻击对象，承受了巨大的灾难。极权主义思想致使上百万的犹太人、中国人、斯拉夫人、吉卜赛人和一些其他被认为是劣等的民族受到侵略，也消灭了所有政见相左的人士。集中营的规模及其惨绝人寰前所未见。国际联盟的意义何在？那些近百年前就制定了的、为了减小战争影响并使之人性化的战争规定又有何意义？于是，民主社会决定作出进一步的努力，落实两点事宜：对战犯进行纽伦堡（和东京）审判，以及成立联合国。

1945 年 10 月出台的《联合国的宪章》，以及早先在 1899 年和 1907 年海牙会议上通过的规定，受到了大众的支持，被认为是国际惯例的一部分，并被用来作为战犯审判的过程和判决的法律框架。这是第一次对战犯在战争中犯下的恶行进行审判。然而法官都来自战胜国，自然不会对己方在战争中的恶行进行审判（卡森大屠杀、德累斯顿轰炸、汉堡轰炸、苏联士兵长期对德国女性的强暴等）。此外，对日本空投的原子弹由于影响巨大，成为棘手

的难题。考虑到使用核武器的可怕后果，1946 年 1 月（核爆发生
4 个月后），美国成立了原子能委员会，开始对核武器的使用进行
立法，并着手削减核武器。

　　从 1943 年开始，盟军源源不断地接到关于纳粹和日军暴行的
消息，从那时起，盟军宣称要对战犯进行审判。人们仔细地对战
争法分章立项，最后区分了三种不同的罪行：反和平罪（发动违
反国际条约的战争）、战争犯罪（谋杀战俘，不人道对待、奴役、
欺凌平民，劫掠、摧毁城镇，等等）、反人道罪（谋杀，种族灭绝，
以宗教、种族或政治之名虐待任何平民）。与此同时，还明确了政
客和军人的个人责任，他们再也不能以服从上级命令为理由而逃
避罪责，虽然有时候也会酌情考量。审判之后的 1946 年，这些条
款被整理收录，归结为 7 项，它们凌驾于国家法律之上，用来规
定国际审判中所有涉案人员的刑事责任。1947 年，联合国将这些
条款归档于纽伦堡原则中。条款还规定，每位被告人都有权接受
有程序保障的审判。1948 年，国际社会又向前推进了一步，确立
了种族灭绝罪，犯罪之人将受国际法的惩戒。

　　除了第一次通过国际法庭来审判罪犯，联合国还致力于改善
战犯的条件和保护文化财产。第二次世界大战是一场全面战争，
被攻占的领土面积极大，数百万居民都生活在入侵国军队的铁蹄
之下，这些军队肆意妄为。第二次世界大战中出现了大量的战俘，
许多都不是正规军士兵，而是参加抵抗运动的民兵，他们自然不

会穿常规军的制服、佩戴他们的标志。按照以往的协定，这些非正规军被视同游击队、破坏分子或间谍，通常可以被就地正法，而且已经形成惯例。1949 年，各国在日内瓦签订了新的协定，共计 4 条，补充了士兵的种类，用战俘法来保护一些武装反抗者。这些反抗者若要获得法律保护，必须要穿某种从远处可以识别的制服，或佩戴一些标志物，并将武器放在明显处，不得穿着中立国的制服。与 1907 年的《海牙公约》不同，联合国规定可以穿着敌方制服来进行伪装。欧洲各个阵营的士兵在突击行动中都习惯穿着敌方制服来进行伪装，证实了《海牙公约》中这一条款早已过时。作为补充，联合国对"背信弃义"进行了界定，即指以背弃敌人的信任为目的而诱取敌人的信任，使敌人相信其有权享受或有义务给予适用于武装冲突的国际法规所规定的保护，以此杀死、伤害或俘获敌人的行为。此行为可处以死刑。1977 年《第一议定书》第 37 条规定背信弃义应包括下列行为：（一）假装有在休战旗下谈判或投降的意图；（二）假装因伤或因病而无能力；（三）假装具有平民、非战斗员的身份；（四）使用联合国或中立国家或其他非冲突各方的国家的记号、标志或制服，假装享有被保护的地位。《日内瓦公约》还规定禁止袭击能够被识别身份的医护人员，禁止袭击医院设施和救护车，以及拿着白底红十字或红色新月旗的执旗手。同样被禁止的还有绑架人质、流放、劫掠以及所有对平民实施的暴行，公约还特别提出要保护妇孺和老人的人身安全。

游击和非正规武装力量在随后几十年的反殖民战争中扮演着重要的角色，这有待新的立法。与第二次世界大战前和《日内瓦公约》签订前截然不同，那些来自大都会的殖民军队在俘虏了游击队员后，更善待这些武装人员。尽管有所改观，但是这些非正规军仍然总是游离于法律的边缘，遭到非法的对待，因此，他们多半还是进行破坏和谋杀行动，一旦被抓，多会被处以死刑。

事实上，这些条款拓展了军人和平民的一些权利，并使之有据可依，反映出国家层面对人权更高的敏感性，至少从理论上督促国家依法行事。这些条款使国家担起了明面上的责任，国家慢慢形成了（同时反映出了）新的价值体系，逐渐深植于绝大多数领导人和军人的心中。在第二次世界大战中对人权的公然侵犯以及一桩桩滔天大罪，这时成为令人羞耻的行径，即使从理论层面上解释，这种变化也是必须予以认可的。总体情况在改善。

第二次世界大战涉及了数百万平方千米的攻占区，如此广袤的领土面积和前所未见的财产破坏，使人们又向前迈进了一步。1954年，联合国教科文组织在海牙成立，机构的创建目标是保护文化艺术遗产，或更具体地说，是保护这些人类遗产免遭占领军的洗劫破坏。20 余年后的 1977 年，人们又在 1949 年签订的《日内瓦公约》中编入了两个议定书，对战乱中平民的境遇显示出了更多的人道主义关怀。协定书禁止破坏日常生活所需的食物、水源、其他物资和基础建设，例如堤坝、公共仓库、庙宇、教堂、核发电站或其他电站、天然气站等，尤其是在引发的灾难可能不仅仅涉及军事目标，还可能影响平民大众的时候（例如大坝毁坏之后大面积的区域被水淹没、被毁坏的核电站散发核辐射等）。此外还规定，假如不想触犯战争罪，那么必须每时每刻区别平民和武装人员，区别公共目标和军事目标。协议还首次指出应该限制地雷这样的武器的使用，因为地雷无法区分平民和士兵。1977年修订的附加议定书中还提到要保护战地记者，禁止15岁以下的儿童服兵役。

1980年，联合国开启了漫长的甄别常规性武器的工作，限制使用一些造成军人死亡，同时会造成更多平民死亡的常规性武器。破片装置、地雷和燃烧武器都被明令禁止或受限使用。尽管这些条款已被通过并生效，但是几乎所有明争暗斗的国家都不承认这些约定。然而，绝大多数的国家都逐渐开始认可这些约定，形成道德压力和国际舆论，迫使少数国家不得不支持这些决议。假如触犯禁令，虽然有可能赢得军事胜利，保卫国家安全，但是却在政治和道义上打了败仗。

冷战之后的1995年，国际上约定禁止使用可能导致敌人失明的射线武器。然而，更严重的问题是数百万颗仍然散布于世界各地的反步兵地雷，它们每年会夺走数千名平民的生命或肢体。1977年，各国签订了《渥太华条约》，除了规定禁止"使用、储存、生产和转移"反步兵地雷以外，还规定各国必须在最短的时间内销毁这些地雷。2009年，虽然37国（那些强国）都没有认可这一条约，但仍有 156 国签署了该条约，显示出对这一举措的道德和文化支持。几乎同时，奥斯陆各国签署了禁止使用"集束武器"的禁令。

最后，在纯法律层面，值得一提的是国际刑事法庭在 1988 年于罗马宣布成立，总部设于海牙，目标在于追踪、审判和惩罚战犯。一些乐观主义者认为人们吸取了教训，不会再重复第二次世界大战中犯下的滔天之罪，但在卢旺达和前南斯拉夫发生的种族灭绝战争证实了这种想法是错误的，这促成了国际刑事法庭的诞生。法庭的目标是根据纽伦堡原则，追踪跟进这些犯下战争罪的罪犯，保证他们的野蛮行径永远无法逃脱惩罚。美国、俄罗斯、印度、以色列、古巴和伊朗都不同意协定，并拒绝将自己国家的人交付国际法庭审判，国际法庭日益失信。但毫无疑问的是，在不久的将来，这些国家迫于国际压力，必须协商磋谈，找到与国际法庭的合作方式。自国际法庭成立后，数十位战犯接受了审判或被召出庭，证明在国际争端中的违法犯罪分子再也无法逍遥法外。

第八章　冷战与军备竞赛

终极平衡（核制衡）并不是一件坏事，至少它阻止了人类的献祭。面对这样的武器（也被称为终极武器），军人和政客都认为更重要的不是赢得战争，而是避免战争，最基本的战略应当是和解。

第二次世界大战的终结彻底改变了世界政治版图。法西斯威胁已被消除，但是产生了更根本的冲突，即资本主义及其西方民主，与共产主义及其人民民主两大阵营之间的对抗。西方共产党派（至少从 1941 年夏开始）一直站在世界反法西斯战争的前线，付出了巨大的流血牺牲。战争结束后，苏联、斯大林和共产主义在西方受到尊崇，尤其是在法国和意大利，使美国和这些国家的保守势力尤为头疼。美国在战后实施的"马歇尔计划"和使数百万美元流入欧洲的举措无疑与这一忧虑相关。人们相信新的战争很快就要爆发，冷战思维大行其道，西方国家只能赦免佛朗哥，将纳粹和日本学者、军人和政客整合进自己的科研和政治团队，无论这些人在第二次世界大战中犯下了何等滔天大罪，同时西方还将与纳粹主义的斗争搁置一边，认为最重要的战斗在于与苏联及其卫星国的斗争。北大西洋公约组织和华沙条约组织的成立更是强化了这一现实。尽管大战一直没有爆发，但是直到1989 年，共产主义和资本主义之间的抗衡都是首要矛盾，主导着世界局势。唯有以冷战思维来思考，才能理解美国为何支持非洲、亚洲和美洲的政权，美国采取两害相权取其轻的策略，认为假如不筑就一道牢不可破的壁垒，那么多米诺骨牌理论真的会变为现实。

西方很难控制舆论，使人民像仇恨纳粹一样一致反共。世界各地的政治主张中都包含着马克思主义思想，它契合了人民对平等、社会公平、民主和人权的合理要求。共产主义国家与其他资本主义国家，以及他们的几十个殖民地的历史相比，在人民的平等与福利方面确实有其领先之处。对于一部分人民来说，尤其是对于贫民和一些知识分子来说，共产主义原则、苏联和中国并不像纳粹德国和法西斯主义国家那样声名狼藉。另一方面，西方民主国家仍然公然支持在西班牙、雅典、葡萄牙、土耳其以及南美、非洲的一些政权，不断地论证与共产主义比起来，这些国家的统治只是小害。在论及与苏联开战的可能性时，后方阵营的民意从未达成一致，尤其是顾虑到核武器这一可怕的威胁。

这一裂缝使西方民主国家的军队总参谋部和政治领袖夙夜难寐。政府高度警觉，将许多情报资源投入监视自己的国人当中，怀疑他们将情报输送给苏联人。在这方面，"剑桥五杰"也许是苏联国家安全委员会派间谍混入西方最高权力圈的突出例证。许多西方政客认为，民主、人身和思想的自由不利于人民形成坚定的作战决心，而华沙条约组织成员国的人民没有像西方社会中针对是否对另一个阵营作战而存在的公众批评和分歧，因而西方与华沙条约组织成员国家相比处于劣势。越战戏剧性地验证了这一情形。美国社会一直无法理解这场战争的动机，它使6万名同胞无故牺牲，绝大多数是贫民。大学生、知识分子、政客和军队内部的反对之声与日俱增，大量的士兵逃亡、对老兵的冷嘲热讽等（类似第一次世界大战期间德军的"背后一刀"），使美国最后放弃战争，导致了美国历史上第一次海外军事行动的失败。越战在美国造成了重要影响，使美国成为西方世界第一批解除义务兵役的国家之一。志愿兵役取代了义务兵役，减少了平民和军人的反对意见。

苏联由于自身的限制而无法维系，实乃西方之幸。西方社会在试图动员民众与华沙条约组织成员国开战时，探知了西方自身的社会团结机制能起到多大的作用，避免了两大阵营毁灭性的战争。战争动员必然引起罢工和起义运动，这在第一次世界大战和第二次世界大战中都极易处理，民族主义可以结束罢工，反法西斯主义可以扑灭起义，但是冷战期间却极难处理这些社会运动。"好坏"的界限，"你我"的分别不再那么明朗。西方社会缺乏的战争共识还有几方面的原因。其中一个原因是自20世纪50年代以来，许多殖民地人民都希望从西方大都会绑缚的镣铐中解放出来，也因此爆发了许多冲突。道德感作为早先反法西斯主义的利器，在反殖民战争中站在了处于弱势的非洲和亚洲人一边。此外，资本主义社会的文化水平普遍提高，民众的批判精神也日益增强，因此民众对于在第一次世界大战中起过奇效的民族主义号召也持有保留意见。

第二次世界大战后的资本主义已经发展出跨国经济系统，以前屡见不鲜的民族主义战争变得不再寻常。在这时候，马克思的观点早已深入人心，大家普遍认为战争只是为了争取少数政治精英的经济利益，将出身卑微的士兵和无权无势的工人派上战场，向他们灌输民族主义，让他们对敌人满怀仇恨，成为战争中的炮灰，而他们的敌人也不过是被统治阶层煽动的被蒙骗之人。各个国家的资本主义精英在打败希特勒后，共同结成了政治经济联盟，一致针对共产主义。法西斯覆灭后，资本主义国家之间再也没有发生大战，除了像马尔维纳斯群岛战争这样的区域冲突以外，而这一冲突也纯粹是受到了阿根廷加尔铁里军事独裁政权的操纵。第二次世界大战之后的所有战争都远离了欧洲本土（除了前南斯拉夫以外），战争多半是发生在亚非的反殖民主义斗争。此外，还有发生在中东的以色列和阿拉伯国家、印度和巴基斯坦之间的冲突，民族主义、种族和宗教因素远远超越了经济核心框架，在朝鲜半岛上、越南和波尔布特治下的柬埔寨之间的冲突中，意识形态的影响也远远超越了经济因素。

▶ ▷ 科学、电子进步、交通与化学毒剂

第二次世界大战结束后，资本主义经济进入了持续的快速发展时期，一直到1973年爆发的石油危机。随着经济的发展，科学研究和技术进步同样到达了巅峰。科学家成功向军方证明了新发明的军事应用价值，军队总参谋部在第二次世界大战初期对科学家抱有的怀疑态度早已烟消云散，此时总参谋部反倒开始督促可作军事用途的新发明。不幸的是，这一态度的极值正体现在向日本投下的两枚原子弹上。这除了加速美国取得战争胜利外，还向

苏联发送了一个明确的信息，告诉苏联美国在武器上处于领先地位。世界大战结束了，但是冷战开启了。这两个超级大国以及他们所有的卫星国形成了两个对抗的阵营，一直延续到 1989 年柏林墙的倒塌。1945 年 5 月，第二次世界大战还没终结，新的、更剧烈的美苏矛盾便已经产生，因此双方都不得不加快科学研究，以期在即将爆发的大战中取得优势。军事开支飞速上升，而研究所需要的投资只有以一国之力才能完成，在资本主义世界，也有可能通过政府、军队和私人工业企业的紧密合作来完成，这些私有企业有意让政府来购买它们的创新产品。

在此期间，两大阵营之间的军备大赛规模空前，随即加速了科技进步，这些科技进步又被飞速应用到人民大众的日常生活中。电脑、移动电话、网络、交通、各种家电、核能、卫星等一系列发明，都是这场尖端科技研发竞赛的产物。美国将法国和英国远远地甩在了身后，成为西方世界的单极。美国为了使欧洲免受苏联的进攻，对欧洲进行了经济资助（"马歇尔计划"）和军事援助，甚至还改变欧洲的文化习惯。自 1945 年起，数万名军人和美国公务人员前往被战争夷平了的欧洲，参与重建工作。美国人对任务的重要性了然于胸，深知西欧是他们应对苏联威胁的屏障，他们并不费力学习欧洲语言，反而促使许多欧洲人学习英语，开设五花八门的课程和学院，这些学院一直留存至今。他们不仅把语言带到了欧洲，还带来了尼龙袜、牛仔服、音乐、电影、食品以及丰富的美国文化，它成为欧洲思想的支柱之一。

军备竞赛的思想占主导地位，拥有更多、更好的武器是制胜的关键因素。这意味着科学家多多益善，国家也设立了更多的工厂。同时，向敌人展现己方武器的实力变成最有说服力的方式，甚至能有助于维持短暂的和平。这一军备竞赛主要围绕着核武器展开，但是同样涉及飞机、战舰、战车、电子技术、太空竞赛等。20 世纪 80 年代的"星球大战"（在太空中拦截弹道导弹的能力）正是这场竞赛的最后一幕。总的来说，美国总是能够发明更精密的科技，而苏联则恰恰相反，苏联总是胜在投入更多的人力上。军备竞赛导致许多武器系统被迅速淘汰，如果要维持领先地位，或者不被拉开差距，那么必须有巨大的经济支撑。对峙的一方一旦有所突破，那么另一方阵营假如不想居于劣势，就必须研发出能够与之抗衡的武器。竞赛需要强大的军备制造工业，艾森豪威尔在 1961 年将之称为"军事工业复合体"。这一工业体系自然希望竞赛永不终结，因为体系内的私营企业个个都握着收入颇丰的合同。这一工业复合体利用战争威胁做起了生意，随即也对和平构成了威胁。为了终止这一威胁，限制过度的开支，并且废止不理性的"恐怖平衡"，这两个超级大国在 1972 年和 1987 年分别签订了限制核武器的条约。军备竞赛终于走到了尽头，以苏联经济资源的枯竭而告终，而这也直接导致了苏联的政体崩溃。

电子元件是军备和科技竞赛的支柱之一。日益精细的雷达需要更小的元件，不会产生高温导致损耗，并且能够高频率工作。美国军队令私人研究机构和军队研究中心加快研发新的部件来替代早已过时的真空管（三极管）。此外，这种零件还应该适用于战争，因此需要能够承受温度和湿度的变化，可以随时使用，甚至可以承受爆炸、跌落和震动带来的撞击等。零件的体积必须尽可能小，非常稳定耐用并且耗电量低。在军队的施压下，贝尔实验室于 1947 年发明了晶体管这一电子装置（这一发明的重要性可与蒸汽机相媲美）。

晶体管的发明使人们可以加强雷达和声呐的有效性，可以使无线对讲机体积更小，并接收更大范围的信号，改进火箭和炸弹的制导系统，等等。最后一项尤为重要，因为人们推算在第二次世界大战中投放的所有炸弹中，至少有 80% 的炸弹都没有命中目标，这不仅劳民伤财，还造成平民伤亡。这一新的装置引发了一系列的发明。11 年后，德州仪器公司研发了第一个集成电路，也被称为芯片，在电子系统的小型化方面取得了极大突破。与此同时，在晶体管和芯片的基础上，出现了可以计算火炮射击次数，计算火箭和导弹飞行轨道，设计飞机、核武器、船只和潜艇的早期计算机。1946 年，美国制造了第一台大型计算机——埃尼阿克（德国人在第二次世界大战期间的 30 年代末已经制造出了计算机——Z），它能快速完成数学计算，用数据来判断炮弹的轨道。但是由于使用了三极管，埃尼阿克计算机很快过时，并于 1955 年寿终正寝。

计算机使电话通讯实现了自动化，使得指挥中枢和各个作战单元的联系更为方便可靠。电脑的军事应用还体现在攻防模拟（战争游戏）、评估风险、评估敌我作战实力等方面。进步仅仅是时间问题，不久，那些体积巨大且造价高昂的电脑的功能变得越来越强大，体型变得越来越小，价格也变得更便宜，还转入了大众私人消费市场。1960 年，人们发明了激光，并很快将之用于导弹的制导系统，探测敌军，从此激光替代了常规雷达。电子设备的发展为新式战争拉开了序幕，作战的每一方都试图干扰、转移或者蒙蔽另一方的探测系统。战略目标非常清晰：监视和探测另一方，与此同时阻止对方干扰己方。自那时起，人们一直不断尝试将激光发展为武器，如今美国已经建成装备有激光武器的舰船，可以发射激光束，足以摧毁飞机，使其他战船失去战斗能力。与每颗导弹数千万美元的造价相比，激光的成本微乎其微。激光被发明 9 年后转入民用，在工业生产中用于机器制导、精确测量、机器人化等，之后又被用于医疗体系中（无创手术、精确手术），还被用于打印机、音乐储存、全息摄影、无线信息设备、美容等方面。

通讯的巨大飞跃始于 1957 年，这一年，苏联将它的第一颗人造卫星史普尼克号送上轨道。带有明确的军事目标以及宣传目的的太空竞赛全面展开，而卫星很快被运用到改善大众通讯和科学研究上。除了发射监视卫星和军事用途的卫星以外，人们还发射其他卫星，进行气象、地球磁场研究和太空观察，用于电视、收音机、电话通讯，以及海洋、天文研究，林林总总，不一而足。由于人们掌握了卫星传回的讯息，因此不久前还在战争中不可或缺的突袭战术，现在再无用武之地了。自此之后，任何军事袭击都不可能逃脱强国的天眼。大国可以提前发现并阻止突袭行动，除非是抱有过度的自信，或是轻视了情报，比如在1973年的第四次中东战争（赎罪日战争）中，叙利亚大量坦克的聚集居然没有引起注意，这一情况实际上是被发现了的，只是情报并没有引起官方重视。卫星在这方面所起的作用是积极的，因为它终结了幻想中的紧张局势，终结了对某些国家军事野心的过度渲染，使国家可以及时应对真正的威胁。现如今，卫星图像可以精确探测并拍摄小型物体和人。也许应该感谢卫星的功用，它们揭示了大国真正的企图，阻止了战争的爆发。因为假如没有卫星提供的信息，一触即发的战争氛围也许随时都能点燃战火。精确定位核潜艇位置的军事需要对大众生活产生了重要影响，促进了GPS全球卫星定位系统的诞生，它原本在1973年开始被用于军事领域，后在1994年被用到了大众通讯中。自此，这一系统的功能再也不仅限于从地面计算卫星的位置和移动，而是被反过来使用，利用卫星来了解地面物体的位置，无论该物体是固定在地面上，还是在地面上移动。

　　人们在通讯领域取得的最大进步莫过于网络的诞生了。网络的发明自然也离不开军事需要。为了使其通信网络更安全可靠，美国国防部从 20 世纪 60 年代初开始与几所重要的大学合作，设想用电话线把所有的电脑连接起来。1967 年美国启动了该项目，两年后人们通过网络传送了第一条信息，在那时这个网络被称为高等研究计划署网络（Arpanet）。1971 年，人们将 24 台电脑连接在了一起，并不断发展改进。90 年代初，发展出了我们如今所知的因特网，网民已是成千上亿。网络的发展不仅与软件、硬件领域的飞速发展齐头并进，还为它们的发展提供了可能性，这些进步都被用到了军事领域和大众生活中。同时，为了提高军事通信设备的可移动性，使之变得更轻巧，美国的摩托罗拉公司于 1973 年制造出第一部手机，手机在 10 年后便进入大众生活中。几乎同时，人们发明了光纤，它可以更迅速、更安全地传输大量的数据。

▶ ▷ 被用作大规模杀伤性武器的化学毒剂

在敌方水源投毒，或对敌人的牲畜和食品下毒是一种传统的制胜方式，古已有之。古人为了战胜敌人不惜一切代价：向敌人抛掷带有剧毒的动物，向敌人发射涂抹植物或动物毒素的箭矢来确保对方死亡，还投掷马蜂或蜜蜂的蜂房，等等。所幸的是，那时化学工业还没能发展起来，人们除了取材自大自然以外，别无他法。最先进的要数在古代中国、希腊和近东地区，那时人们已经开始利用燃烧硫黄、芥子种子、沥青和有毒植物来制造有毒烟雾，它们的蒸汽可以使敌人肺部窒息或使他们的双眼失明。一般来说，简单的烟幕就可以掩护己方或者迷惑敌人，比那些燃烧物质更有效，燃烧物质的蒸汽效果还取决于不可控的风向。因此，战局多半难以掌控，很多时候用此计者都有可能遭到反噬。

文艺复兴推动了科学的发展，也推动了化学的进步。砷、颠茄和其他的一些毒剂流行起来，许多文艺复兴人士（包括达·芬奇）都建议将它们用作战争武器，尽管当时这些毒剂多半是被间谍用来毒害重要的敌人。在19世纪以前几乎没有突出的用毒案例，但在19世纪的工业革命和大规模战争爆发之后，则发生了重要的变化。19世纪，化学已经成为一门扎实的学科，变成新式战争中的一个基本工具，使用一些化学产品可以使数千人死亡，许多科学家都认为使用化学制剂可以对战争产生决定性的影响。1854年，英国人在围攻塞瓦斯托波尔时，使用了氰化物，被指责为是不人道的行为，受到了国际社会的谴责。然而支持使用氢化物还大有人在，这些人认为使用氢化物可以使对手无知无觉地死亡，比起使用火器造成伤口、致使大规模的死亡比起来，还显得更人道一些。半个世纪后，日军更肆无忌惮，他们在旅顺港对俄军使用了氢化物。

化学的飞跃产生于19世纪末的第二次工业革命。颜料、燃料、杀虫剂、化肥、除草剂、石油制品等都取得了进步，对医药业和农业产生了重要影响，也促进了制毒的发展。我们已经提到过，正是第一次世界大战催生了毒气这种化学武器。法国最先使用毒气，随后德国迅速赶超法国，开始大量使用这种化学武器。双方一共使用了 6 万吨不同的介质（瓦斯、氯气、芥子气等），造成近 1 千 3 百万人死伤，但是正如我们之前所说的那样，双方使用的毒气并没有起到制胜作用，最终毒气在战场上销声匿迹。交战双方在这方面的势均力敌，使毒气没有取得很大的成效。毒气真正耀武扬威之地，是起义群众对抗殖民者和欧洲统治者的战场。这里的人民没有防护，也无法回击，况且他们对西方世界来说，都是"无名之辈"，更加陌生，西方人认为他们是未开化的民族，因此对他们使用毒气时少了一层道德顾虑。1920 年，英国人在伊拉克使用毒气对付阿拉伯人和库尔德人。1924 年，西班牙在咨询了德国之后，在对付北非的里夫人时也使用了毒气。西班牙人向武装人员和平民喷洒毒气，还向农作物喷洒毒气来摧毁粮食，用饥荒来平叛。一年后，16 国在日内瓦签署了议定书，禁止使用毒气，尽管这一协议并没能阻止意大利在 1935 年再次使用毒气对付埃塞俄比亚人。在之后第二次世界大战的军事行动中，只有日军对中国人使用了毒气，而德国人则偏好使用齐克隆 B，它是法本公司生产的主要由氰化氢制成的杀虫剂，用来对付集中营的俘虏。在 20 世纪 30—40 年代，德国化学工业研制出了各种农药，可作为致命的神经毒剂（塔崩、杀林、梭曼等），以及一些有毒气体，它们比之前所有以有机磷化合物为主要成分的农药都更致命、更来势汹汹。幸运的是，人们认识到毒气在以往的世界大战中并没有派上大用场，所以这些新研制出的农药并没有被用于战争。

冷战再次刺激了新式毒剂的研制。英国人在 1952 年研制出了VX 神经毒剂，美国和苏联也很快投入化学竞赛，生产并存储了上千吨的新式化学毒剂。这些毒剂与核武器一同成为双方阵营维持"恐怖平衡"的筹码。毒剂不会造成像核武器那样大量的死亡，所以他们将毒剂用在了次要战场上。在这方面，美国可算典范，在越战中使用了大量的化学制剂。虽然不是有毒气体，只是一些农业用药，但是作战目标仍然是毁灭与克敌制胜。他们从空中喷洒了 8 千万升除草剂和落叶剂，以期破坏越共藏身的雨林，甚至使雨林干枯。美国人还在越南向农作物喷洒了相同的药剂，想要使越南的民众受饿。随后，美国人决定强迫农民迁移到城市，根除游击队的生存空间，断绝农民对游击队的支持，这样的举措令人想起瓦莱里亚诺·魏勒尔在古巴使用的战略。

美国国防部调动孟山都、优耐陆、TH、陶氏化学等化学制药公司设计生产新的产品，统称为"彩虹除草剂"。这些除草剂不仅仅摧毁了植被，还杀害了人类，其中大部分都是平民。这些产品虽然原则上来说只影响植物，但是它们本身包含了许多致癌物质和污染物。直到现在，这些化学产品的影响还不得而知，仍然处于试验阶段。对于化学家和军人来说，还有比越战更好的试验田吗？这场试验导致了数十万人的死亡和胎儿畸形，造成的影响一直延续至今。它们的名字（"彩虹"）得名于人们用不同的颜色条来标记盛放不同物质的木桶。"白剂"由陶氏化学公司研制，是最具致癌作用的物质之一。1985年，在经过了战争试验之后，他们不得不更改配方，消除致癌成分后，再次将这种除草剂投放到市场。"蓝剂"由高剂量的砷合成，一般用来除去稻米类作物，它可以使稻田枯萎，污染土地达数年之久。"紫剂"除了包含除草剂外，还含有大量的类戴奥辛物质，能毒害动物和人类，还会导致癌症和畸形。"绿剂"和"粉剂"也都含有大量的类戴奥辛物质。

其中，"橙剂"无疑是最著名且最具破坏性的化学制剂，造成5000多万人死亡和同样多的畸形儿童，更确切的数字已然无从得知。美国人在10年内，通过6500多次的飞机布洒，从空中喷洒"橙剂"，最终污染了越南南部森林面积的20%，以及越南北部、老挝和柬埔寨森林面积的4%。据估算，1千2百多万公顷的种植土地受到了影响。此外，美国孜孜不倦地浇灌这些土地，致使这些土地承受的剂量是美国卫生部门制定的标准量的15倍。这种物质是两种不同的、未经去杂的杀虫剂的混合物，因而含有大量的类戴奥辛物质，只能撤回市场销售的商业产品，经过处理后再作为农业和园艺用品出售。负责制造这种药剂的公司仍是陶氏化学和孟山都公司，也有钻石三叶草公司的参与。除了数百万受到影响的越南人，还有数百名美国士兵也受到了毒害，其中甚至有近百名美国大兵死亡，这使得美国政府不得不赔偿他们。由于这一战争行为引起的丑闻影响巨大，美国不再使用这些化学武器和化学产品，20 世纪 80 年代初期开始明令禁止使用它们。美国的化学工业在整整 10 年间，找到了一块理想的试验田，通过观察大量的农药和除草剂的药效（据计算，美国至少在越南上空喷洒了 80 多种不同成分的药剂），极大地改进了他们的产品。

几年之后，萨达姆·侯赛因在与伊朗的战争中和镇压库尔德人的起义时，使用了传统的化学武器（芥子气、塔崩、VX 神经毒剂等），正如今天的叙利亚战争一般。在国际舆论的一致反对下，国际社会最终于 1993 年缔结了《禁止化学武器公约》，公约于 1997 年生效。

▶▷　核战威胁

在日本投掷的原子弹使军人的梦想变为现实：不费一兵一卒、无须大费周折地入侵就可以远距离战胜敌人。种族灭绝意味着道德的沦丧，但在胜利面前，其他一切都是次要的。不久，苏联也于 1949 年研制出了核弹，开启了核武器竞赛的危险游戏，双方互相拉锯。1952 年，美国研制出了第一枚核聚变氢弹，比 1945 年发射的铀核裂变原子弹的威力还强 1000 倍。一年后，苏联同样研制出了氢弹。由于氢弹的威力比投掷在日本的原子弹强 1000 倍，核战意味着整个星球的彻底毁灭，这一点共识有助于人们坚定永不使用原子弹的决心，尽管麦克阿瑟将军在朝鲜战争时期曾经有使用原子弹的企图（乃至申请）。原子武器的出现彻底改变了局面。首先，只要拥有原子弹，就已经劝止了大规模的战争，也至少保证了在欧洲版图上不会有大战。其次，比起在前几次世界大战中调遣的军队比起来，人们研制出的原子弹的维护成本要低得多。这些原因导致其他各国和苏联与美国一起，都开始研制原子弹，英国（1952年）、法国（1960年）、中国（1964年）都纷纷为核弹库添砖加瓦。几十年后，印度（1974年）、以色列（1979年）、巴基斯坦（1998年）也加入了这一行列，还有近来朝鲜（2006年）也不甘落后。伊朗似乎暂时搁置了核计划，但是科技进步使这类武器的制造越来越容易且便宜，几乎任何国家只要有心，都可以胜任，因此核扩散依然是严重的威胁。1954年，俄罗斯首先建立了核电站来获取电能，将核能用之于民并转化为和平的元素。现如今，全世界已有近450座核电站，其中102座属于美国，其次是法国和日本，分别有58座和54座核电站。在核医学领域，人们使用钴弹制造了第一台治疗癌症的放射性治疗机器，1951年它在加拿大开始运作。

核战使世界舞台呈现出了新的景象。鉴于一旦使用核弹，就可能全军覆灭，所以只能在确保敌方无法以相同的武器作出回应时才能使用，尽管也许只向目标投掷几个核弹，就能夷平整个国家。作战方必须先下手为强，才能确保对方无力还击。第一击必须有力，必须一招毙命，才能免去第二击或是敌方的反击。但是几乎所有已经完结的战争游戏都证明了这一想法站不住脚。无论首轮进攻是多么沉重、多么出其不意，对手永远能够作出回应来确保两败俱伤。这是由于无论是从远程战略轰炸机、陆基战略弹道导弹发射车、远海船舶，还是从靠近己方海岸的潜艇，都可以发射核弹头。鉴于存在多种多样的发射方式，很难保证对手不会反击。最具有毁灭性的要数自20世纪60年代开始研制的弹道导弹了，无论是远程弹道导弹（IRBM），还是洲际弹道导弹（ICBM），每一枚导弹都可以运载射向若干个不同目标的核弹头，射击准确率极高，在几分钟之内就会定局，再无时间作出回应。美国和苏联都觉察到己方很容易会错误地认为受到了威胁，而这种错误极容易导致后果不可估量的大战，双方都对20世纪70年代对方持有的近万枚弹道导弹十分忌惮。用来在白宫和克里姆林宫建立直接联系的"美俄热线"，起到了澄清迷惑之用，防止了这样的灾难发生。1972年的战略武器限制谈判限定了洲际导弹的研制，但在80年代初里根总统在任时期，美国因为苏联涉足阿富汗而不承认谈判决议，而且美国当时已经实现在科技上超越俄罗斯（在经济能力上更是独占鳌头），可以从太空中拦截导弹，这一战略俗称为"星球大战计划"。1980年，美国的洲际导弹已经具备了极高的精准度，苏联5年后达到了相同水平。1985年，两国都可以成功攻击敌方卫星。在核战略武器范畴内，从 20 世纪 80 年代初人们开始研制所谓的中子弹。中子弹被称为"洁净的"原子弹，因为它们产生的辐射极强，且辐射只持续数天时间；中子弹能造成极高的死亡率，但是辐射半径小，热效应和破坏性较小。这意味着极少的基础建筑遭到了破坏，而同时敌人又被全部歼灭，且能允许己方士兵在短时间内着手占领敌区。中子弹体积小，可以像炮弹一样发射出去。

1945—1989 年，笼罩在世界舞台上的恐怖平衡，加上人们都抱有"核战意味着星球上所有的生命终结"的共同信念，使得两大强国的对峙总是控制在一定的范围内。在非洲的反殖民战争和之后的国内战争中（安哥拉、莫桑比亚、津巴布韦、埃塞俄比亚、索马里、厄立特里亚国等），还有在朝鲜、柏林、越南和中东等地区的战争中，苏联和美国短兵相接，但总是将暴力程度控制在一定常规范围内。其中最剑拔弩张的对峙要数 1962 年的古巴导弹危机了，双方最终决定从古巴和土耳其撤导，这些导弹对两国构成了直接威胁。虽然有违常理，但是不得不承认，这一在 20 世纪后半期的核制衡挽救了许多生灵。

苏联解体后，俄罗斯和美国于 1991 年 7 月签署了《第一阶段削减战略武器条约》，坚决执行削减核武器。之后，在 1993 年 1 月，又补充了协议（《第二阶段削减战略武器条约》）。2002 年，新的协议规定在 2012 年所有国家持有的核弹头不得超过 2000 枚。

现如今，武力冲突已经完全改变，我们的处境无疑要求大量削减核弹头。政治边界和地理边界都抵挡不了辐射。社会已经充分认识到核能所蕴含的危险，对核能在日常生活中的应用也常怀警惕，这些推动了全面的核削减。对于苏联核弹头可能失控的恐慌，助长了这种普遍的疑虑；同时，人们也对美国强行拆除部分核弹头来控制数量，并确保销毁核武器的承诺半信半疑。

这种终极平衡并不是一件坏事，至少它阻止了人类的献祭。面对这样的武器（也被称为终极武器），军人和政客都认为更重要的不是赢得战争，而是避免战争，最基本的战略应当是和解。因此，人们只在所谓的"代表战"（冷战时期的词汇）中进行"低强度"的战斗，两大超强大国的盟友相互对阵（例如在越南、以色列、安哥拉和阿富汗等）。

首先是美国，然后是苏联，他们都依据第二次世界大战的经验，将大规模杀伤性进攻战略运用到19世纪后半期的反殖民主义战争中。显然，他们对这一战略的作用有着错误的预判。由于上面提到的原因，两大超级强国在朝鲜、缅甸和阿富汗等地区不能使用核弹，于是依旧使用战车、轰炸进行大规模进攻，试图摧毁一切。美国在朝鲜摧毁了17座城市，在越南战场，尽管实行了大规模轰炸（"滚雷行动"）且摧毁了大量的核心城市与交通，但是几乎对战局没有起到任何重要影响。

▶▷　冷战时期的新式常规武器

除了核武器以外，在第二次世界大战中使用的常规武器在各方面也都取得了显著的进步。即使是最不起眼的机关枪（或突击步枪）也有了显著的变化。步兵需要应对各种不同的作战环境，无论是在野外还是城市，都需要可靠、射速高、轻便、弹药充沛且射程远的武器。1947 年，苏联人发明了前面提到过的 AK-47，也被称为卡拉什尼科夫突击步枪，它非常耐用，在任何天气条件下、在任何环境中都能运作良好。美国人在 60 年代制造了 M-16，射程更大、更精准，但是之后却被证实不够耐用，且可靠性不高。它的子弹很容易卡壳，在缅甸的热带雨林和城中作战时，M-16 的射程优势基本无用。在这些环境中作战时，双方的对峙距离往往不到几百米，因此对枪支的可靠性要求更高。美国特种兵在越南常常丢掉自己精致的 M-16，反而使用从敌人那里缴获的 AK-47。比利时、以色列和德国等一些国家也研制出了类似的突击步枪。

坦克也获得了极大的改进。几乎所有型号都采用了马力更大、续航能力更强的柴油机，人们还加厚了装甲，加装了驾驶员保护系统，提高了火力，增加了电子射击系统（激光测距仪），通过热感应器和其他夜视设备，提高了在夜间和恶劣气候条件下射击的可靠性。坦克可以用来发射导弹或炮弹。如今，坦克的动力可达 1500马力，重量近 70 吨，每小时可行驶 70 千米，续航能力可达近 500

千米；这些数据体现出了坦克配置上的巨大提升。在炮弹与装甲的长期博弈中，形形色色的反坦克武器也提高了它们的爆破能力（锥形装药、贫铀穿甲弹等）。这些反坦克导弹与反坦克火箭筒（RPG）都显现出了极大的重要性，它们都是可携带武器，非常轻便而且造价便宜，可供单兵使用，可以轻易地摧毁一辆耗巨资研制成的装甲车辆。另一方面，无论是反坦克武器还是反步兵地雷，作为阻滞敌军前进的工具，仍然被人们用在战场上。据计算到目前为止，有近1亿3千万的地雷仍被埋在地下，每年有近8000名受害者。

从朝鲜战争到如今，直升机也得到了极大的发展，显示出了它在快速运送军队进行撤离和进攻方面的功用。直升机发展成为现代骑兵武器，集合了对地面固定和移动目标的识别、快速追踪和强大火力为一体（机关枪、航空机炮和导弹）。此外，直升机可以近地飞行，难以被敌军雷达辨识，是理想的突袭工具，不过容易被击毁。人们通过电子系统，提高了高射炮的射程和精准度，若距离超过30千米，则一般使用携载常规炸药的制导导弹。由于现代飞机的飞行高度高、速度快，这些体型更小的导弹变成唯一有效的防空武器。这些体积小的导弹型号，比如美国的爱国者导弹和苏联的萨姆导弹，与体型更大、射程更远的导弹一样（曾经）被用来拦截敌方飞机。人们还研制出更小的导弹，专门用来打击直升机。

第二次世界大战后，战斗机主要被分成两种：一种是战略轰炸机，这种飞机航程远，可以在较高的高空作业，可载大量炸弹；另一种则是歼击机。最具代表性的战略轰炸机要数 B-52，在越战中被大量用来实行轰炸任务。它直接承袭了第二次世界大战中地毯式的轰炸作战方式，作战威力并没有显著提升，因此在冷战末期，被高精确远程巡航导弹（战斧巡航导弹）替代。这种巡航导弹射程可达 2000 千米，能携载 450 千克炸药，可以从陆地、海洋及空中进行发射。鉴于巡航导弹可以精确锁定军事打击目标，因此被认为是"洁净的"武器。理论上来说，它尽可能地减少了平民伤亡。歼击机一般只装配导弹和炸药，而且新式引擎提高了飞机的飞行速度，极大改进了歼击机的性能。但是，歼击机的造价迅速攀升，于是人们对航空器的研究转向制造机动性更强、功能更多的机器，既可以作为拦截机，也可以用来攻击地面。人们对飞机的改进从未停歇，研制出了可变形的飞机，为飞机配置了更多的电子设备，还能更有效地抵御地空导弹。垂直起降的飞机是另一项意义重大的发明，人类第一次成功将直升机起飞、着陆的便利性和固定翼飞机的性能结合在了一起。空中预警管制机（AWACS）装有雷达，专门用来管制和探测空中威胁，是冷战时期实施空中管制的产物之一。另外，人类还研制出了隐形飞机，因难以被敌方雷达识别而得名。

海战也经历了深刻的变化。冷战时期，美国称霸海洋，美国的航空母舰可以将其作战力量输送到地球的任何一个大洋，任意一片海滩。苏联意识到了美国的海军霸权，集中力量发展陆军，在海军力量方面，他们主要打造了一只强大的潜艇舰队，不仅能够把核威胁直接带到美洲的大门，还对海运形成了威慑，假如欧洲爆发战争，这些潜艇能全部穿越大西洋。这些潜艇中有世界上最大的潜艇（比如北约命名的阿库拉级和台风级核潜艇），船身长 174 米，可潜至 500 米深。这些潜艇发出的噪音小，不易被美国设置在大西洋上用来探测俄潜艇的声呐浮标链探测到。苏联在潜艇制造方面取得了科技领先的地位，从这个意义上来说，苏联扮演了德国在第一次世界大战和第二次世界大战中的角色。此外，导弹的发展使得甲板炮逐渐被淘汰，这些甲板炮只对小型船舶起到震慑作用。海战几乎消失殆尽，正如在第二次世界大战中发生的那样，海战由舰船所载的飞机进行，或是双方用导弹相互攻击。战舰转变成一种多功能的作战工具，可以运载登陆部队、电子作战设备和追踪设备、固定翼飞机和直升机、导弹等。为了与苏联强大的水下武器相抗衡，美国人调动海上和空中支援力量来进行反潜战。

由于受到伏击、炮击和狙击手的攻击，美国在越战中伤亡惨重，反过来促进了防弹衣的研制。70 年代中期，出现了凯夫拉防弹衣，它由合成纤维制成，比钢更能承受子弹和碎片的冲击，由美国杜邦公司研制。特种警察部队和军队的精锐部队很快配备了凯夫拉防弹衣，现今它已成为所有在前线作战的西方士兵的常规装备。人们不断改进防弹衣，并成功用之于民，我们如今用凯夫拉纤维来制造头盔、滑雪装备、雪橇、手套、太空服、轮胎、绳索、护胸甲、光纤外壳、引擎、船只、扬声器等。

　　从许多珍奇玩意中，我们仅举两例脱胎于军事研究的日常用具：微波炉和特氟龙[1]。微波炉的发明应归功于改进雷达的研究。20 世纪 40 年代末，一位工程师发现，当他靠近多腔磁控管的时候，随身带着的一小块巧克力居然融化了，而多腔磁控管是一种将电力转为电磁力的装置。这位工程师还发现靠近多腔磁控管的玉米粒变成了爆米花。于是 1947 年，他将多腔磁控管的这种用法申请了专利，虽然那时它还是一台极其笨重且昂贵的机器。直到 1975 年，人们降低了微波炉的制造成本，减小了机器的体积，使微波炉变为十分便利的厨房电器。至于特氟龙的发明，则纯属偶然。1938 年，人们在试验制冷气体时，得到了一种不与任何物质沾粘的糊状物。一开始，人们为了在容器中存放一些物质，又不使物质沾在容器表面上，就将特氟龙涂在容器上；后来人们把特氟龙用作锅的涂层，防止食物粘锅。

---

[1]　一种人工合成的高分子材料，耐酸耐碱。

第九章　当今战争：谁是敌人？

当下的战争颠覆了我们的概念，几十年前人们能够对局势燎若观火，而如今却变得犹如管中窥豹。谁都不知道真正的敌人是谁，战争在哪儿爆发，什么时候开始，什么时候终结，甚至不明白为何发生。

冷战结束前，被分成两个敌对阵营的世界尽管时有变动，但总的框架却一直未变。世界仍存在敌对双方，敌人是不同制度的"另一个"国家，资本主义或共产主义，真实的或潜在的。不同制度的两个体系之间的大战可能一触即发，军队必须随时待命。战争的准备工作不仅在于持久的军备竞赛，还在于在民众之间散播敌人将胜的恐慌，编排敌人胜利后对国民生活带来的危害，如可能丧失生命、土地、财产以及政治权利和人身自由。以这种方式，双方都在各自的人民心中植入了危机感，嵌入了敌人的身影，描绘了这容易识别的、真实存在的威胁，因此人民也应当时刻保持警醒。距今不到几十年以前，绝大多数国家都仍然实行强制服兵役的制度，正反映出了这种心理，同时这也是教化民众的一种方式，向他们灌输国家将面临威胁。属于各种政体的德国人、法国人、中国人、犹太人、阿拉伯人、伊朗人、俄罗斯人和印度人等，凡是国籍不同的人士，一定有着不同的政治思想，这被视为一种真实的威胁，应该时刻准备着。正是这种如临大敌之感，使整个社会都同气连枝（尽管社会内部仍有我们之前提到过的各种分歧），所有人都时刻准备着奔赴战场，来保卫自己的社会组织形态。

苏联解体后，西方突然失去了博弈的敌人，丧失了内部的黏合剂。西方社会变得忧虑重重，因为外部敌人（尤其是可以清晰界定的外敌）是用来团结内部同胞、消除内部分歧的。在历史的长河中，这些敌人的存在帮助人们构建了社会。敌人明显的、暂时的消失，或是敌人种类的变化，都意味着己方需要重新塑造自身，甚至可能需要替换支撑起西方文明的支柱。整整 10 年（90年代），政客和军官各执己见，无法达成共识，毕竟支撑整个安全政策及对外政策，乃至对内政策的支柱突然崩塌。当下，西班牙、欧洲（甚至属于原来的社会主义阵营的部分欧洲）和整个西方社会，应该将谁视作仇敌？如今再也没有明确统一、清晰可辨的阵营了。国籍、相貌、政治思想，乃至宗教信仰都无法帮助人们站队了，只剩一些"圣战主义"的宗派组织或狂热分子才独自抱团。敌我的界限早已模糊不清，如今在西方，对恐怖主义威胁的忧虑占据主流地位。

所幸如今核战的风险几乎不复存在。在一个全球化的世界，再也没有不同阵营之间不可调和的经济利益对立，再也没有大型战争使得德国军队与法国军队对峙（无法想象），或者使美国与俄罗斯或中国开战——总之，使一个现代资本主义国家与另一个类似的国家对垒。如今民兵、准军事部队、雇佣兵、游击队、起义者和恐怖分子等才是绝大多数暴力的施行者，他们大多远离欧洲、北美和亚洲的权力中心，尽管有时也许会蜇伤西方的一些城市和首府。当今世界，冲突主要发生在非洲和中东地区（叙利亚、以色列和巴勒斯坦等），其次发生在西亚（阿富汗和巴基斯坦等国）。高加索地区和中亚也多有战争，但是这些冲突暂时没有可能升级，也没有可能提升暴力等级乃至超越它的范围。

所谓的非常规战争，比如游击战，在反殖民主义战争浪潮后减小了规模，但仍是主要的战斗形式。在与游击队展开的战斗中，人们不再接受敌人的投降，而是要耗尽他们的资源，追击敌人，使敌人逃逸并逐渐歼灭他们。20世纪游击战和其他非常规武装战争源于亚非的反殖民主义战争，源于南美的左派运动，尤以越南和阿富汗为盛。阿富汗成为"圣战"组织发展壮大的巢穴已是众所周知，本·拉登和他所领导的塔利班组织是其中最出名的。美国最初错估了塔利班运动的思想意识形态，还乐此不疲地资助塔利班。若干年后，美国在经历了"9·11"事件后才认识到自己的错误，但为时已晚，塔利班运动已扩展到了绝大多数的阿拉伯国家，带来了可怕的后果。训练精良、拥有尖端科技装备的职业军队现在要面对被复杂情感（政治的、宗教的、部落的……）和经济利益驱动的个体，这些经济利益可能是为了满足基本需求，也可能是海盗行为或是对战利品的渴望。这有别于西方传统，也与1648年《威斯特伐利亚和约》签订之后的战争截然不同。

两极对立的世界的消逝，爆发大规模战争威胁的终止，意味着军费开支的大幅削减，这算得上是这些转变带来的积极影响。军队开始裁员，志愿兵役开始推广开来。如今诸如北约和联合国这样的国际联盟，担负着维护和平的工作，在世界冲突中越来越多地扮演起了和平力量，进行和平干涉。但是，军费的削减短时间内在世界范围内搁置了。新的军事挑战虽然不需要更多的士兵，但却少不了更精密、更专业的资源，因此军费要贵得多，尤其是那些在前线与起义军和恐怖分子做斗争的国家。数量被质量要求取代，意味着在科技装备上的研究和战士训练方面需要更大的资金投入。这一改变有助于强制兵役的终结，战斗不再需要大量的士兵，而是少数身体素质优良、懂得技术操作的精兵。此外，假如要从国民中调出人力，打造一支符合这些要求又人数众多的军队是十分困难的，且成本极高。这也意味着军队在战斗中须尽量减少伤亡，并不仅仅出于人道主义因素的考虑，也并非仅仅由于大量的伤亡会造成负面舆论，更因为训练一名新兵来代替一名素质优良的老兵，需要大量的投资。

在当今战争带来的新的挑战中，还包括战争的时间限制问题。如今谁也说不准战争什么时候真正结束。战争可能只是暂且平息，或是进入缓和的阶段，但却难以知道何时终结。再没有军队签署投降书，或是接受失败，缴械投降。至多也只是解散部队，但不久后又在相同的或是略远一些的地方集结起来。在这方面，塔利班就是典型的例证。战场的具体位置也难以得知。战场可能在某些确定的地点发生，可能同时有几个战场或许多战场，甚至各个战场之间相距甚远。战场可能在野外或在村庄中，但是也可能在城市中，或在能源、交通基础设施上。任何地方都有可能变成战场，任何地方都可以成为突袭或摆放炸弹的理想场地。这是最大的不同之处：传统战争意在夺取或解放具体的某处敌占区，建立安全界限和明确的势力范围；而在当今的冲突中，地理概念不明确，也非必不可少。作战不再首要考虑控制领土，而是试图灌输一些思想、宗教和文化理念，或者施行政治统治。领土控制再也起不到决定作用，或者至少不再那么势在必得了。战场可能是纷争的起源之地，那里矗立着敌军的神庙，例如北非、中东、阿富汗和巴基斯坦等，也可能是受到袭击的欧洲城市，正如我们前文所提。

自人类历史起始以来，人们作战的动机不外乎是经济原因，如今似乎被其他更深层的意识形态取代（至少短期内），比如自认为战无不胜的宗教狂热，这颠覆了我们传统的思维定式。另一个重要变化是：原先人们对威胁的认知与敌人的多寡息息相关，越多的武器和兵力就意味着越大的威胁；而如今事实证明，几百或几十，甚至一两个抱有鱼死网破之心且训练有素的士兵，就可以执行极具破坏性的行动，对我们的社会构成直接威胁。这在几年以前是完全无法预料的。这些军队人数极少，机动性强，伪装能力强，难以被探测到，使得那些行进在巨大的凯旋门下、大道中央和红场上的庞大方阵再也无法激起人们的危机感了。

当下的战争颠覆了我们的概念，几十年前人们能够对局势燎若观火，而如今却变得犹如管中窥豹。谁都不知真正的敌人是谁，战争在哪儿爆发，什么时候开始，什么时候终结，甚至不明白为何发生。

►▷ 恐怖主义、暴动和平民百姓：西方的应对

随着苏联的解体，欧洲在 20 世纪遭受的、与极左势力和革命主义议会的激进举措相关的传统恐怖主义逐渐消失了。意大利的红色旅、德国的红军旅、爱尔兰共和军以及西班牙的埃塔组织逐渐发现它们的行动一无所获，最终都向民主国家缴械投降。但是，自"9·11"事件后，其他恐怖主义活动开始猖獗（暴动、自封的游击战士等），这些活动带着非常典型的宗教狂热成分，与西方不甚理解的极端主义紧密相关。更严峻的是，这种新型恐怖主义还带来了自杀式袭击，这在传统恐怖主义中完全没有出现过，打破了政治防御和军事管控的定式。自杀式袭击带来了很大的管控难度，恐怖分子不是只将炸弹留下，然后一走了之，而是通过自我牺牲，不仅防止炸弹被探查拆除，还能对敌人造成更大的伤害。恐怖分子可能是一小队人马，负责攻击欧洲和美国的权力中心，而大队人马一般在大本营活动。这些留守本土的恐怖分子一般都与所在国的军队和政治力量做斗争，他们认为这些政客和军队早已与西方勾结。恐怖分子也可能互相争斗，争相推行狂热的领导方针（伊朗、叙利亚、苏丹、索马里、利比亚、也门、埃及、阿富汗、巴基斯坦、巴勒斯坦—以色列……），他们自然也进攻驻扎

在各自国家的西方军队和代表西方政治和军事利益的飞地（大使馆、酒店、军营、贸易和教育中心、石油基础设施等）。

恐怖主义的宗教狂热活动将一些概念作为最高纲领，例如"圣战"这一概念。这意味着袭击的始作俑者从道德上找到了依据：尽管他们对平民百姓造成了伤害，然而这些平民都没有与他们一致的信仰，都是"不忠诚的人"，自然能将他们划为次等人。正如他们在"9·11"袭击，以及在伦敦、马德里、俄罗斯的一些城市和在中东所做的那样，杀害平民也是恐怖分子的目标之一，他们将整个西方世界作为靶子，不区分性别、年龄、职业和社会身份。凡是不同信仰的西方人，一律都是潜在的敌人，都是受害目标。所有一切都意味着回归中世纪暴虐的思想原则和宗教战争，使用的却是21世纪的科技和武器。

在20世纪80年代的两伊战争时期，数万名伊朗青年被带到残酷的战争前线，他们手无寸兵，在地雷区徐行来打开军队前进的路线，随身携带的只有一把挂在脖子上的塑料钥匙，来为他们"打开天堂之门"。若干年后，在伊拉克战场上，美国士兵吃惊地看到，起义者（或恐怖分子）载着有明显心理缺陷的儿童和孕妇来躲避安全检查，决绝地开着炸药车，并义无反顾地引爆，相信天堂将为他们的苦难带来慰藉。有时候他们还会毫不迟疑地对己方阵营的平民进行大肆屠杀，指责是"另一方"的杰作，以此来骗取国际同情与支持。波斯尼亚人在内战中攻击了萨拉热窝的一个市场，随即指责是塞尔维亚人犯下的屠杀。如今同样的疑惑发生在基辅，向群众射击、造成数十人死亡的事件的幕后黑手至今仍身份不明。

这一倒退不仅发生在思想层面，还发生在科技方面。恐怖主义意在制造心理冲击，一把小刀或裁纸刀就可以使受害者流血不止，而人群更是渲染了现场的恐慌。一把冷兵器、一枚手雷或是雷管炸弹，再加上自愿赴死的决心、对平民伤亡的无动于衷，足以进行恐怖袭击。此外，恐怖分子发现监听成为策划行动的主要障碍，于是这些"战士"不再使用移动电话和网络，只书写信息或口传信息，因此现代的监听设备几乎无法探查到蛛丝马迹。除了意识形态回到了中世纪以外，科技方面也回到了中世纪早期。正如在希特勒统治下的德国一般，人类在理性和道德上出现了倒退。

现代冲突几乎都是非常规性的，是在一国国境内发生的内部冲突，融合了宗教、种族和政治因素，错综复杂。斯拉夫战争、反抗以色列的巴勒斯坦人民起义、伊拉克、阿富汗、苏丹、乌干达和刚果战争都造成大量平民伤亡，比军人的伤亡人数还要多。甚至在这些冲突中，几乎无法分辨平民和军人，武装人员和非武装人员，这使我们得出了另一个现代战争的特点：战争的社会整体性。尽管战争可以被限定在一个具体的地理界限内，但却是使得整个社会都深受其害的全面战争。但它与第二次世界大战期间对平民实行的狂轰滥炸、让他们饥寒交迫的全面战争不同。现在的战争成为全面战争，是因为一部分人民也转变为打击对象，因为敌人不着军服，也不属于任何有组组的军队，无论自愿与否，一部分民众为他们提供了庇护与后盾。士兵和人民之间的界线消失了。在这个认知基础上，我们才能理解为什么在当今的武装冲突中，会有85%的平民伤亡。

平衡的维持具有矛盾性，令人胆战心惊。核战歼灭人类的威胁几乎已经荡然无存。然而恐怖分子发动的暴乱（阿富汗、伊拉克、阿尔及利亚、叙利亚、利比亚、索马里、也门），发生在纽约、马德里、伦敦等地的恐怖袭击，种族清洗，宗教迫害（发生在前南斯拉夫、卢旺达、伊拉克等地），以及平乱的举措，等等，都模糊了士兵与平民、敌人和友人的界定，恐怖分子手段残忍，令人心寒。因为战争并不是经济原因或边境问题引起的，而主要是种族和宗教方面的意识形态问题，所以阻止战局恶化、签订和平协定难之又难。因此，一些分析人士认为这些战争实质上是"污秽战争"的延伸。

平民被划入武装分子的行列，无论是事实上的，还是有潜在可能的，这一特点又引出了现代战争的另一特点：战场从乡村变为了城区。平民在大多数情况下无法逃离城市，变为城市战场的人质。许多被派遣去平乱的士兵无法辨别敌我，经常会对十分可疑的平民进行虐待甚至迫害。这样的战争形势带来极大的技术复杂性，军队经常深陷泥潭。正如 20 世纪的军事史印证的那样，现代坦克在城市中的施展空间十分有限。贝鲁特、巴基斯坦和伊拉克的城市、格罗兹尼、柏林等地都是装甲车的噩梦，无论是德国、以色列、美国还是俄罗斯的装甲车在这些城市的街道中几乎无法施展拳脚，街道的可见度很低，假如没有步兵挨家挨户地排查来提供保护，那么装甲车极易被配有轻型反坦克武器的敌人击毁。城市中阻碍重重，有逃亡的平民，也有故意混杂在平民中的敌人；有狙击手埋伏的绝佳场所，且开阔地极少，使得射程大且精准度高的武器几乎无用武之地；还有通讯差以及其他各式各样的问题，使装备精良、训练有素的军队丧失优势，变得和许多没怎么受到过训练的敌人不相上下。城市作战中伤亡最多（美国军队统计至少有 95% 的士兵伤亡都发生在伊拉克和阿富汗的城市巷战中）。在这些战斗中，只有步兵小分队能在清剿敌人方面有所作为，虽然空中支援也起到一些作用（尤其是直升机），他们能为清剿城区敌人的军事行动加快一些速度。这些战争基本上是不对称的，作战的一方是绝大多数来自美国或北约的职业军队，装备精良且科技领先，而另一方则是非常规武装部队或志愿兵，他们有着全然不同的价值体系，受到极端思想的操控，主要甚至首要使用残忍的暴力手段。这些军队带着坚定的信念、用自杀式行动来弥补装备上的落后。这些发动暴乱的游击士兵仅仅手持先进的武器，带着强烈的作战动机，不费吹灰之力就可以添加伤亡人数，给那些军事大国（美国、俄罗斯等）在人力、装备、训练、科技、对内政策上带来庞大的开支。从收益的角度看，胜利的天平明显倾向于那些只配备了 GPR（探地雷达）和《古兰经》的武装分子一边。

2001 年的"9·11"事件后，西方（尤其是美国）怒发冲冠，对新形式缺乏理性的分析，导致对阿富汗和伊拉克不计后果的侵略。若只从军事角度看，侵略和占领两地并不难，但是难处在于战后的日常管理使得军队难以抽身。在占领初期，只有不到数百人的伤亡，与在之后长年累月的军事占领期间，零零散散累加起来的数千名士兵的阵亡形成鲜明的反差，令公众十分悲观。

美国对"9·11"事件采取的回应十分生硬，缺乏理性的思考。数十年前，美国还对本·拉登政府慷慨解囊。"9·11"事件发生后，美国在进攻作为本·拉登庇护所的阿富汗的这一问题上几乎众志成城，但在伊拉克问题上就众口难调了。美国政府只能假借伊拉克持有大规模杀伤性武器为由，为进攻并推翻独裁者的军事行动正名。军事干涉不费吹灰之力就获得了成功，但重建和平却是一件苦差。美国发现，要取代塔利班、阿富汗不同种族部落和军阀的权力并非易事。此外，要将伊拉克变成一个统一的国家更是难上加难，先前什叶派、逊尼派和库尔德人之间的激烈冲突只是受到了萨达姆·侯赛因的专制镇压，而他此前一直是西方的盟友。最终，在最初几个月的稳定后，由基地组织策划的伊斯兰恐怖主义活动又死灰复燃，伊拉克境内掀起了真正的内战，使伊拉克和阿富汗同时蒙上了战争的可怕阴云和宗派暴力，较之独裁政权有过之而无不及。不仅如此，作为对西方国家的打击报复，恐怖分子在世界各地，甚至西方世界的首府要塞，对人民和他们的财产发动进攻并进行威胁。西方在索马里的军事干涉也以失败告终，唯一取得的成就是通过数年的努力，终于成功消灭了在索马里沿岸肆无忌惮的海盗活动。

西方陷入僵局而不得脱身，歼灭大量敌人的愿望与日俱增，再不顾及对平民可能造成的"附带伤害"，尤其想到民众所处的社会政治背景，今日未加武装的幼儿和少年（非敌），转眼就可能变成基地组织成员（敌人），因此假如完全不考虑道德因素的话，那么这些平民的死亡甚至可以说是有利可图的。人们又一次对大规模歼灭和"预防"行动展开了争论，两者在很多时候都是灭绝的同义词。而许多国家都委托私人安保公司来执行行动，这些私人公司所雇佣的人是现代雇佣兵，他们肆无忌惮，不像常规军一样受到民主机制的管制。这样一来，这些军队开始施行折磨俘虏和其他侵犯人权的行径，这在职业军队中是明令禁止的。这些雇佣军队自然希望给他们带来巨大利益的战争冲突能够延长。面对恐怖主义的道德沦陷，西方民主国家似乎也沦落为以其人之道还治其人之身，因此民主监控以及面对恐怖主义保持道德制高点，在当今社会变得至关重要。

伊斯兰恐怖主义对西方长达10余年之久的攻击，使军队和学者可以坐下来冷静地思考。这也能帮助西方自省，摒弃为了更有效地打击恐怖主义而侵犯人权的诱惑。造成平民伤亡和刑讯逼供等侵犯人权的行为，早已被媒体曝光，并被人权保护组织揭发，使打击恐怖主义的斗争失去舆论支持，也为基地组织的拥护者提供了口舌。因此，如今北约国家的军事行动尽全力地减少己方伤亡，尽量避免在敌占区及其附近造成平民伤亡（即"附带伤害"），同时对真正的敌人加强火力。西方也十分注重保护人权，保持西方在世界舆论中的道德制高点，用他们的人权概念来制胜伊斯兰极端思想。西方学到的另外一门课，是如何在取得军事胜利后，重新建立政治稳定，这比军事胜利本身更重要。在推翻相应的独裁者后，伊拉克、阿富汗和利比亚混乱的政局，让西方变得宁愿让阿萨德继续统治叙利亚，也好过独裁者消失后，基地组织的成员在叙利亚独占半边天。

自此，西方调整了军事行动的模式。一旦有作战任务，西方军队不再调遣成千上万的士兵，而是派出一支执行短期特殊任务的小分队。这支精英队伍采取突袭的方式，摧毁敌方战略要地，尽可能地减少己方和平民的伤亡，然后快速撤离。之后的政治稳定则要靠这个国家的各路诸侯各自逐鹿，尽可能地减少外国干涉。鉴于主要是那些核、化学和细菌武器等"肮脏武器"对西方的安全构成了威胁，因此西方派遣特种部队来解除威胁，主要从可疑的工厂和仓库开始着手。一旦确定这些位置，无论如何天公不作美，西方都会使用穿透力强的精确制导导弹来清除目标。然而，由于当今紧密的商业贸易往来，完全封锁边境几乎是不可能的，因此西方离不开情报机构的协助，来监视是否有人企图将武器引入西方国家，监控措施类似于西方对毒品的监控。

在城区和居住密集区作战离不开步兵的支援，士兵需要更好的防护（更好的防弹衣），更清晰准确的地图，并通过卫星和侦察机不断更新地图，还要求持续的空中和太空支援，可弧线射击的武器，可以透过墙壁和其他阻碍探测敌军的热感应器，还需要智能武器和更精确制导的武器，识别装在货车、拖拉机和水泥车上的机关枪。这一支在实地作战的步兵团需要良好的防护，来应对化学和细菌武器，并有可能在受污染的环境中作战。军队同样需要优化识别敌兵的技术，以避免受到己方火力的误伤，在阿富汗和伊拉克战争中，这种伤亡率极高（达到总伤亡的25%）。这些先进设备的运用能有效减少己方士兵和战区平民的伤亡。然而，射击与否总是人为决定的，因此错误总是在所难免。

公共卫生领域有了重大的进步。武装分子利用炸弹作为武器，爆炸引起的各种伤情（截肢、脑震荡、烧伤等），都需要医疗救护。最近使用的急救方法是使用直升机将伤员迅速转移，直升机配备一名医生、一名护士、两名辅助医生以及医院的急救组。所有士兵都随身携带止血带，这种止血带可用一只手操作，用以延缓失血。伤员被送到战地医院后，医生通常会为他们输入大量的血浆，同时会为他们做核磁共振来检查是否有内出血，如果有内出血的情况，就立即进行外科手术。如今，一名在阿富汗战场受伤的士兵可以在两天内被转运回美国，而在第一次海湾战争中，这一转运需要 10 天之久。这些进步意味着，仅在 10 年内重症伤员的存活率已经提高到了 50%。

医疗方面最大的进步在于脑外伤的治疗，医生使用新的仪器来尽快确诊，比如被称为 DANA（自动防卫神经行为评估）的工具。由于截肢手术比例极高，人们在假肢的研制方面也取得了革命性突破：如今的假肢全部是机械的，便利了残疾人的行动，此外还可以在大脑中植入新式设备，向假肢输送电子信号。再生医学领域也有了长足的进步，骨头、器官和皮肤都可以获得新生。

▶▷ 大规模谍报活动与信息战

前文提到过，防止恐怖活动和瓦解突袭行动最有效的武器是间谍活动。但是，间谍活动的目标不仅仅是了解敌军的作战计划，还要扰乱并瓦解敌方的信息通讯能力，同时防止敌方对己方核心领域的网络攻击，比如银行、交通、市场、紧急服务等领域。这些核心领域一旦遭受攻击，势必会使一个国家的经济生活在数小时乃至数天内整体陷入瘫痪。在这一方面，众所周知的是美国和以色列情报部门研发的电脑病毒，它可以有效地滞缓伊朗核武器研发计划（再加上针对伊朗核心研发人员的暗杀活动），如今在多方协商后，美国和以色列似乎停止了行动。这方面展开的斗争十分关键，因为一小队极其专业的恐怖分子，或仅仅是一个犯罪团伙，没有任何国家或政府的支持，就可以单枪匹马地发动进攻。因此国家日益需要投入更多的资源来防止网络攻击，保护信息系统，尤其是战略信息系统。

间谍活动虽然主要以卫星监视和通讯监听系统为主，但永远离不开谍报人员。恐怖主义突袭（令美国中央情报局和西方其他情报机构大吃一惊）成功的原因之一是西方在冷战结束后放弃了安插在当地的谍报人员。由于缺乏这些传统的混迹于大街小巷的情报员，使西方失去了这样的情报收集能力，而这些数据是无法用电子设备和太空侦察设备获取的。因此，这些设置在敌方战线之后的谍报人员是必不可少的，他们可以提供最精密的探测设备都无法得到的信息（人为因素）。

在信息通讯领域的最新成果最能反映出军事研究和民用研究之间的相互关联。假如没有对更精确、更广泛和更安全的通讯的需求，民用领域也不可能发生如今日新月异的变化，而这些目标在阿帕网初创时期就已经确立。盎格鲁–撒克逊人把这种效应称为"衍生效应"，意为一个科学研究项目引出了在不同领域的其他研究。因此，如今在民用通讯领域的所有进步都脱胎于军事领域的试验和运用。由于这些军事试验不可控的巨大开支，将这些技术应用到民用领域不可能是无偿的。军事安全机构时刻监控着这些技术在日常生活中的运用。由于民众大量使用这些服务，产生了庞大的信息流，这可以被用来采集敏感信息，便于军方和安全机构监控。

在全球电子通讯（包括移动和固定电话、网络、卫星、传真、光纤和收音机等）干涉系统中，最先进的监控系统要数"梯队系统"（Echelon）了。这一系统由美国控制，与盟友有限地分享资源，每日控制着超过3亿2千万的通讯，建立了复杂的数据库，（美国与盟友一起）监控着世界上绝大多数人。这一系统起源于冷战时期的20世纪70年代末，之后为了应对日渐猖獗的恐怖主义活动和有组织的犯罪，随着监听设备和通信设备的改进，它被升级成了极为先进的系统。这个系统毫无疑问是最复杂、铺设最广的网络，受美国国家安全局的管理，雇用了数十万人，负责大大小小的职能。美国国家安全局拥有110多座固定监听站，配有若干专用卫星，可以过滤世界上的任何信息传递。系统基于句组和词组、数据库中存储的具体声音、语言和重音等方面来搜寻信息。这一监听系统在与埃塔恐怖组织和与欧洲传统恐怖主义运动的斗争过程中，起到了重要的推进作用，加速了这些组织的最终灭亡。这个系统也被用来进行商业间谍活动，与它保护国家安全的初衷相去甚远。

最近几年，"阶梯系统"又拓展了它的活动，研发了其他不同的监控系统，对那些主流网络服务器的数据库进行监控，比如微软、脸书、雅虎和谷歌等。这导致了一系列的丑闻，比如由美国中央情报局前职员爱德华·斯诺登披露的，美国对全世界主要政要的监视，而且这些被监视的政要的所在国理论上来说还是美国的盟友。秘密情报部门采集数十亿包括图像、声音、聊天、IP 地址、社交网络图像等各种形式的信息，仔细地追踪与监视。

▶▷　远距离战争: 无人机和电磁脉冲

科技的发展被不断应用于新式武器的研发上。这不仅仅是为了更好地应对其他国家的威胁，更是为了防备恐怖组织。将科技发明转化到大众生活中同样产生了许多经济收益，同时还可以防患于未然，观测虽然几千年以来都未发生，但理论上却不无可能的事。诸如陨石坠落、气候变化、地球自转轴变化、星球运动轨迹变化等现象，本该被当作科幻小说的素材，却也有可能变为现实，带来致命的后果。民用领域和军事领域的研究也许能在未来或多或少阻止这些灾难的发生。

研究也聚焦在日常简单的领域。人们对那些最传统的武器也进行了重大的改进。当代军事战争不再需要尖端的飞机相互对决，来夺取制空权。造成威胁的恐怖主义和其他某些国家并不大量拥有尖端科技的飞机用于击败其他飞机。未来的航空电子应主要集中发展防御措施，以阻止火箭和电子设备的进攻，同时提高地面打击目标的精确度。人们还不断改进从海上、陆上和空中发射的制导导弹，提高导弹的精确度，大大减轻了军队携带的传统火炮的重量。美国和包括西班牙在内的北约成员国共同开发的 Aegis 系统将雷达和电脑技术用于导弹的追踪和制导，可以有效摧毁目标，代表了这方面的进步。与之相对地，人们在同时不断研发反导弹系统，来防范敌方导弹带来的威胁。在地面作战中，人们开始在城区和可能埋藏爆炸物的地点利用机器人来行动。远程控制的小型车辆（小型化方面取得的成就）带有录像和录音功能，人们用它们来探索危险区域，消除可能的地雷装置。人们还不断改进士兵的防护服和头盔，为他们提供已通过试验的外骨骼系统，以增强士兵的机体力量。热像仪和夜视镜同样成为步兵的常用装备之一，而步兵即将被分成比如今更小、更灵活作战单元。作为反制措施，人们将开始使用伪装装置，可以扭曲光线，制造隐身效果。

　　人们如今所拥有的武器中，最出名且最有效的莫过于无人机了。它们是无编队的空中战斗机器。无人机起源于20世纪70年代，当时流行制造无线电航模飞机。从那时开始，这些机器从简单的小玩具逐渐变成复杂的大型机器，航程和续航能力可达数千千米。在1980年的两伊战争中，伊朗最先把无人机用作战争武器，在上面加装了导弹，但是几乎没起到什么作用。几年后，以色列和美国做了更多具体试验，但是无人机技术质量上的真正飞跃一直到21世纪才开始产生。无人机在巴基斯坦和中东炎热地带的反恐怖主义和反暴乱作战中一举成名。近几年，无人机的技术进步突飞猛进，从简单用作侦察机到成为攻击武器，战功赫赫。在如今的新闻报道中，经常能找到关于使用无人机执行军事任务的报道，在许多战火纷飞之地，无人机被用来歼灭恐怖分子头目或恐怖主义组织的成员。

无人机的优势数不胜数。它不需要机载飞行员，由于没有飞行员及其所需要的种种配件（可弹射座椅、机舱、装甲和环境控制装置等），节省了许多重量和体积。因此，飞机可以装载更多武器，大大提高了续航能力和机动性。此外，因为没有飞行员，所以不存在人身安全问题，减少了人力和经济成本。无人机与导弹不同，它本身并不是武器。每次执行任务后，无人机会回到地面，重新被装载和补给，等待执行新的任务。在无人机背后有操作员或操作团队（虽然例如起飞、靠近目标和着陆等过程几乎是全自动的），他们层层受命，远程操作无人机，分析由飞机的视镜传感器获取的信息，结合卫星提供的其他信息，通过发射精确制导导弹打击具体目标。

将无人机运用到民用领域的前景巨大，其中一个例子是此前美国销售和分销公司设想用无人机递送包裹。此外，还有一些非主流运用的可能，比如用无人机巡视边境（与贩毒分子和非法移民展开斗争）、绘制地图、控制并扑灭火灾、研究水文地理、监控公共工程、进入无人之境并收集数据（切尔诺贝利、福岛第一核电站等）。

但是，将无人机用作武器也带来了越来越多的问题，其中许多前所未遇，成为难解之题。由于恐怖分子混杂在普通民众之中，正如我们前几章中提到的那样，要区分武装分子和平民、合法武装军队和非法武装分子，几乎是不可能的任务，运用无人机执行任务造成了许多"附带伤害"，已被大众传媒揭露。正确识别打击目标，成为新的问题，早在20世纪便已成为战争立法工作的重中之重。一旦识别并锁定目标后，下达射击命令的决定不仅取决于下令者，还取决于按下射击键的执行人。可能出错和可能造成"附带伤害"的压力也不可小觑。最令无人机的操作员感到痛苦的是，他们在几万千米以外操作着无人机，可以免受敌军的反扑，但是却要作出战斗决定，左右人的生死。与那些可能受到敌军防空火力打击的战斗机飞行员不同，这些无人机的操控员免受战火的威胁，可能会觉得自己参加了一场战争游戏。战争结果令人觉得肮脏与不齿，许多无人机的操控员都罹患上了创伤后应激障碍。另一种情况是，士兵对战争造成的创伤无法有真切的感受，于是出现了截然相反的症状。许多士兵都把战争当成键盘游戏，对他们来说（至少对无人机的操控员来说），战争是一场"干净"且高枕无忧的活动。战争及其造成的苦痛变得微不足道，这剥离了战争人性化的一面，使我们陷入了另一种失德的境地。

除了可能对无辜的平民造成伤害以外，将无人机用于战争还带来了新的法律与道德上的争议。无人机执行的任务可以算得上是有选择、有计划的行刑与谋杀。与更常规的传统作战方式不同，在无人机面前，敌人丧失了协商之后投降的机会，无法经受审判，也无法被监狱收押。美国单方面地（有时错误地）认定对方是危险的敌人，就派出无人机突袭"敌方"，导致其死亡。这在政治方面也有极大的争议。无人机受到美国政府的指挥，在异国他乡执行任务，通常没有获得当地政府的许可，甚至在当地政府不知情的情况下行动（比如在也门、巴基斯坦等地），不仅侵犯了国际法，还使当地政府在人民面前丧失了威信，政府的失信可能会使人民转向支持暴乱分子。然而，由于无人机的破坏威力大、成本较低，还能使己方士兵毫发无伤，因此尽管人们对无人机的军事应用仍然争论不断，将它作为制暴武器用于战争还是只增不减。未来的军事行动，将能使人们看清这种武器的使用上升趋势是否会停止。

还有另一种武器，电磁脉冲。人们能够通过这种武器，制造大量的电磁能量，摧毁敌军所有的电力设备。它的工作原理早已为人所知（我们前文已经提过），即原子弹爆炸产生的副作用，更确切地说，是在一定区域起作用的伽马辐射。将伽马辐射制成武器，并使其在敌方军队中爆炸，可以使敌军即刻瘫痪、无法交流信息而且毫无抵御之力。小至手机电池，大至雷达、导弹和火炮，所有的电子设备都会被破坏。试想一下，当今现代军队的所有设备，包括军队的飞机和军舰，都带有电子设备。为了应对这一威胁，绝大多数的现代军队都装配有应对电磁脉冲的防护机制，从而（又一次）引发了这项技术攻防两方面的科技竞赛。

使用这种武器进攻的一种方式是在大气层以外400千米左右的高度进行核爆，其产生的伽马辐射会影响一个洲的大部分区域，还可能会影响世界上所有的通讯服务以及电力、水与食物供给、公共医疗等各个方面的基本公共服务。假如成功的话，就可能成为进一步大规模进攻的前奏，因为受到影响的国家已经毫无反击之力了。由于这种进攻方式会造成大气层电荷密度的剧烈改变，产生各种各样的色彩和光晕，竟被称为"彩虹炸弹"。矛盾的是，炸弹并不会对任何人造成直接伤害，因此不会有任何人直接死于炸弹的爆炸，但毫无疑问的是，在数小时内它造成的间接人员伤亡将数以万计。可想而知，这样的战争会让人类回到中世纪至少长达数月。

未来依旧不可知，充满了威胁与迷惑。随着日新月异的进步，人类战争也出现了向中世纪的回归。人道主义的进步踏着森森白骨，缓缓向前迈进，却可能在一夕之间倾颓，回到原始的蛮荒。我们在此书中提及的进步是否有意义？这一问题难以作答，因为对答案的追寻又将引向另一个永恒的问题，那是所有历史学家在回顾历史后，都不免自问的命题：假如人类对于自身的遭遇尚且无法真切感受，那么携带着所有科技进步的人类又将去往何方？我们将走向希望，还是步入灭亡？

参考文献

Artola, M. *Historia de Europa.* Espasa Libros, Barcelona, 2008.

Asimov, I. *El cercano Oriente.* Alianza Editorial, Madrid, 2011.

—, *El imperio roma.no.* Alianza Editorial, Madrid, 2011.

—, *La república romana.* Alianza Editorial, Madrid, 2011.

—, *La tierra de Canaan.* Alianza Editorial, Madrid, 2012.

—, *La Alta Edad Media.* Alianza Editorial, Madrid, 2013.

Bennet, M. *La guerra en la Edad Media.* Akal, Madrid, 2010.

Best, G. *Guerra y Sociedad en la Europa revolucionaria, 1770-1870.* Ministerio de Defensa, Madrid, 1990.

Boudet, J. *Historia universal de los ejércitos.* Hispano europea, Barcelona, 1966.

Cardona, G. *Historia del ejército.* Humanitas, Barcelona, 1983.

—, *La guerra del siglo XXI,* La Voz de Galicia, 2001.

Cartledge, P. *Los espartanos: una historia épica.* Ariel, Barcelona, 2009.

Cipolla, C. *Cañones y velas.* Ariel, Barcelona, 1967.

Contamine, P. *La guerra en la Edad Media.* Labor, Barcelona, 1984.

Dando-Collins, S. *Legiones de Roma.* La Esfera de los Libros, Madrid, 2012.

Davis, V. *El origen de todo.* Turner, Madrid, 2011.

Diamond, J. *Armas, gérmenes y acero.* Debate, Barcelona, 2006.

Dohuet, G. *El dominio del aire.* Aeronáutica, Madrid, 1987.

Durschmied, E. *El factor clave.* Salvat, Barcelona, 2002.

Fornis, C. *Esparta: historia, sociedad y cultura de un mito historiográfico.* Crítica, Barcelona, 2003.

Frischler, K. *Historia de las armas prodigiosas.* Martínez Roca, Barcelona, 1969.

Fuller, J.F.C. *Batallas decisivas del Mundo Occidental.* Ejército, Madrid, 1985.

—, *Armament and History.* Da Capo Press. Nueva York, 1988.

García, F. *La Edad Media: guerra e ideología, justificaciones ideológicas y jurídicas.* Sílex Ediciones, Madrid, 2004.

Goldman, E. *The Diffusion of Military Technology and Ideas.* Stanford University Press, Stanford, 2003.

Goodwin, J. *Los señores del horizonte: una historia del Imperio otomano.* Alianza Editorial, Madrid, 2006.

Gracia, F. *La guerra en la Protohistoria*, Ariel, Barcelona, 2003.

Gravet, C. *Guerras de asedio en la Edad Media*, Ediciones del Prado, Madrid, 1994.

Grousset, R. *El imperio de las estepas*, Edaf, Madrid, 1991.

Harding, D. *Weapons: An International Encyclopedia from 5000 B.C. to 2000 A.D.* St.Martin's Press, New York, 1990.

Harmand, J. *La guerra antigua: de Sumer a Roma*. Edaf, Madrid, 1976.

Haskew, M. *Batallas de la Biblia 1400 A.C.-73 D.C.* Libsa, Madrid, 2009.

Headrick, D. *The Tools of Empire: Technology and European Imperialism in the Nineteenth Century*. Oxford University Press, Nueva York, 1981.

Herzog, Ch. *Las batallas de la Biblia*, Ariel, Barcelona, 2003.

Hobsbawm, E. *Industria e Imperio*. Ariel, Barcelona, 1988.

Howard, M. *Las causas de la guerra*. Ejército, Madrid, 1987.

Keegan, J. *Historia de la incompetencia militar*. Crítica, Barcelona, 1989.

—, *El rostro de la batalla*. Ejército, Madrid, 1990.

—, *Historia de la guerra*. Planeta, Barcelona, 1995.

Keen, M. *Historia de la guerra en la Edad Media*. Antonio

Machado, Madrid, 2006.

Ladero, M.A. *Las guerras de Granada en el siglo xv.* Ariel, Barcelona, 2002.

Lendon, J.E. *Soldados y fantasmas. Mito y tradición en la antigüedad clásica.* Ariel, Barcelona, 2006.

Levy, B. *Conquistador.* Debate, Barcelona, 2010.

López Piñero, J.M. *La medicina en la historia.* La Esfera de los Libros, Madrid, 2002.

Losada, J.C. *Ideología del Ejército franquista, 1939-1958,* Istmo, 1991.

—, *Weyler, nuestro hombre en La Habana (junto a Cardona, G.),* Planeta, Barcelona, 1998.

—, *Batallas decisivas de la historia de España,* Aguilar, Madrid, 2004.

—, *San Quintín.* Aguilar, Madrid, 2005.

—, *Los generales de Flandes.* La Esfera de los Libros, Madrid, 2007.

Martí, C. *Tecnología de la defensa. Análisis de la situación española.* Instituto Universitario General Gutiérrez Mellado (UNED), Madrid, 2006.

Martínez Teixidó, A. *Enciclopedia del Arte de la Guerra.* Planeta,

Barcelona, 2001.

McNeill, W. *La búsqueda del poder. Tecnología, fuerpas armadas y sociedaddes de el año 1000 d.J.C.* Siglo XXI Editores, Madrid, 1988.

Menahem, G. *La ciencia y la institución militar.* Icaria, Barcelona, 1977.

McDonald, J. *Grandes batallas.* Editorial Rombo, Barcelona, 1994.

Montgomery, M. *Historia del arte de la guerra.* Aguilar, Madrid, 1969.

Mumford, L. *Técnica y Civilización.*Alianza Editorial, Madrid, 1971.

O'Connell, R. *Of Arms and Men. A History of War, Weapons and Aggression.* Oxford University Press, 1989.

Oppenheim, A. *La antigua Mesopotamia. Retrato de una civilización extinguida.* Gredos, Madrid, 2010.

Parker, G. *La revolución militar.* Crítica, Barcelona, 1990.

Poirer, L. *Las voces de la estrategia.* Ejército, Madrid, 1985.

Quesada, F. *Carros en el antiguo Mediterráneo: de los orígenes a Roma.* E. Galán Ed. FCC-Cintero, Madrid, 2005.

—, *El caballo en el mundo prerromano.* CSIC, Madrid, 2005.

—, *Armas de Grecia y Roma: forjaron la historia de la*

*antigüedad clásica.*La Esfera de los Libros, Madrid, 2008.

—, *Ultima ratio regis: control y prohibición de las armas. Desde la Antigüedad a la Edad Moderna.* Polifemo, Madrid, 2009.

—, *Armas de la antigua Iberia: de Tartesos a Numancia.* La Esfera de los Libros, Madrid, 2010.

Quatrefages, R. *Los tercios.* Ejército, Madrid, 1985.

—, *La Revolución militar moderna.* Ministerio de Defensa, Madrid, 1996.

Shaw, I. *Historia del Antiguo Egipto.* La Esfera de los Libros, Madrid, 2010.

Toynbee, A. *Guerra y civilización,* Alianza, Madrid, 1976.

Van Crevel, M. *Los abastecimientos en la guerra.* Ejército, Madrid, 1985.

—, *Technology and War: From 2000 BC to the present.* Brassey's, Londres, 1991.

VV. AA. *Antiguo Egipto.* Selecta, Barcelona, 2001.